KB260549

사막여우
중국 MBA 가다

사막여우 중국 MBA 가다

지은이 | 김지영

1판 1쇄 펴낸날 | 2013년 12월 15일

펴낸이 | 이주명
편집 | 문나영
출력 | 문형사
종이 | 화인페이퍼
인쇄 · 제본 | 한영문화사

펴낸곳 | 필맥
출판등록 | 제300-2003-63호
주소 | 서울시 서대문구 충정로2가 184-4 경기빌딩 606호
이메일 | philmac@philmac.co.kr
홈페이지 | www.philmac.co.kr
전화 | 02-392-4491
팩스 | 02-392-4492

ISBN 978-89-97751-27-3 (03320)

* 잘못된 책은 바꾸어 드립니다.
* 값은 뒤표지에 있습니다.

이 도서의 국립중앙도서관 출판시도서목록(CIP)은 e-CIP홈페이지(http://www.nl.go.kr/cip.php)에서 이용하실 수 있습니다. (CIP제어번호 : CIP2013025567)

사막여우 중국 MBA 가다

김지영 지음

필맥

중2 때였나? 한번은 밥을 먹다가 숟가락을 탁! 놓고는 부모님 앞에서 엉엉 운 적이 있다. '지영'이라는 너무나 평범한 이름을 지어준 부모님이 원망스러워 서였다. 초등학생 때부터 그때까지 한 반에 지영이가 두세 명 정도는 기본이 었다. 그런데 그해에는 결국 성까지 같은 또 다른 '김지영'이 같은 반에 배정 되어 급기야 김지영 1, 김지영 2로 불리는 상황이 온 것이었다. 원래부터 자 존감이 크고 자기표현욕이 강한 나는 지극히 평범하여 남에게 특별한 인상을 못 남기는 내 이름이 너무 싫었다.

더 심각한 문제는 내 동생의 이름은 전혀 그렇지 않다는 것이었다. '지 영'이의 동생이면 '지은'이나 '미영'처럼 어느 정도 비슷하게 평범한 이름 이어야 할 텐데 내 동생의 이름은 '지나'다. 이 얼마나 예쁜 이름인가? '진 아'는 많아도 '지나'는 거의 없었다. 더구나 '지나'는 발음하기도 좋고, 그대 로 영어 이름으로도 쓸 수 있는 이름이다. 이건 형평성에도 분명히 문제가 있 었다.

나는 왜 내 이름은 이렇게 평범하게 지어놓고 동생에겐 예쁜 이름을 지어 줬느냐고 소리를 질렀다. 부모님은 펄쩍 뛰시며, 애가 지금 뭔 소리를 하는 거냐고 오히려 나를 나무라셨다. 둘 다 어머니와 아버지께서 직접 고심고심하며 의논해서 지은 이름이라고 하셨다. 자식에게 일부러 못난 이름을 지어주려는 부모가 어디 있겠냐면서 내 이름을 지을 때 지영이가 최고로 예쁜 이름이라고 생각하고 지은 거라고 하셨다. 같은 이름이 많은 것은 다른 사람들도 이 이름이 좋다고 생각하기 때문이라는 반증이라셨다.

아, 지영이라는 이름이 마음에 안 든다고 개명할 수도 없는 노릇이었다. 그때 사춘기였지만 나는 그냥 그렇게 내 이름을 받아들이는 수밖에 없었다. 나중에 성인이 되어 굳이 내 이름의 장점을 찾으려고 하다 보니, 싸이월드나 회사 내부망 등에서 남들이 수많은 지영이 중에서 나를 찍어 개인정보를 검색하기가 어렵다는 것이 좋은 점이긴 했다.

내 이름이 너무 평범해서일까? 나는 인터넷에서 카페나 블로그 활동을 할 때 '사막여우'라는 닉네임을 쓰는데, 이것에 집착하는 편이다. 이 책의 제목도 일찌감치 '사막여우 중국 MBA 가다'로 마음속에 박아 놓은 뒤 나중에 이 책이 나의 첫 저서로 출판되는 광경을 그리며 상상의 나래를 펼치곤 했다. 이 닉네임은 앙투안 드 생텍쥐페리의 소설 《어린 왕자》에 나오는 사막여우에서 따온 것이다. 어린 왕자에게 '길들이다'라는 말의 뜻이 무엇인지를 가르쳐준 바로 그 사막여우!

어린 왕자가 물었다. "길들인다는 게 뭐지?" 여우가 대답했다. "그건 '관계를 만든다'는 뜻이야. 넌 나에게 아직은 다른 많은 소년들과 다를 바 없는 한 소년일 뿐이야. 그래서 난 너를 필요로 하지 않지. 만약 네가 날 길들인다면 우리는 서로를 필요로 하게 되는 거야. 넌 나에게 이 세상에서 단 하나뿐인 존재가 되는 거고, 나도 너에게 세상에서 유일한 존재가 되는 거야. 난 빵을 먹지 않아. 그래서 나에게 밀밭은 아무런 의미도 없지. 하지만 황금빛 머리카락을 가진 네가 나를 길들인다면, 황금빛 밀을 보면 네 생각이 날 거야."

나는《어린 왕자》에 나오는 이 사막여우의 말에 깊은 감명을 받았다. 우리는 수많은 사람들과 ‘관계’를 맺으며 살아간다고 생각한다. 하지만 그중에서 정말로 나와 ‘관계’를 맺고 있는 사람은 극소수다. 같이 밥을 먹고, 술을 마시고, 하하호호 웃으며 떠들 수 있다고 다 친구인 것은 아니다. 내가 인내심을 가지고 누군가를 길들이고 그 상대방도 성의를 가지고 나를 길들여야만 서로 ‘관계’를 맺게 된다. 나는 내 인생의 ‘관계’들을 그렇게 만들고 싶었다. 비록 살아가면서 점점 더 이게 그렇게 쉬운 일은 아님을 깨닫고 있지만, 그런 희망은 버리지 않고 있다. 그래서 나는 ‘사막여우’를 내 닉네임으로 정했다. 가끔 2차 세계대전 때 독일군을 지휘한 에르빈 롬멜 장군의 별명을 딴 거냐고 물어보는 사람들이 있었다. 그러나 그와는 아무 상관도 없다. 내가 ‘사막여우’를 닉네임으로 쓴 지도 벌써 10년이 됐다.

이 책의 내용은 내가 지난 5년 동안 가슴에 품고 있던 이야기다. 그래서 책을 내자고 결심한 다음에 차례를 정하고 글을 써내려가는 과정은 일사천리였다. 봇물이 터진 듯 이야기가 술술 풀려 나왔다. 글로 옮기기가 조금 더 늦어지면 내 기억력에도 한계가 있어 군데군데 구멍이 날 테니 그 결과물이 기록으로서의 가치가 떨어질 거라고 생각했다. 지금 나는 그냥 삼십대 중반의 평범한 사람으로 평범한 인생을 살고 있을 뿐 내가 쓰는 책이 유명인의 성공 스토리를 담은 책처럼 많은 독자의 호응을 얻을 수는 없겠지만, 모든 책에는 다 때가 있다고 믿었다. 반기문 유엔 사무총장 같은 분의 글을 읽고 싶은 사람도 있겠지만, 평범한 사람이 한 발 먼저 겪은 일을 이야기해주는 글을 읽고 싶은 사람도 분명히 있을 거라고 믿었다. 내 경험이 도움이 되는 사람들과 내 경험을 공유하고 싶었다.

이 책을 내는 또 하나의 이유는 내가 해외에 몸을 두고 있다는 핑계로 오랫동안 연락하지도, 만나지도 못한 지인들에게 내 소식을 전하고 싶었던 데 있다. 나는 그동안 이렇게 살아 왔다고, 그리고 지금 이렇게 살고 있다고 지면을 통해 안부를 전하고 싶었다. 내가 길들였던, 그리고 나를 길들여준 고마운 사람들에게.

비록 깊이 있는 내용은 아니지만 많은 독자들이 이 책을 읽고 함께 웃어주고 공감해준다면 그것으로 나는 만족할 것이다. 부족한 원고를 다듬어 출판해주신 출판사 필맥의 편집진에게 감사드린다.

끝으로, 내가 사는 대로 생각하지 않고 생각하는 대로 살 수 있도록 언제나 뒤에서 든든하게 지원해주는 우리 가족 산신령, 장구신동, 써니지나, 그리고 남편 류멍에게 감사한 마음을 전한다.

2013년 11월 중국 상하이에서
사막여우

2장 | 첫 학기

3장 | 2학기

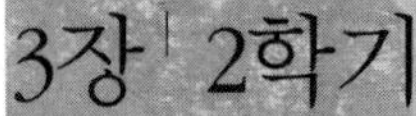

5장 | 4학기

6장 | Post MBA

2008년 4월 25일, 정말이지 자나 깨나 그리던 칭화대로부터 꿈속에서도 기다리던 MBA 과정 입학허가를 받았다. 컴퓨터 모니터에서 입학허가 메일을 확인하던 그 찰나의 기쁨과 감동은 5년이 지난 지금도 너무나 생생하다. 나는 다니던 회사의 업무를 정리하고 짐을 챙겨 부산으로 내려가 잠시 가족과 함께 지내다가, 나 자신에 대한 포상의 의미로 보름간을 예정하고 싱가포르와 말레이시아로 배낭여행을 떠나기로 했다.

내 인생에서 첫 해외 배낭여행이자 가장 행복한 여행이었다. 여행지에서 나는 조금은 신기한 일련의 경험을 했다. 어떻게 보면 별것 아닌 것 같지만 지금까지도 내 머릿속에 긴 여운이 남아, 나는 가끔 그 경험이 내게 주는 메시지가 뭘까 하고 생각해보곤 한다.

여행을 떠나기 전에 칭화대 MBA 과정에 합격했다고 호들갑을 떠는 딸에게 엄마는 "중국사람들은 위험하데이. 한국사람 납치해서 장기 팔아먹고 한다는 뉴스 봤제? 그러니까 중국에 가서도 중국사람들 완전히 믿지 말고 조심해야 된데이" 하고 당부하고 또 당부하셨다. 나는 속으로 '아니, 중국사람은 만나본 적도 없는 엄마가 뭔 걱정을 저렇게 많이 하신디야' 하면서 그냥 그러려니 하고 말았다.

홀쩍 배낭여행을 떠난 나는 우선 이틀간 혼자 빨빨거리며 열심히 싱가포르를 여행했다. 그런 다음 버스를 타고 육로로 말레이시아에 들어가 말라카를 거쳐 쿠알라룸푸르에 도착했다. 쿠알라룸푸르의 버스정류장에서 다음 여행지인 티오만으로 들어가는 관문인 메르싱으로 나를 실어다줄 버스를 기다리고 있을 때였다. 난생 처음 보는 스타 프루트라는 이름의 신기한 과일을 사서 먹다가 우연히 옆자리에 앉은 한 화교 할아버지와 이야기를 나누게 됐다. 싱가포르만큼은 아니지만, 말레이시아도 전체 인구의 약 25%가 화교일 만큼 화교 인구가 많다. 그 화교 할아버지와 나는 버스를 기다리면서 대화했다. 할아버지는 중국어를 할 줄 아는 기특한(?) 한국 아가씨를 만나 이야기보따리가 터진 듯 이런저런 이야기를 한참 동안 신나게 하셨다. 그러던 중 할아버지가 기다리시던 버스가 도착했다. 할아버지는 그 버스를 타기 전에 갑자기 주위를 두리번두리번 둘러보고는 나에게 "이리 가까이 와라" 하시더니 낮은 목소리로 당부하기 시작하셨다. "아가씨, 우리 화교들은 괜찮지만, 여기 말레이시아에서는 절대로 말레이 사람들을 믿으면 안 돼요. 그 사람들은 우리와 다르니 믿으면 안 돼. 말레이 사람을 대할 때는 조심하고 또 조심해야 해. 그럼, 난 먼저 가요." 헐! 말레이시아에서 평생을 살았다는 말레이시아 국적의 할아버지가 같은 나라의 다른 민족인 말레이 사람들을 두고 저렇게 조심하라고 하시다니. 나는 좀 씁쓸했다. 그런데 이것은 시작에 불과함을 그때는 몰랐다.

그 다음 여행지에서 나는 한 배낭여행자 숙소에 자리를 잡았다. 그 숙소에는 현지 말레이인 아저씨가 총지배인으로 일하고 계셨다. 성격이 호탕하고 활발하여 여행자들 한 명 한 명과 매일 인사를 나누고 즐겁게 이야기를 하며 생활하고 계신 분이었다. 나는 숙소를 나서기 전에 그날 둘러보기로 한 관광지를 어떻게 찾아가는지를 그 아저씨에게 여쭤보았다. 아저씨는 한국에서 혼자 배낭여행 왔다는 내가 좀 걱정스러운지 손짓 발짓으로 그곳을 어떻게 찾아가는지를 아주 자세하게 설명해주셨다. 마침내 내가 발걸음을 떼려고 하자 아저씨는 내 가방을 붙잡더니 한마디 말을 덧붙이셨다. "샐리(내 영어이름), 여기 말레이시아에는 못사는 나라에서 일하러 온 사람들이 아주 많아요. 그 중에서 특히 방글라데시 사람들은 소매치기도 많고 위험하니 방글라데시 사람이 가까이에 있으면 정말로 조심해야 해요, 알겠죠?" 헐! 이번엔 방글라데시 사람을 조심해야 하는 거야? 그런데 나는 방글라데시 사람을 어떻게 분간하는지도 모르는데……. 그때 양미간을 찌푸리고 정색을 하며 내게 신신당부를 하시던 아저씨의 얼굴이 아직도 생생하다.

엄마는 중국사람을 조심하라고 하고, 화교 할아버지는 말레이 사람을 조심하라고 하고 말레이 사람은 방글라데시 사람을 조심하라고 하고……. 방글라데시 사람은 또 누구를 조심하라고 할까? 이 모든 조심하라는 당부를 일주일 안에 연달아 들은 나는, 이렇게 연쇄사슬처럼 조심하고 또 조심하라는 대로 하다 보면 아마 전 세계 사람들이 모두 이 세상에서 자기 민족, 자기 나라 사람들에 대해서만 안심할 수 있고 나머지 다른 민족, 다른 나라 사람들은 다 조심해야 한다는 건가 하는 생각이 들었다. 모든 민족, 모든 나라 사람들 사이가 서로 경계해야 하는 관계인가? 나는 마음이 너무 씁쓸했다.

우리는 왜 마음 편안하게 서로 신뢰하고 사랑하지 못하는 걸까? 우리는 왜 내 기준과 잣대로 상대를 평가하고 깎아내리려려고 하는 걸까? 언제쯤 이 세상은 누군가를 특정하여 조심하지 않아도 안심하며 살 수 있는 곳이 될까? 중국으로 가는 발걸음을 내디딜 때 나는 이 경험을 떠올리며, 단지 한국인으로서의 내가 아닌 코스모폴리탄 즉 세계시민의 눈과 마음을 가진 나로서 내게 주어진 시간 동안 중국을 경험하자고 굳게 결심했다.

1장

Pre MBA

왜 중국 MBA였나

지금 와서 돌아보니, 내가 중국이라는 나라와 인연을 맺은 지 참 오래됐다. 모두 더해 14년간이나 정말 열심히 중국을, 그리고 중국어를 공부했고 그 과정에서 중국인 신랑까지 얻었으니, 이만하면 중국과 예사 인연이 아닌 것만은 확실하다. 그동안 여러 번 생각해보았다, 나는 어쩌다가 중국을 좋아하게 되고 중국에 관심을 갖게 됐을까?

생각해보면, 어렸을 때 동생과 함께 본 드라마 〈포청천〉의 영향이 아주 컸던 것 같다. 우리가 초등학생이었을 때 금요일 저녁마다 방영되던 대만판 〈포청천〉을 나와 내 동생은 텔레비전 속으로 빠져 들어가기라도 할 듯이 열심히 보았다. 우여곡절 끝에 어려운 사건·사고를 해결하고 악당을 처단하는 포청천. 뛰어난 무술 실력에 얼굴까지 잘생긴 왕조와 마한. 모든 사건이 다 해결된 뒤에는 언제나 빼놓지 않고 포청천이 외치는 "작두를 대령하라!"는 일갈에서 느껴지던 그 짜릿한 통쾌함. 우리 둘은 드라마가 끝나고 자막이 올라갈 때면 흘러나오는 OST를 뜻도 모르는 채 들리는 대로 힘차게 따라 부르곤 했다.

고3이 되어 대학에 가서 공부할 전공을 정할 때 나는 다른 선택지는 전혀 고려하지 않았다. 성적이 좋은 편이었기 때문에 담임선생님은 나에게 영어교육과나 영문과, 아니면 교대에 가라고 권해주셨다. 하지만 나는 그냥 전부터 생각했던 대로 중어중문과가 속해 있는 학부를 선택했고, 1년간의 학부생활을 거쳐 중어중문과에 배정되어 거기서 공부를 하고 대학을 졸업했다.

10년도 더 지난 지금에야 당시의 대학생활을 이렇게 짧게 몇 줄로 서술할 수 있지만, 사실 그때는 모든 것이 참 버거웠다. 나는 서울에 친척이나 연고가 전혀 없었다. 집안 형편이 넉넉하지 않아서 학비는 부모님이 대어주신다 해도 생활비는 내가 알아서 과외 아르바이트라도 해서 벌어야 했다. 아르바이트가 힘들기는 했지만, 그건 사실 별문제가 아니었다. 지금은 더 심각해졌지만, '학력 빈익빈 부익부' 라는 사회현상이 그때도 심각했다. 경제적으로 여유 있는 집안에서 태어나고 자라 고등학교까지 명문 외고를 나온 동기들과 나는 학업성취도에서 큰 차이가 있었다. 나는 점점 위축되어 갔다. 기역, 니은도 모르고 초등학교에 들어가서 영어 유치원을 다녔던 아이들과 1학년 생활을 하는 느낌이랄까? 그들은 따로 아르바이트를 할 필요가 없으니 공부를 하고 대학생활을 즐기는 데 모든 시간을 다 쓸 수 있었다. 반면에 나는 안 그래도 기본실력이 부족한 처지에 시간을 쪼개어 아르바이트까지 해야 했다. 그래서 나는 왠지 분하고 무기력한 기분이 들었다.

나는 그렇게 대학 4년간 과외 아르바이트와 학업을 병행했다. 가끔은 아르바이트를 하러 의정부까지 가야 했는데, 갔다 오는 길이 너무 멀고 힘들었다. 나한테는 개인 컴퓨터가 없었기에 과제를 할 때는 먼저 수기로 작성한 다음에 학교 컴퓨터실에 가서 그 내용을 타자해 제출했다. 나름대로 최선을 다했지만 성적은 늘 중위권 정도였고, 중국어 실력도 그저 그랬다. 아마도 내가 그렇게 학부생활을 했기에 중국어에 대한 한(恨)이 남아서 대학을 졸업한 뒤에도 꾸준히 중국어 공부를 하게 된 게 아닌가 싶다.

졸업 후에는 아주 운 좋게도 원서를 몇 번 써보지도 않고 단 한 번의 시도로 남들이 선망하는 대기업에 입사할 수 있었다. 지금 생각하면 우스운 일이지만, 그때는 우리나라에서 최고라고들 하는 그룹의 이름만 보고 다른 건 아무것도 모르는 채 그 그룹의 한 계열사에 지원했다. 그 회사로부터 합격 통지를 받았을 때에도 나는 그 회사가 정확히 무슨 일을 하는 곳인지도 모르고 있었다. 그러나 과정이야 어쨌든 간에 당시에는 그동안 내게 학비를 대어주시느라 고생하신 부모님께 보답해드리는 가장 좋은 방법은 번듯한 이름의 대기업에 입사해서 근무를 성실하게 하고 월급을 꼬박꼬박 저축하는 것이라고 생각했다.

대학 4학년 마지막 학기의 기말고사도 치기 전인 2004년 말에 시작한 신입사원 생활은 모든 게 새롭고 재미있었다. 회사생활이란 게 이런 거였구나 싶었다. 많은 사람들을 한꺼번에 만났고, 신입사원 교육 프로그램은 더할 나위 없이 훌륭했다. 우리나라에서 최고라는 그 회사에서 최고의 인재가 되어 나라와 회사를 위해 이 한 몸 불살라야겠다는 생각이 들었다. 나에게서 애사심이 철철 넘쳐흘렀다. 그러나 현업에 배치되고 나서 내가 담당하게 된 업무는 내가 생각하던 '일'과는 상당한 거리가 있었고, 또 내가 잘할 수 있는 일도 아니었다. 나는 중국과 관련된 일을 하고 싶었지만, 사내에서 그럴 기회를 찾는 게 쉬울 것 같지 않았다. 그러다 보니 입사한 지 2년차가 되었을 때 나의 미래를 위해 새로운 것을 준비해야겠다는 생각이 마음속에 들어앉았다.

나는 대학 다닐 때 경제여건상 가지 못했던 중국 유학을 준비하기로 마음먹었다. 이미 직장생활을 시작한 이상 어학연수 코스보다는 석사학위 코스를 알아봐야겠다고 생각했다. 그러다 보니 자연히 MBA 과정에 관심을 두게 됐다. 그 후 칭화대로부터 입학허가를 받기까지 2년간 MBA 과정 진학을 위한 준비에 몰두했다.

MBA 지원 조건

처음에는 베이징대의 경영대학원인 광화관리학원(光华管理学院, Guanghua School of Management)을 목표로 이런저런 자료를 찾아보기 시작했다. 당시에는 나한테 중국 MBA 과정과 관련해 참고할 만한 정보가 거의 없어 중국 MBA 과정의 교육수준이 어떤지, 어떤 학교가 어떤 방면에서 우수한지를 검토하고 비교해가며 목표 학교를 정할 수 없었다. 나는 그저 MBA 과정과 상관없이 중국의 최고 명문대학은 베이징대라고 생각했다. 우리나라에서는 서울대가 최고이니 중국에서도 수도의 이름이 붙은 베이징대가 최고일 거라고 생각했던 것이다. 그러나 한 학교만을 목표로 해서 준비하는 것은 무모한 일이니 베이징대와 함께 양대 명문대학이라고 하는 칭화대도 같이 알아보기로 했다.

중국 MBA 과정은 기본적으로 크게 3개 과정으로 나뉘어 있다. F반(Full-time, 全职), I반(International, 国际), P반(Part-time, 在职)이 그것이다. F반은 모든 수업이 중국어로 이루어지고, 대부분 국내 중국인을 대상으로 운영되는 과정이다. I반은 모든 수업이 영어로 이루어지고, 외국인을 주된 모집대상으로 하며, 다른 과정에 비해 중국인 학생의 비중이 낮다. P반은 중국어로 수업이 이루어지고, 직장을 다니면서 주말과 저녁시간을 이용해 이수할 수 있는 과정이다.

F반은 내가 이수하기에 많이 버거울 것 같다고 생각했지만, 어차피 중국어 실력을 늘리는 것도 유학의 중요한 목적이었으므로 F반에 지원하기로 결심했다. 당시 외국인에 대한 베이징대와 칭화대의 MBA 과정 지원 조건은 비슷했다. ① 학사 이상의 학력, ② 3년 이상의 업무경력, ③ GMAT (경영대 입학을 위한 시험) 성적은 기본이었다. 중국어로 수업이 진행되는 F반이나 P반에 지원하려면 여기에 추가로 HSK(중국어 능력 시험) 6급 이상(이는 구HSK 기준. 현재는 신HSK 기준으로 조건이 바뀌었다.) 성적이 필요했다.

나는 학사 학력은 있었고, 유학 준비가 끝날 때쯤이면 업무경력도 3년이 넘을 것이었다. 나머지 조건인 GMAT과 HSK 성적을 얻기 위한 준비를 해야 했다. 우선 HSK부터 준비하기로 했다.

MBA 지원 준비_Step 1. HSK

HSK는 한어수평고시(汉语水平考试)의 중국어 병음 머리글자를 딴 명칭이다. HSK는 제1언어가 중국어가 아닌 사람의 중국어 능력을 평가하기 위해 중국 정부가 만들어 시행하는 표준화된 시험이다. 2010년 3월 평가방식이 개정되어 기존의 11등급 평가가 6등급 평가로 바뀌었다. 현재 HSK의 등급에는 HSK 6급(기존 HSK 9~11급에 해당), HSK 5급(기존 HSK 6~8급에 해당), HSK 4급(기존 HSK 3~5급에 해당), HSK 3급(기존 HSK 1~3급에 해당)과 중국어 입문자를 위해 신설된 HSK 2급, HSK 1급이 있다.

내가 졸업한 대학 중어중문과의 졸업 필수조건이 '구HSK 7급 이상'이었으므로 나는 이미 중국 MBA 과정이 요구하는 구HSK 6급 이상의 성적을 가지고 있었다. 하지만 HSK 성적의 유효기간이 2년이기 때문에 실제로 지원할 때 제출할 유효 성적을 따로 확보해야 했다. 나는 기왕에 다시 시험을 쳐야 하는 상황이라면 조금 높은 목표를 세우고 공부하자는 마음에 고급 HSK(구HSK 9급 이상)를 준비하기로 했다. 중국에 가서 공부하려면 중국어로 수업을 들어야 할 텐데, 단지 지원조건만 충족시킬 정도의 공부만 해서는 유학 가서 엄청난 고생을 하게 될 것이 뻔하다고 생각했다. 나중에 실제로 유학 가서 겪은 현실은 그보다 백만 배나 가혹했지만, 지원 준비를 하던 그때는 수업을 듣는 데 필요한 중국어 능력이 어느 정도인지 가늠할 수 없었다.

HSK 중급 시험(구HSK 8급까지)의 경우는 문제가 객관식과 단답식이지만 고급 시험은 작문시험과 구술시험도 포함하고 있어 많은 준비가 필요했고, 익혀야 할 어휘량도 훨씬 많았다. 나는 시험 준비를 하는 동안 명색이 중어중문과를 졸업한 나 자신의 부족한 중국어 실력을 되돌아보며 스스로 많이 부끄러워했다. 혼자서 시중에 나와 있는 교재를 보며 자습으로만 공부하기는 좀 버거웠다. 게다가 바쁘고 피곤한 회사생활을 하면서 따로 시간을 할애하여 공부한다는 것은 대단한 의지가 없으면 불가능한 일임을 알 수 있었다. 어딘가에 돈을 내고 등록을 해야 돈이 아까워서라도 일과 공부를 병행할 수 있을 것 같았다. 그래서 퇴근 후 저녁시간과 주말에 HSK 학원에 다니는 생활을 시작했다.

당시 회사는 용인에 있었고, 나는 회사 기숙사에서 생활하고 있었다. 사람들은 잘 모르지만, 용인이라는 도시는 생각보다 꽤 크다. 똑같이 용인 안에 있는데도 회사와 기숙사는 이동하는 데 한 시간 정도 걸릴 정도로 떨어져 있었다. 주중 평일에는 두 번 회사에서 퇴근한 뒤 강남역 근처에 있는 학원에 가서 수업을 듣고, 10시 정도에 수업이 끝나면 다시 기숙사로 돌아왔다. 주말에는 토요일 아침부터 오후까지 종일 종로에 있는 학원에 가서 수업을 들었다.

혼자 버스를 타고 용인에서 강남이나 종로의 학원을 갔다 오는 길이 참으로 멀고 힘들었다. 밥 먹을 시간도 없을뿐더러 그 번화한 동네에서 나 혼자서 뭘 먹기도 어려웠다. 공부해야 하는 내용은 어렵기만 했고, 배워도 배워도 모르는 내용이 너무 많아 내가 하는 공부가 밑 빠진 독에 물 붓기인 것처럼 느껴졌다. 당시 내가 살던 회사 기숙사는 온돌식 방 하나에서 4명이 같이 지내는 구조였다. 원래 놀이공원 사업부 소속 아르바이트생들을 수용하기 위해 지어진 시설이라서 나를 제외한 나머지 룸메이트는 모두 놀이공원에서 근무하는 갓 스물 넘은 친구들이었다. 근무시간이 다른 관계로 그 친구들이랑 나는 생활패턴이 완전히 달랐다. 이 때문에 나는 기숙사에서 생활하며 출퇴근하기가 많이 불편했다. 잠을 자도 언제나 제대로 잔 것 같지 않았다. 나중에 짬밥이 차서 옮겨간 1인실은 혼자 지낼 수 있어 자유롭기는 했지만, 너무 좁아서 답답했다. 대학 다닐 때 잠시 고시원에서 지낸 적이 있었는데, 그 고시원보다도 좁은 방이었다. 방에 책상도 없어서 A4 용지 박스 위에 책을 올려놓고 공부해야 했다. 회사에서 해야 할 일도 많고 회식도 잦아 항상 공부할 시간이 부족했다. 하지만 뭔 오기였는지, 나는 새벽 4~5시에 일어나 1시간이라도 공부하고 나서 출근했다. 그래도 돌이켜 생각해보면 대견한 시간들이었다. 그렇게 준비해 2006년 6월에 친 시험에서 고급인 9급 성적을 취득할 수 있었다.

사실 비전공자가 중국어를 배우려고 할 때 기초 중국어나 생활 중국어를 배울 만한 학원은 많이 있다. 그러나 중국어 실력이 조금 올라가면 학원 선택 범위가 아주 좁아진다. 서울에는 그나마 중국어 전문 학원이 많이 있는 편이지만, 지방에는 고급 수준의 중국어를 배울 수 있는 곳이 극히 적다. 나는 학원에 통학할 수 있는 지리적 조건을 갖고 있었지만, 현실적으로 그런 조건을 갖고 있지 못한 사람들도 많으리라고 생각한다. 지금은 그래도 인터넷 강의를 비롯해 꼭 학원에 가지 않고도 공부할 수 있는 방법이 많이 있다. 특히 시간이 없어도 의지만 있다면 스마트폰을 이용하여 어디에서든 중국어 공부를 할 수 있다.

처음에는 작문시험과 구술시험을 어떻게 준비해야 하는지 몰라 걱정이 태산 같았다. 모의시험에서 작문시험이나 구술시험 문제가 나오면 머릿속이 백지가 돼버리는 듯했다. 특히 구술시험을 연습할 때는 어버벅거리다가 제한 시간을 다 보내는 경우가 많았다. 그런데 막상 공부를 시작하고 보니 여기에도 다 '업계의 요령'이 있었다. 자주 쓰는 구문, 관용어, 성어 등을 완벽하게 숙달해 놓은 뒤 일종의 프레임을 몇 개 세팅해 놓는 것이 요령이었다. 그렇게 한 다음 문제의 주제에 따라 프레임의 남은 빈 곳을 적당히 채우기만 하면 중간 정도의 점수를 받는 데는 문제가 없었다! 물론 다양한 주제의 예상문제에 대한 답안을 연습해보는 것이 중요하다. 어떻게 쓰고 말할지를 생각해본 주제가 시험에 나오는 경우와 전혀 생각도 해보지 않은 주제가 시험에 나오는 경우는 하늘과 땅 차이이다. 꼭 시험을 치기 위해서가 아니라도 평소에 다양한 주제에 대해 어떻게 말할지를 생각하며 마음속으로 그런 상황을 그려보고 상상을 펼쳐보는 연습은 중요한 것 같다.

2006년에는 이렇게 몸고생, 마음고생 해가며 HSK 시험을 칠 준비를 했다. 필요한 수준 이상의 성적을 취득하기 위한 요령 익히기에 중점을 둔 공부였다. 시험 공부의 목적은 시험 통과에 있으니 이런 방식의 공부를 꼭 나쁘다고 할 수는 없고, 사실 우리는 평생 이런 식으로 공부를 하는 경우가 많다. 하지만 진정한 실력은 시험을 치기 위한 공부로 길러지기보다는 충분한 시간 투자와 노력에 의한 내실 있는 공부로만 길러진다는 것이 내 생각이다.

나는 최근에도 HSK 시험을 친 적이 있다. 2013년 초에 한국 기업의 중국 주재원 생활을 그만두고 관광통역안내사 자격 취득을 위해서였다. HSK가 새로운 방식으로 바뀌었다고 하기에 좀 걱정이 되기는 했지만, 내 중국어 실력을 믿고 아무런 준비도 하지 않고 시험을 쳤다. 예상대로 필기시험 6급과 고급 등급 구술시험을 모두 가뿐하게 통과했다. 시험성적을 받을 때 감회가 새로웠다. 7년 전까지만 해도 아무리 오르고 또 올라도 넘지 못할 산처럼 보이던 중국어 시험이 이제는 가뿐하게 오를 수 있는 뒷동산이 된 것이었다. 그것은 자만이 아니라 나 자신이 그동안 쌓은 내공에 대한 믿음이다. 그리고 그것은 그동안의 내 노력에 대한 보상이기도 하다.

MBA 지원 준비_Step 2. GMAT

겨우 HSK 고급 성적을 따고 한숨 돌리고 보니 또 다른 관문인 GMAT이 있었다. 필요한 HSK 성적을 확보하여 퇴근 후에 중국어 학원에 가지 않아도 되니 오랜만에 휴식을 취하는 기분이 들었다. 그러나 그 휴식은 잠시였고, 시간은 빠르게 흘러 어느새 2007년이 됐다. GMAT 준비를 시작해야 했다.

GMAT이 도대체 어떤 시험이지? 나는 MBA 과정 지원을 준비하기 전에는 GMAT이라는 말 자체를 들어본 적도 없었다. 생전 처음 그 존재를 알게 된 GMAT이 뭔지를 알아보려고 인터넷에서 관련 정보를 검색하기 시작했다. GMAT은 Graduate Management Admission Test의 약칭인데, MBA를 획득하기 위해 전 세계의 주요 경영대학원에 입학하기를 원하는 사람들이 필수적으로 치러야 하는 시험이며 CAT(Computer Adaptive Test) 방식으로 시행된다고 했다. 영어로 논리(AWA), 수리(Math), 언어(Verbal) 등 세 영역의 능력을 평가한다는데, 시험을 다 보는 데 거의 4시간에 가까운 시간이 걸린다는 것이었다. 검색 결과를 살펴보니, 내가 몰랐던 세계가 거기에 펼쳐져 있었다. 수많은 GMAT 학원들, 시험을 준비하는 사람들의 스터디 모임들, 시험 후기들……. MBA와 GMAT을 둘러싸고 거대한 하나의 시장이 형성돼 있었다. 시험 후기들을 읽어보니, 잘은 모르겠지만 만만치 않은 시험이라는 생각이 들었다. 산 넘어 산이라더니, 중국어를 일단락 했다 싶었는데 이제는 영어인가? 내야 하는 시험비만 250달러에 이르고, 준비하는 동안의 학원비도 중국어 학원과는 비교가 안 될 정도도 비쌌다. 나에게는 많이 부담스러운 수준이었다. 어떻게 시험공부를 해야 하는지, 그리고 공부하는 데 시간이 얼마나 걸리는지는 알 수 없었지만, 경제적인 부담 때문에라도 준비기간을 짧고 굵게 끝내야겠다는 생각이 들었다.

미국의 명문 MBA 과정에 들어가려면 GMAT 성적이 700점 이상은 돼야 한다. 다행히 중국 MBA 과정은 500점대 후반이면 지원할 수 있었다. 점수에 대한 감이 전혀 없긴 했지만, 어쨌든 미국 MBA 과정을 준비하는 사람도 있는데 나는 아무것도 아니구나 싶어 조금은 가벼운 마음으로 준비를 시작할 수 있었다. 당시 강남에서 가장 유명했던 GMAT 학원에 등록했다. 첫 수업에 들어갔는데 상황을 파악하기도 전에 학원에서 스터디그룹을 짜주었다. 나중에 보니 왜 학원에서 그렇게 다짜고짜 스터디 그룹을 짜주었는지를 알 것 같았다. 스터디 그룹은 다른 사람들과 시험 관련 정보를 교환하는 창구가 되기도 했고, 일과 공부를 병행하면서 힘들 때마다 서로 격려하고 도와주는 역할도 해주었다.

주말은 아침부터 저녁까지 강남역 근처 학원에서 수업을 듣고, 밥을 먹고, 스터디 그룹 사람들과 같이 공부를 하면서 보냈다. 난생 처음으로 똑같이 MBA 과정 입학을 목표로 한 다양한 배경의 많은 사람들을 만났고, 그런 경험이 새롭고 기분 좋았다. 강사들은 입에 거품까지 물어가며 일 분 일 초도 낭비하지 않고 열정적으로 강의를 진행했다. 듣는 사람들 역시 강의실이 후끈 달아오른다는 느낌이 들 정도로 다들 집중하여 강의를 들었다.

국가와 학교마다 편차가 있긴 하지만, MBA 과정의 학비는 보통의 일반인이 부담하기엔 대부분 꽤 비싸다고 할 수 있다. 게다가 1년이나 2년 동안의 현지 생활비까지 부담해야 하니, 웬만한 톱 클래스 MBA 과정을 이수하려면 '억(億)' 소리가 나지 않을 수 없다. 그래서 MBA 과정 입학을 준비하는 사람들은 크게 두 부류로 나뉜다. 한 부류는 회사에서 능력을 인정받아 학비와 생활비를 지원받아 가는 사람들이고, 다른 한 부류는 자신의 개인적 경제능력이 되든 부모님께 손을 벌리든 간에 그만한 경제적 여건이 되어 자비로 가는 사람들이다. 나는 늘 청바지와 티셔츠 차림에 책가방을 메고 학원에 갔지만, 명품 옷차림에 명품 가방, 유명 브랜드 구두를 신고 나 돈 좀 있다는 티를 줄줄 내며 학원에 오는 사람들도 있었다. 나는 그런 사람들을 보면서 부러워서 배가 아프기도 했다. 그런데 아쉬울 게 하나도 없어 보이는 그런 사람들도 주말에 학원에 나와 종일 수업을 듣고 공부를 해야 하는 것이었다. MBA 과정의 한 진입장벽인 GMAT 앞에서는 모두가 평등할 수밖에 없다는 사실이 그나마 내게 조금은 위안거리가 됐다. 저렇게 많은 사람들이 자신의 꿈을 이루기 위해, 지금보다 한 발 더 앞으로 나아가기 위해 저렇게 노력하고 있구나 하는 생각은 내게 큰 자극이 됐다. HSK를 준비할 때와 마찬가지로 GMAT을 준비할 때도 주로 새벽에 일찍 일어나 공부하는 생활을 했다. 힘이 들긴 했지만, 당시에는 그렇게 공부하는 습관이 점점 몸에 붙는 느낌이 들었다.

그렇게 2007년 봄부터 약 반년 정도 준비하여 2007년 10월에 처음으로 GMAT 시험을 보았다. 운 좋게도 첫 시험에서 500점대 후반의 점수가 나왔다. 다행이었다! 이제 또 한숨 돌릴 수 있게 된 것이었다. 여담이지만, 욕심이 일어나 더 좋은 성적을 받아보려고 학원을 옮겨서 다녀보기도 하고 복습도 열심히 해서 두 번째로 GAMT 시험을 보았다. 그런데 긴장감이 떨어져서인지 오히려 점수가 떨어졌다. 이 두 번째 시험을 치기 위해 들인 시험비, 학원비, 그리고 공부하느라 투자한 시간이 아깝다는 생각이 지금도 든다. 생각해보면, 첫 번째 시험 성적을 갖고 있었기에 두 번째 시험을 준비할 때는 간절함이나 긴박함 같은 것이 없어서 꽤 여유를 부리며 공부했던 것 같다. 역시 사람이 하는 일에는 마음가짐이 중요하다는 점을 다시 한번 느꼈다.

GMAT을 준비하는 방법에 정답은 없겠지만, 여러 번 시험을 쳐보고 오랜 기간 준비한 경우가 아니면 학원에 다니는 것을 추천하고 싶다. 집 밖으로 나와 같은 시험을 준비하는 다른 사람들을 만나는 것 자체가 큰 도움이 되기 때문이다. 또한 GMAT은 짧은 시일 안에 집중하여 준비해야 하는 시험이라는 생각이 든다. 질질 끌면 끌수록 몸과 마음도 점점 더 피폐해진다. 그러다가 결국 MBA 과정 진학을 포기하는 경우를 나는 여러 번 보았다. 나야 중국 MBA 과정을 목표로 했으므로 필요한 점수가 낮았으니 그나마 쉽게 넘어간 경우이긴 하지만, 그렇더라도 정말로 다시 준비하기는 싫은 시험이다.

이제 에세이, 이력서, 추천서가 남았다.

F반은 중국어로 진행되는 과정이지만 외국인이 지원할 경우에는 I반과 마찬가지로 지원동기, 앞으로의 계획, 경력 등에 대한 간단한 에세이와 이력서, 그리고 2부의 추천서를 영어로 작성된 것으로 제출해야 한다.

지금도 그렇지만 당시 나의 영어 실력은 어디에든 내세울 만한 수준이 못되었다. 전공으로 배운 중국어도 버벅대던 나였으니 영어는 오죽했으랴. 에세이로 써서 제출하라며 제시한 질문들을 보니 그 내용이 어려운 것도 아니었는데 한숨이 절로 나왔다. 에세이는 HSK 성적이나 GMAT 성적처럼 단순히 숫자로 나를 표현하는 지원자료가 아니다. 그리고 에세이는 지원하기 직전에 작성하게 되는데 그때에는 성적이나 경력 등은 더는 내 힘으로 바꾸어볼 수 있는 요소가 아니므로 그만큼 더 중요하다. 이런 점을 잘 아는 나는 에세이를 준비하는 내내 어깨가 무거웠다.

여기저기 알아봤더니 많은 사람들이 한글로 에세이를 쓴 뒤 전문 번역업체에 번역을 맡긴다고 했다. 그런데 그 번역에 드는 비용만 적게는 수십만 원에서 많게는 수백만 원까지 든다는 것이었다. 나는 주머니 사정상 에세이 번역에 그렇게 많은 돈을 쓸 수 없었다. 그렇다고 심하게 부족한 내 영어 실력으로 직접 영작을 할 수도 없었다. 물론 이렇게 중요한 자료를 아무렇게나 구글 번역기에 돌려서 낼 수도 없는 일이었다. 나는 고민하다가 가장 친한 고등학교 친구인 정혜에게 번역을 부탁했다. 정혜는 대학 시절에 캐나다로 유학 갔다가 거의 10년째 그 나라에 눌러 사는 친구였다. 비빌 데라고는 그 친구밖에 없었다. 정혜는 내가 한글로 써서 보낸 에세이를 며칠간에 걸쳐 직접 번역한 다음 네이티브 캐나다 친구에게 보여주면서 수정하고 보완해서 나에게 보내주었다. 본인도 자기 일 하느라 바빴을 텐데 퇴근하고 내가 보낸 에세이를 번역하느라 애 좀 썼을 것이다. 지원자료를 준비하는 동안 정혜에게 신세를 정말 많이 졌다.

추천서 2부는 누구에게 부탁할까 고민하고 고민하다가 당시 회사의 중국 사무소 소장을 맡고 계시던 차장님과 미국에서 MBA 과정을 졸업하고 늦깎이로 입사한 동기 오라버니에게 각각 한 부씩을 써달라고 부탁하기로 했다. 거절하면 어떡하나 하는 걱정을 많이 했다. 회사에 입사한 지 얼마 되지도 않았는데 MBA 공부하러 간다고 하면 비웃지는 않을까 하는 생각도 들었다. 그런데 뜻밖에도 두 분 다 아주 흔쾌하게 내 부탁을 들어주셨다. 아직도 그때 감사했던 마음을 다 갚지 못했다. 나중에 꼭 고마움을 갚아야 할 분들이다. 이렇게 또 하나의 관문을 넘겼다.

베이징대 광화관리학원 낙방

2007년 11월 초에 지원자료 준비를 거의 마치고 베이징대 광화관리학원의 입학 담당자에게 연락을 했다. 담당자는 정식 모집은 2월에 시작되지만, 2008년도 전형은 1라운드와 2라운드로 나누어 12월에 1라운드 모집을 시작한다고 했다.

지금 생각해봐도 이해가 안 될 정도로 당시 나는 무모하리만큼 자신만만했다. 나는 모든 일이 일사천리로 잘 풀릴 거라고 100% 확신했다. 아마도 그동안 준비하면서 들인 나의 노력을 하늘이 배신하지는 않을 것이라는 어떤 굳은 믿음이 있었던 것 같다.

12월 초에 지원자료를 DHL로 보내고 약 1주일이 지나자 인터뷰 통보가 왔다. 공교롭게도 17대 대통령 선거일인 12월 20일이 인터뷰 날짜로 잡혔다. 회사에서는 그 전날 하루 연차휴가를 냈다. 지원동기, 앞으로의 포부 등 예상 질문에 대한 중국어 답안을 만들어서 소리 내어 읽어보는 등 인터뷰 준비를 했다.

너무 아픈 기억이라서 지우려 애써서 그런지, 베이징대 광화관리학원에 지원하고 인터뷰를 한 과정에 대한 기억은 아주 흐릿하다. 베이징대와 칭화대는 여러 모로 교풍에 대조적인 부분이 많다. 그날 인터뷰를 하러 간 광화관 리학원 건물도 내가 느끼기에는 대학 건물이라기보다는 무슨 오래된 고등학교 건물 같았다. 현대적인 느낌을 물씬 풍기는 칭화대 순더관(舜德楼)과는 극과 극이라고 할 수 있다.

인터뷰가 시작됐다. 나는 긴장한 가운데 몇 개의 간단한 질문에 대답했다. 그런데 후반부에 면접관이 예상 밖의 질문을 던졌다. "오늘이 한국의 대통령 선거일인데, 누가 대통령이 될 거라고 생각하며, 이명박 후보에 대해서는 어떻게 생각하느냐"는 것이었다. 나는 이 의외의 질문에 조금 머뭇거리면서 대답했다. 이 경험 때문에 나중에 칭화대에 인터뷰 하러 갈 때는 정말 준비를 철저히 잘 해갔다. 하지만 베이징대 인터뷰 당시에는 이로 인해 면접관이 인터뷰를 주도하는 분위기에 끌려 들어가고 말았다. 인터뷰는 우선 자기소개에서 좀 더 강렬한 인상을 준 다음 면접관의 질문을 내가 의도하는 방향으로 끌고 가야 했다. 나는 그렇게 하지 못했기에 주도권을 면접관에게 빼앗겼고, 예상치 못한 질문을 받게 됐다. 면접을 잘 하지 못했는데도 나는 별달리 걱정하지 않았다. 왠지 합격할 것 같았고, 합격하지 못한다면 그건 이상한 일이라고 생각했다.

2008년 새해가 시작됐다. 부산에서 가족들과 신정연휴를 보내고 있을 때 베이징대에서 인터뷰 결과에 관한 메일이 왔다. 일단 대기자 명단에 넣어놨으니 2라운드가 끝날 때까지 기다리라는 내용이었다. 사실상 불합격 통보였다. 마침 가족들과 새해의 계획을 이야기하고 있던 도중에 확인된 불합격 메일이라니……. 순간 분위기가 싸해졌다.

불합격 메일을 봤을 때는 담담한 기분이었는데, 그날 밤 한숨도 자지 못하고 엉엉 울었다. 심장이 쥐어짜이듯이 아팠고, 세상이 무너진 것만 같았다. 그동안 그렇게 노력했는데 불합격이라니……. 앞으로 아무 희망이 없고, 이대로 주저앉아 다시는 앞으로 못 나갈 것만 같았다. 힘이 다 빠졌다.

다음날 얼굴이 퉁퉁 부은 딸을 보고 부모님도 많이 마음아파 하셨다. 열심히 회사 다니면서 다시 한번 도전해보라고 하셨지만, 내게 별로 위로가 되지 않았다. 그날 이후로 나는 넋이 빠진 채 회사를 다녔다. 열심히 일할 의욕도 없었고, 사람들도 다 싫었다. 내가 MBA 과정 진학 준비를 해왔다는 것을 아는 지인들에게 내가 인터뷰에서 떨어진 얘기를 하기가 부끄러웠다. 추천서를 써주신 차장님과 동기 오라버니에게도 면목이 없었다. 그렇게 두 달 정도 의미 없이 시간을 보냈다.

칭화대 경제관리학원 도전

당시 중국 MBA 과정 진학을 준비하는 사람들의 인터넷 카페 모임에서 알게 된 분이 있었다. 계열사는 달랐지만 같은 그룹에서 일하는 분이어서 사내 메신저로 자주 연락을 주고받았다. 박규석 오라버니였다. 규석 오라버니는 베이징대 낙방 후 완전히 낙담해 있는 나에게 칭화대 MBA 과정에 다시 지원해 보라고 조언했다. 중국 MBA는 두 군데 다 지원하는 게 일반적이며, 본인 역시 베이징대에 합격했지만 칭화대에도 지원할 거라며 어차피 밑져야 본전 아니냐고 한 번 더 도전해 보라고 했다.

당시 나는 밑져야 본전이 문제가 아니었다. 베이징대 낙방 이후 나는 내 기본실력에 상당한 회의를 하게 됐다. 베이징대에서 보내온 나의 불합격에 관한 피드백 내용처럼 내가 생각해도 내 중국어 실력은 아직 많이 부족한 것 같았고, 경력도 너무 짧았다. 그들이 해준 말처럼 아직 때가 아니니 조금 더 실력을 쌓아서 내년에 다시 지원하는 게 옳다는 생각이 들었다. 그렇게 자신만만하던 나였지만 베이징대 낙방과 더불어 일순간에 의기소침해졌다. 재도전의 모든 과정이 아직 그릇이 만들어지지 않은 나에게는 무리수라는 생각이 들었다. 처음부터 베이징대만 바라보고 준비를 했는데 낙방했다고 칭화대에 지원하자니 왠지 패배자가 미련을 떠는 것 같았고, 꿩 대신 닭으로 선택하는 기분이 들어 칭화대에 지원하고 싶지 않았다.

그런데 규석 오라버니가 자기 일도 아닌데 적극적으로 나더러 다시 칭화대에 지원하라고 등을 떠밀었다. 하루에도 몇 번씩 귀찮을 정도로 메신저를 날려 나에게 칭화대 지원을 종용했다. 규석 오라버니의 끈질긴 협박과 회유 덕분에 나도 생각이 조금씩 변하기 시작했고, 결국 '그래, 경험 삼아 다시 지원해보지 뭐' 하는 마음을 갖게 됐다.

3월 15일이 칭화대 지원 마감일이었다. 입학조건이나 준비서류가 모두 베이징대와 대동소이해서 큰 어려움은 없었다. 칭화대 양식으로 모든 서류를 다시 준비해서 보냈고, 4월 3일 인터뷰 하러 오라는 통보를 받았다. 인터뷰 시간이 오후였기에 회사에는 하루 연차휴가를 내고 당일치기로 베이징에 다녀오기로 했다. 아침 비행기로 가서 저녁 비행기로 돌아오는 항공권을 끊어 놓고 인터뷰 준비에 들어갔다. 이번에는 완벽하게 준비한다는 생각으로 갖가지 시나리오를 짰다.

베이징대 인터뷰에 대한 기억이 '겨울' 이라면 칭화대 인터뷰에 대한 기억은 '봄' 이다. 회색 하늘 아래 춥고 삭막한 느낌을 주었던 12월의 베이징과 달리 4월의 베이징은 날씨가 청명하고 따뜻했다. 2008년 베이징 올림픽을 준비하느라 중국 정부가 대기를 열심히 관리한 덕분에 그해 4월의 베이징은 유난히 날씨가 좋았다는 설도 있었다. 어쨌든 칭화대 정문 앞에서 버스에서 내려 경제관리학원까지 걸어가는 동안 목련이 만발한 캠퍼스가 어찌나 예쁘던지 가슴이 다 두근거렸다. 건물 외벽이 통유리로 설계되어 햇볕이 들어오는 경제관리학원 순더관의 로비도 정말이지 멋져 보였다.

나는 2006년 동생과 함께 베이징에 배낭여행 갔을 때 칭화대에 들러 찍은 사진을 크게 확대 인화해서 가지고 갔다. 배낭여행 당시에 나는 베이징대와 칭화대의 캠퍼스를 구경하면서 나도 언젠가는 꼭 중국으로 유학 오겠다고 결심했다. 그때도 사실은 베이징대에 더 마음이 가 있었지만, 아무렴 어떠랴. 면접관에게는 그런 얘기를 할 필요가 없으니까.

인터뷰가 시작됐다. 면접관이 질문을 하기 전에 내가 선수를 쳤다. 먼저 보여드리고 싶은 사진이 있다며 준비해간 사진을 들어 보였다. 나는 오래전부터 중국을 좋아했고, 칭화대 MBA 과정에 입학하고 싶은 꿈이 있었으며, 2년 전에 베이징에 여행 온 것도 그런 이유에서였고, 그 후 2년 동안 칭화대 MBA 과정에 지원하기 위해 이런저런 준비를 해왔다고 이야기했다. 사진을 본 면접관들의 눈빛이 금세 호의적으로 바뀌는 것을 느낄 수 있었다. 면접관 중 한 사람이 칭화대에 지원한 이유를 물었다. 나는 칭화대가 중국 최고의 대학이라고 생각했고, 칭화대 MBA 과정 역시 중국 MBA 과정 중 최고라고 생각했으며, 최고의 교수님들에게 가르침을 받고 싶어서 지원했다고 말했다. 면접관 교수들은 흐뭇한 웃음을 지으며 서로 시선을 교환했다. 여기까지는 다 내가 준비해간 내용이기 때문에 버벅거리지 않고 아주 유창하게 말했다. 그 후의 몇 가지 질문은 인터뷰라기보다는 잡담 같은 느낌이 들었다. 결혼은 했느냐, 부모님이 딸을 유학 보내는 것에 대해 걱정은 안 하시냐는 등의 일상적인 내용이었다.

인터뷰가 끝난 뒤 나는 순더관 로비의 의자에 털썩 주저앉았다. 안도감에 온몸에서 힘이 다 빠지는 기분이었다. 이번에는 진짜 되겠구나 싶었지만, 베이징대에서 떨어진 아픈 경험이 있는 터라 내 감을 확신하지는 않기로 했다. 돌아오는 비행기 안에서 많은 생각을 했다. 이번에는 합격할 수 있을까? 내 앞에는 어떤 미래가 놓여 있을까?

4월 25일 합격 메일을 받았다. 꿈만 같았다. 너무 기뻐서 입이 다물어지지 않았다. 가족과 지인들에게 합격 소식을 전했다. 몇 년간 고생한 기억이 되살

아나며 나의 내면이 뭔가 굉장히 홀가분해진 느낌이 들었다.

입학 준비

회사에 출근해서 아침에 열어 본 메일함에서 칭화대에서 온 합격 메일을 확인하고 외근을 나갔는데, 일이 손에 잡히지 않았다. 내가 땅에 발을 딛고 있는 건지 구름 위에 서 있는 건지 구분이 안 됐다. '너무 좋아서 입이 찢어질 것 같다' 는 표현이 무슨 뜻인지 난생 처음으로 이해가 갔다.

모시고 있던 팀장님과 본부장님께 내가 MBA 과정에 합격한 사실을 말씀드리고 사직 의사를 밝혔다. 입사 이래 쭉 모셔온 본부장님은 처음엔 의외라는 반응을 보이셨지만, 이내 진심으로 축하해주면서 여러 가지 조언을 해주셨다. 사직보다는 휴직으로 하고, 회사를 스폰서로 해서 갈 수 있는 방법이 있는지도 알아보라고 하셨다.

인사 담당자와 면담했다. 그는 앞으로 사내에도 중국 관련 업무를 할 기회가 많을 텐데 꼭 지금 중국에 가야겠느냐, 업무가 마음에 안 들면 소속 팀을 바꿔줄 수 있다는 등 사직을 만류하는 말을 했다. 나는 속으로 내가 그렇게 중국 관련 업무를 하고 싶다고 할 때 좀 바꿔주지 하는 생각을 했다. 나를 많이 키워준 회사이고, 같이 일하면서 정든 사람들도 많았기에 아쉽기는 했지만, 쉽게 찾아온 기회가 아니었기에 당연히 포기할 수 없었다.

6월 말로 업무를 정리하기로 했다. 인사팀에서는 아직 직급도 낮고 해서 나에게 회사가 스폰서가 돼 줄 방법은 없지만, 대신 사직이 아닌 휴직으로 처리해주겠다고 했다. 아주 특별한 케이스로 휴직 처리를 해주는 것이니 공부를 끝내고 꼭 복귀해서 다른 직원들에게 모범이 되는 좋은 선례를 남겨달라고 했다. 당시 나에게는 사직이든 휴직이든 별 차이가 없었고, 휴직이라 하더라도 복귀하지 않을 테니 별 의미가 없다고 생각했다. 하지만 나중에 겪어 보니 사직과 휴직은 하늘과 땅 차이였다.

직장에 적(籍)을 두고 공부하는 것과 적이 없이 공부하는 것은 일단 마음가짐에 큰 차이가 있었다. 처음에는 퇴로를 남겨 놓으면 마음이 약해질 수 있으니 배수의 진을 쳐야 한다고 생각했다. 그러나 나는 자신을 들들 볶으며 스스로 스트레스를 받는 스타일인데, 만약 당시 사직으로 처리되어 공부를 마친 뒤에 완전히 새로이 구직을 해야 하는 처지가 됐다면 어땠을까? 내가 얼마나 심한 스트레스를 받았겠나. 그러나 휴직 상태였기 때문에 졸업 후 내가 하고 싶은 일을 찾지 못하더라도 최소한 돌아갈 곳이 있다는 것이 마음의 안정에 큰 도움이 됐다. 나뿐만 아니라 다들 MBA 과정 입학 후 초기에는 새로운 환경과 학업부담 때문에 스트레스를 받지만, 후반으로 갈수록 학업보다 취업문제로 스트레스를 더 많이 받는다.

회사를 휴직하고 갔기에 베이징에서 공부하면서도 회사 사람들과 편하게 연락을 이어갈 수 있었다. 회사의 베이징 사무소도 수시로 드나들었다. 무엇보다 다른 사람들에게 나를 소개할 때 휴직 중이라고 하면 아무래도 나를 보는 눈이 달라지는 게 느껴졌다. 그래서 나중에는 회사에 별로 이바지한 바도 없고 뛰어난 인재도 아닌 나에게 휴직 처리를 해준 회사가 참으로 고마웠다. 누군가가 졸업한 학교와 다니는 직장이 그가 어떤 사람인지를 말해주는 것은 아니지만, 아직도 세상 사람들은 그런 것으로 사람을 평가하기를 좋아한다.

나도 이런 관습에서 완전히 벗어날 수 없었고, 앞으로도 그럴 것 같다. 어쨌든 나는 사람들이 모두 좋게 봐주고 인정해주는 회사에 적을 둔 상태로 중국에 공부하러 갔기에, 그렇잖았으면 어렵게 가야 했을 길도 쉽게 갈 수 있었다. 이런 점에서는 나의 첫 직장인 그 회사의 덕을 많이 보았다.

회사 업무를 마무리하고 7월 초에 부산으로 내려갔다. 칭화대 경제관리학원에서 8월 25일에 시작되는 수학 예비수업(Math pre-course)에 관한 안내 메일을 보내왔다. 이에 나는 8월 20일쯤 베이징으로 가는 일정으로 티케팅을 하고 그때까지 한 달 반의 기간을 충분히 즐기기로 했다. 내 인생에서 가장 여유롭고 편안한 기간이었다. 늦잠도 자고, 책도 읽고, 아침 일찍 바닷가 산책도 하고, 운동도 했다. 혼자 보름간 싱가포르와 말레이시아에 배낭여행도 갔다 왔다. MBA 과정의 첫 학기가 시작되면 곧바로 닥칠 어마어마한 시련은 꿈에도 모른 채 즐겁게 시간을 보냈다. 그러다 보니 어느새 베이징으로 가야 할 날이 왔다. 나는 내 키만 한 배낭을 메고 큰 캐리어 한 개를 끌고 김해공항으로 가서 베이징행 비행기에 몸을 실었다.

베이징 서우두 공항에 도착한 나는 칭화대와 가까운 중관춘(中关村)에 나를 내려줄 공항 리무진을 탔다. 이제부터는 모든 것을 나 혼자의 힘으로 해내야 했다. 중국어를 10년 가까이 공부한 나도 막상 혼자 중국에 도착하니 모든 게 무서웠다. 택시를 타면 빙빙 돌아가는 게 아닐까? 물건을 사면 바가지를 씌우지 않을까? 날치기가 붙어서 돈을 빼앗아가지 않을까? 나를 납치해 가지는 않을까? 도착한 날에 바로 기숙사에 입주하려면 한 학기분 비용을 납부해야 하므로 먼저 은행에 가서 현금을 찾아 들고 학교에 가야 했다. 기숙사비를 카드로 결제할 수도 있었지만, 그렇게 하려면 결제금액의 3%에 해당하는 수수료를 부담해야 했다. 말이 3%이지 적지 않은 돈이니, 당연히 현금으로 내야 했다. 칭화대에서 가장 가까운 씨티은행 ATM의 위치를 인터넷으로 미리 검색해 알아 놓았다. 그 위치는 까르푸 중관춘점 안이었다.

그날의 베이징은 가만히 있어도 사우나 속에 있는 것처럼 땀이 줄줄 흐르는 여름 날씨였다. 나는 무거운 짐을 메기도 하고 끌기도 하며 북적이는 사람들 틈을 비집고 씨티은행 ATM을 찾아갔다. 여러 번으로 나누어 필요한 금액의 돈을 인출한 뒤 택시를 타고 칭화대 유학생 기숙사로 향했다. 나중에 알게 된 일이지만, 그 택시는 역시 내가 걱정했던 대로 빠른 길을 놔두고 먼 길로 빙빙 돌아가서 바가지요금을 받고 나를 내려주었다. 기숙사 사무실에서 입주 수속을 밟은 뒤 열쇠를 받아 들고 내 방으로 갔다. 이미 나는 녹초가 돼 있었다.

중국생활의 시작

마카오에서 온 유학생이 있었다. 그는 칭화대 캠퍼스가 마카오보다 넓다고
했다. 나중에 마카오에 가보니 실제로는 칭화대 캠퍼스가 마카오보다 넓지
않았지만, 그의 말은 칭화대 캠퍼스가 얼마나 큰가를 잘 표현했다고 생각한
다. 막 캠퍼스 생활을 시작한 당시 내가 느낀 바도 그랬다. '아니, 학교 캠퍼
스가 왜 이렇게 큰 거야?' 캠퍼스 안에서도 자전거 없이 도보로 이동하는 것
은 거의 불가능하다고 보면 된다. 학교 정문에서 내가 사는 외국인 기숙사 건
물까지 자전거로 15분 거리다. 캠퍼스 안에 강이 흐르고 큰 호수가 있다. 교
직원용 아파트와 부속 초등학교, 중학교도 캠퍼스 안에 있다. 또한 학교 안에
없는 게 없다고 할 정도로 거의 모든 편의시설이 다 있다. 시장, 슈퍼, 식당,
카페, 이동통신회사 점포, 우체국, 은행, 병원, 서점, 꽃집, 세탁소, 목욕탕, 미
용실, 수영장, 볼링장, 자전거 수리점, 잡화점 등.

기숙사에 짐을 풀고 나니 여기서 생활하려면 이것저것 장만해야 할 게 많
았다. 같은 날 내 방 맞은편에 반은 1반이지만 나와 동기로 입학한 희선 언니
가 입주했다. 모르는 사이였지만 첫눈에 한국사람인 것을 서로 알아보고 통
성명을 하고 인사를 나눴다. 고향도 같고, 다니던 직장도 같은 그룹 소속사였

다. 공통점이 많음이 확인되자 금방 편한 사이로 지내게 됐다. 나처럼 싱글인 줄 알았는데, 알고 보니 딸이 두 명이나 있었다. 그 후 나는 희선 언니에게 많은 도움을 받았다.

우리는 일단 자전거부터 사기로 했다. 자전거가 있어야 뭘 사러 가든, 뭘 알아보러 가든 이동할 수 있었다. 기숙사 1층에 있는 데스크의 안내원에게 기숙사에서 가장 가까운 학생슈퍼가 어디에 있느냐고 물었다. 우리는 바로 안내원이 위치를 알려준 학생슈퍼로 가서 적당한 가격의 자전거를 한 대씩 샀다. 베이징에서 유학생활을 하는 동안 탔던 자전거 4대 중 첫 번째였다. 우리는 자물쇠와 열쇠도 샀다. 그러고는 자전거를 타고 캠퍼스를 기분 좋게 한 바퀴 돌았다.

교내에 작은 과일점이 많이 있었다. 가격이 저렴할 뿐만 아니라 우리나라에서처럼 한 바구니에 몇 개씩 담아 바구니째 팔지 않고 무게 단위로 낱개로 팔기 때문에 적은 양을 사기에 편했다. 이제부터 과일을 열심히 먹어야겠다고 생각하고 과일칼을 사려고 했지만, 학생슈퍼에서 과일칼을 팔지 않았다. 그래서 우리는 시내 구경도 할 겸 학교 남문 밖에 있는 외부 슈퍼에 가보았는데, 거기에도 과일칼이 없었다. 종업원에게 물어보니 마침 베이징 올림픽 기간이어서 정부가 칼 종류의 판매를 금지했다는 것이었다. '이런, 올림픽 기간이어서 칼을 살 수 없다니, 역시 중국답다' 는 생각이 들었다. 나는 올림픽이 폐막된 뒤에야 사과를 깎아 먹을 수 있었다.

생전 타지 않던 자전거를 타고 여기저기 돌아보았더니 둘 다 배가 고팠다. 눈에 띄는 대로 가장 가까운 식당으로 가서 음식을 시키려고 하는데 뭘 시켜야 할지 도통 모르겠는 거였다. 그때를 생각하면 지금도 웃음이 나온다. 우리는 한국식 중국집을 생각하고 볶음밥 두 개를 시켰다. 주문을 받는 종업원이 이상한 사람을 다 본다는 듯이 쳐다보던 눈빛이 아직도 생생하다. 우리는 우리가 뭘 잘못했냐는 태도로 자신 있게 볶음밥 두 개를 주문했음을 다시 확인해주었다. 당시 우리는 중국의 음식점에서 주문할 때는 요리 위주로 주문하고, 볶음밥처럼 양이 많은 주식은 하나만 시켜서 나눠 먹는다는 개념도 머릿속에 들어있지 않은 상태였다. 볶음밥은 별로 맛이 없었고, 각자 한 그릇씩 먹자니 양이 심하게 많았다. 그래도 우리는 무사히 음식을 주문하고 잘 먹었다는 데서 엄청난 뿌듯함을 느끼면서 다시 자전거를 타고 기숙사로 돌아왔다.

그 후에도 계속 자전거를 타고 돌아다녔다. 교내 인터넷 신청 장소에 가서 인터넷을 신청했고, 식당카드와 교통카드, 학생증도 만들었다. 휴대전화 판매대리점에 가서 대충 설명을 듣고 가장 저렴한 노키아의 스틱형 휴대전화를 골라 개통했다. 하나씩 하나씩 차근차근 준비가 돼가는 기분이었다.

기숙사는 조금 좁기는 했지만, 현지 중국인 학생용 기숙사와 달리 호텔식으로 운영되어 나에게는 여러 모로 편리하고 안전한 생활공간이었다. 하우스키핑에서 매일 청소를 해주었고, 1주일에 한 번씩 침대 시트를 갈아주었다. 데스크에서 출입을 제한해서 외부인은 마음대로 들어올 수 없었다. 지내다가 궁금한 게 있거나 도움을 요청할 일이 있으면 데스크에서 24시간 대기하는 직원에게 문의하거나 부탁할 수 있었다. 다만 좁은 방을 쓰는 데 한 달에 약 2000위안(40만 원)이 넘는 비용을 들여야 하는 것이 부담스럽기는 했다. 그래서 기숙사에서 지내다가 좀 더 생활이 자유롭고 방도 넓은 외부 아파트로 옮기는 사람들이 많았다. 가족과 함께 지내야 하는 경우에는 어쩔 수 없이 외부 아파트에서 살아야 했다. 나는 학교 밖으로 나가서 지내는 것보다 교내에서 생활하는 것이 시간과 에너지를 절약하고 반 친구들과 사귀며 지내기에 좋은 것 같아 MBA 과정을 졸업할 때까지 계속 기숙사 생활을 했다.

학생들 사이에 여러 가지 모임이 활발하게 조직됐다. 어디에 가나 뭉치기를 좋아하고 모여서 같이 밥 먹고 술 마시기를 즐기는 한국사람들의 문화는 여기라고 다를 게 없었다. 개학하기 전에 MBA 과정의 한국인 유학생 모임이 열려 서로 인사하고 각자 자기소개를 했다. I반, F반, P반을 다 합쳐 한국인 유학생은 약 30명 정도 됐다. 07학번 선배들도 모임에 나와 학교생활과 수업내용 등에 대해 여러 가지 조언을 해주었다. 다들 학력으로나 직장경력으로나 빵빵한 배경을 갖고 있었다. 70% 정도는 회사를 스폰서로 해서 온 사람들이었고, 나머지 30% 정도는 자비로 온 사람들이었다. 연령대가 다양했지만, 자비로 온 사람들은 거의 다 삼십대 초반 정도였다. 그러다 보니 내가 막내였다. 스스로는 일찍 온 게 아니라고 생각하고 있었는데, 알고 보니 그래도 남들보다는 이른 나이에 이쪽으로 진로를 결정했다는 생각에 조금 뿌듯한 느낌이 들었다.

현지 중국인 친구들과의 모임도 많았다. 반대표들이 보내는 이메일 안내와 단체문자 모임공지가 끝없이 날아왔다. 그들은 놀기로 작정한 사람들처럼 한번 모이면 끝장을 보겠다는 식으로 밤새 게임을 하거나 노래방에서 노래를 부르며 놀았다. 그때는 그런 모습이 낯설었다. 중국사람들은 원래 저렇게 적극적으로 서로 친목을 다지는가보다 하고 생각했다. 그러나 지금 돌이켜보면, 그때 그 친구들도 새로이 MBA 과정을 시작하면서 다른 사람들과 얼른 사귀어 친분을 쌓고자 하는 욕구가 강했던 것 같다. 그런 모임이나 회식은 MBA 과정 초반에는 자주 있지만 후반으로 가면 점점 뜸해지면서 각자 개인적으로 시간을 보내려는 경향이 강해진다. 또 친한 소그룹별로 끼리끼리 모이는 현상도 갈수록 심해진다.

새로운 사람들을 한꺼번에 몇십 명씩 만나다 보니 이름 외우기도 쉽지 않았다. 특히 중국사람들 이름은 왜 그렇게 외우기가 힘든지……. F반은 1반과 2반으로 나뉘었는데 총 106명이었다. 나는 F2반에 배정됐다. 우리 반은 총 53명이었고, 그중 3명만 한국인 유학생이었다. 내가 그 3명 중 한 명이다 보니

상대방은 내 이름을 알고 있는데 나는 그 상대방 이름이 뭔지 모르기 일쑤였
다. 거의 1년이 지나고서야 나는 겨우 우리 반의 학생들 모두의 이름을 익숙
하게 부를 수 있었다. 그렇게 정신없이 사람들을 만나는 가운데 수학 예비수
업이 시작됐다.

수학 예비수업과 입학식

수학 예비수업은 MBA 과정 중 통계분석, 회계, 재무관리 등의 수업에 대비하는 기초과정으로 개설된 것이어서 강제성 없이 자율적 참여 방식으로 진행되는 수업이다. 칭화대 MBA 과정의 학생이라면 누구나 사전 신청기간에 신청하면 참여할 수 있다. 강의로만 진행되고 시험은 치지 않는다. 시험이 없으니 당연히 성적에 반영되지도 않는다. 강의는 9월 3일에 시작하여 13일에 끝나도록 돼있었다. MBA 과정의 정식 수업이 시작되기 전에 하루 3시간씩 총 8번의 수업으로 진행되는 것이었다. 강의의 주된 내용은 미적분, 선형대수, 확률 등 세 부분이었다.

수학 예비수업 첫날, 두근거리는 마음으로 자전거를 타고 경제관리학원 웨이룬관(伟伦楼)으로 갔다. 경제관리학원은 2개의 강의동을 갖고 있다. 구관인 웨이룬관과 신관인 순더관이 그것이다. 웨이룬관은 학교 정문에서 본관으로 이어지는 큰길가에 자리 잡고 있고, 순더관은 웨이룬관 뒤에 있다. 캠퍼스 안에서 아침에 수업을 들으러 가는 학생들의 자전거 행렬은 정말이지 장관이다. 기숙사 구역에서 강의동 쪽으로 가는 길에는 양쪽으로 키가 아주 크고 오래된 가로수들이 쭉쭉 뻗어있다. 캠퍼스 안에만 있으면 사계절 청량한 공원에 와 있는 기분이다. 웨이룬관 앞에 자전거를 세워 놓고 5층으로 올라가 대강의실에 들어섰다. 예비수업이라 해도 중국에 와서 처음으로 들어간 수업인 만큼 긴장하지 않을 수 없었다.

중국인들이 국내 MBA 과정에 입학하는 과정은 외국인 유학생들의 경우와 그 프로세스가 다르다. 당시에는 MBA 연합고사를 먼저 치고 나서 면접을 봤다고 했는데 현재는 순서가 약간 바뀌어 면접을 먼저 보고 나서 MBA 연합고사를 친다고 한다. 입학연도 전년의 5월경에 각자 자기가 입학하고 싶은 학교를 선택하여 지원한다. 이때 당연히 학력, 업무경력, 영어성적 등의 지원요건을 갖춘 사람들만 지원할 수 있다. 서류전형을 통과하면 면접시험을 본다. 중국 국내에도 MBA 과정 지원자들을 상대로 한 시장이 형성되어 활발하게 돌아간다. 면접이 당락을 크게 좌우하기 때문에 면접 예상문제를 풀어보고 모의면접이나 모의토론을 해보는 면접 대비 학원들이 성행하고 있고, 이런 학원에 다니려면 비용이 적잖이 든다고 한다. 면접 일정은 10월까지 모두 마무리된다. 면접을 통과하면 전국 MBA 연합고사 응시 신청을 한다. 그러고 나서 입학 당해연도 1월에 전국 공통의 MBA 연합고사를 치고, 학교별 추가 시험이 있으면 추가 시험도 같이 친다. 3월에 시험 결과가 나오고, 각 학교에서 예비 입학통지를 한다. 이어 4월에서 7월 사이에 자격심사 등을 거친 후 7월에 정식 입학통지를 한다. 최종 합격자들은 8월 말에서 9월 사이에 각 학교 MBA 과정에 정식으로 입학한다.

준비 없이 지원부터 해도 최소 1년 반의 시간이 소요되는 쉽지 않은 과정이다. 칭화대는 당시 MBA 과정 합격자들의 MBA 연합고사 성적이 중국 국내에서 1위였다. 따라서 합격하여 나와 동기생이 된 반 친구들의 자부심은 대단했다. 한국에서처럼 MBA 과정 진학을 준비하는 동안 인터넷 카페나 동호회 등에서 서로 친분을 쌓고 같이 들어온 친구 사이도 많았고, 면접학원에서 같

이 수업을 들었던 친구 사이, 시험장에서 만나서 알게 된 사이 등 자기네끼리
는 이미 친하거나 안면이 있는 사이들이 많았다. 내가 들은 수학 예비수업은
F반의 1반과 2반을 합친 통합수업이었다. 강의실에서 중국인들은 아는 사이
끼리 대화하거나 모르는 사이끼리 서로 인사하느라 바빴다.

　나는 중간쯤의 자리에 나의 필수무기인 중국어 전자사전을 책상 위에 펴
놓고 앉았다. 무슨 뜻인지 알 수 없는 말이 들리면 재빨리 검색해볼 심산이었
다. 그런데 실제로 수업이 시작되고 나니 전자사전은 완전 무용지물이었다.
못 알아듣는 단어가 너무 많아 일일이 찾아볼 겨를이 없었다. 나의 바로 옆자
리에 피부가 하얗고 예쁘장하게 생긴 친구가 앉았다. 통성명을 하고 이런저
런 얘기를 나누었다. 이름은 쑨첸(孙倩)이고, 쓰촨성 청두에서 왔다고 했다.
'쓰촨미녀' 라더니 어쩜 이리 예쁠 수가! 우리나라 여자들에 비하면 중국 여
자들은 꾸밀 줄을 몰라 화장도 거의 안 하는 것으로 나는 알고 있었다. 실제로
그런지는 알 수 없었지만, 자연미인은 꾸미지 않아도 그냥 광채가 난다는 말
그대로였다. 나이가 나랑 같았다. 내성적으로 보였는데, 조곤조곤 수다를 떨
기 시작하더니 끝이 없었다. 칭화대 MBA 과정에서 내가 가장 먼저 얻은 중국
인 친구다. 학교를 다니는 내내 쑨첸에게 많은 도움을 받았다. 마음속으로 내
가 정말로 좋아하는 친구다.

　드디어 수업이 시작됐다. 강의하신 분은 왕페이옌(王飞燕)이라는 여자 노
교수였는데, 카리스마가 장난이 아니었다. 10년 만에 미적분 수업을 중국어
로 들으니 이해될 리가 없었다. 일단 수업 참석에 의의를 두고 귀를 기울여 열
심히 들었지만 알아듣지 못하는 말이 너무 많았다. 기숙사에 가서 한국에서
챙겨온 《수학의 정석》을 다시 살펴봐야겠다고 생각했다. 같이 강의를 듣는
다른 친구들은 눈이 반짝반짝했다. 질문도 적극적으로 했다. 교수님도 열정
적으로 대답해주셨다. 수업의 내용은 이제 잘 기억이 나지 않지만, 그 첫날 수

업의 분위기는 아주 생생하게 기억이 난다.

베이징대와 칭화대를 정확하게 과별로 비교하여 무슨 과는 베이징대가 낮고 무슨 과는 칭화대가 낫다고 말할 수는 없다. 그러나 대체로 문과 계통은 베이징대가 강하고, 이공 계통은 칭화대가 강하다는 것이 보편적인 평가다. 그런 칭화대에서 수학 수업을 듣게 된 나는 천재들 사이에 끼어 앉은 바보가 된 느낌이었다. 어쩌면 내가 수학에 약하니까 더 그랬는지도 모르겠다. 어쨌든 그런 느낌으로 옆자리를 보았다. 쑨첸은 느긋한 표정으로 수업을 듣고 있었다. 게다가 이 친구, 몽블랑 펜으로 필기를 하고 있는 거였다, 헐!

MBA 과정에 재학한 기간 내내, 그리고 그 후 지금까지 친구로 지내오는 동안 쑨첸은 나에게 많은 것을 생각하게 하고 느끼게 한 친구다. 나는 어렸을 때부터 언제나 경제적 여유가 없이 달려오기에 급급했기에 심리적으로 자격지심이 많았고, 상대적으로 경제적 여유가 있는 친구들에 대한 편견을 가지고 있었다. 그래서 그런 친구들을 보면 '고생을 안 해봐서 사회생활 하기가 힘들 거야' 라거나 '과시하기만 좋아하는 속 빈 강정일 거야' 라거나 '없는 사람을 깔보고 성격도 안 좋을 거야' 라는 생각을 은근히 했다. 쑨첸은 그런 나의 편견을 많이 없애주었고, 그 밖의 몇몇 다른 MBA 과정 친구들도 나에게 같은 영향을 주었다.

쑨첸의 아버지는 중국사람이면 다 아는 유명 통신회사의 쓰촨성 총부 고위직으로 근무하는 분이라고 했다. 외지에서 온 친구들은 당연히 기숙사 생활을 하는 게 기본이었고, 베이징이 고향인 친구들도 수업을 따라가고 과제를 제대로 하기 위해 주중에는 기숙사에서 지내는 경우가 대부분이었다. 그런데 유독 쑨첸은 학교 밖 아파트에서 살면서 청두에서 가져온 자기 차로 통학했다. 밥도 교내 식당보다 외부 식당에 가서 혼자 먹곤 했다. 동기들 중에는 그런 쑨첸을 아니꼽게 보는 친구가 많았다. 하지만 나는 오히려 사귈수록 쑨첸에게서 정서적인 안정감과 마음의 여유를 느꼈다. 쑨첸은 사람을 대하는 데서 격의가 없었고, 누구에 대해서도 편견을 갖지 않았다. 기본적인 소비수준이 남들보다 높긴 했지만, 그렇다고 남에게 과시하기 위해 사치를 하는 스타일은 아니었다. 여유를 즐기면서 행복하게 살아가는 능력을 가진 친구였다. 반대로 나는 MBA 과정 내내 다른 학생들과 치열하게 경쟁했고, 내 친구들도 대체로 남들과 자신을 비교하기를 좋아했다. 그런 분위기 속에서 이런 쑨첸은 나에게 산소 같은 존재였다. 쑨첸의 자라는 동안 몸에 밴 여유로움은 원만한 성격으로 이어졌고, 그러한 성격 덕분에 앞으로도 무리 없이 행복하게 살아갈 것 같았다. 나는 이런 생각에서 쑨첸을 부러워하기도 했지만, 어쨌든 그런 쑨첸이 내 친구가 된 것도 좋았다.

그날 오후에는 칭화대 본관 앞에서 대학원 입학식이 열렸다. 입학생들은 우선 볼링장 앞에 집합한 다음 각자 의자를 들고 줄지어 식장에 입장했다. 온통 붉은 색깔의 플래카드와 깃발들, 그중에서 특히 오성홍기를 보니 여기가 중국이 맞긴 한가보다 싶었다. 학교장의 환영사, 입학생 대표의 선서 등을 듣고 있으려니 감회가 새로웠다. 이제 진짜 시작이라는 생각이 들었다.

오리엔테이션

본 과정에 들어가기 전의 마지막 관문인 오리엔테이션이 시작됐다. 오리엔테이션은 수학 예비수업에 이어 입학식이 열린 지 사흘이 지난 9월 6일 시작되어 6일간 계속됐다. 지금 생각해보면, 본격적인 수업이 시작되기 전이어서 학업에 대한 부담을 느낄 필요가 없었던 관계로 이 기간이 최고로 재미있고 신나는 며칠이 아니었나 싶다. MBA 과정 사무국과 학생회에서는 오랫동안 공을 들이며 오리엔테이션을 준비한다. 신입생들도 각자 자기의 열정과 끼를 최대한 발휘하며 온 힘을 다해 오리엔테이션 활동에 임한다.

오리엔테이션은 중국인 친구들에게도 새로운 사람들과 함께하는 일련의 새로운 경험이었겠지만, 중국에서의 생활에 대해 백지상태나 다름없는 나에게는 너무나 낯설고 새로웠다. 오리엔테이션은 F반과 P반을 합쳐 중국어로 진행하는 '중문반'과 2개의 I반을 합쳐 영어로 진행하는 '국제반'으로 나뉘어 진행됐다. 중문반은 다시 12명씩 12개 팀으로 나뉘었고, 팀별로 각 항목마다 점수를 매겨 폐막식 때 우수팀을 시상하는 방식으로 오리엔테이션이 진행됐다. 전체적으로 한국에서 받았던 신입사원 입문교육과 유사한 점이 많았지만, 그 나름의 특이한 점도 적지 않았다.

첫째 날에는 오리엔테이션 개막식에 이어 아이스 브레이킹, 이름 익히기, 팀 빌딩이 진행됐고, '청소부'라는 이름 아래 캠퍼스 내 임무 수행 프로그램도 실행됐다. 개막식에서는 모두가 선서를 했는데, 그 내용이 외국인인 나에게는 꽤 낯설게 느껴졌다. 오리엔테이션 기간에 '오리엔테이션 행동규범'을 준수하겠으며, 칭화대와 경제관리학원의 명예를 위해 수준 있는 행동을 하겠다는 내용이었다. 오전에 팀 빌딩까지 끝나고 '청소부' 활동이 시작됐다. 이 활동은 코치인 지도선배가 캠퍼스 안의 어느 한 장소를 알아맞히는 퀴즈를 내면 팀원들이 토론하여 답을 찾아내고, 그런 다음 팀원 전체가 그곳으로 이동하여 주어진 임무를 수행하고 점수를 획득하는 방식이었다. 칭화대 캠퍼스는 워낙 넓고 명소가 많은데, 신입생들은 이런 청소부 활동에 참여하는 것을 통해 캠퍼스 안에 있는 명소들을 구석구석 돌아보고, 그 장소들이 각각 어떠한 역사적 사실과 관련이 있는지, 그 장소들의 이름은 무엇에서 유래한 것인지를 익히는 동시에 기념사진도 찍어 남기게 된다. 대표적으로 구교문, 대강당, 칭화학당, 해시계, 만인식당, 도서관 같은 것이 명소로 꼽힌다. 실제로 그중 몇 군데는 오리엔테이션 날 청소부 활동으로 간 것 말고는 졸업할 때까지 단 한 번도 다시 갈 일이 없었다. 본격적으로 수업이 시작되고 나면 늘 오가는 곳들만 왔다 갔다 하게 되는 것이 사실이다. 청소부 활동은 모든 임무를 다 수행하고 일찍 복귀하는 팀에게 높은 점수를 준다. 각 팀마다 팀원들이 다급한 마음에 자전거를 타고 목표지점을 향해 쏜살같이 달려간다. 하지만 그렇게 하다 보면 자전거 바퀴에 구멍이 나기도 하고, 더운 날씨로 인해 탈진하는 팀원이 생기기도 한다. 그래서 생각보다 쉽지만은 않은 활동이다.

둘째 날에는 야외활동이 진행됐다. 신입생들 모두가 버스를 타고 교외의 전문 훈련장소로 이동하여 통나무 오르기, 장벽 뛰어넘기 등 각종 게임을 실시했다. 이 역시 한국에 있을 때 신입사원 입문교육 과정 등에서 몇 번 경험해

본 활동이었지만, 막상 또 다시 해보니 쉽지만은 않았다. 한국에서는 이런 종류의 단체활동을 할 때 제공되는 식사는 여러 가지 메뉴의 음식을 각자 자기가 먹고 싶은 만큼 식판에 담아서 먹는 형태인 경우가 많다. 그런데 신기하게도 중국에서는 단체급식인데도 세 끼 식사가 다 원탁 형태의 식탁에 차려져 나오는데, 식탁 1개당 10명 기준의 각종 요리가 나오는 것이었다. 내 눈에는 꽤 신기해 보였다. 특히 조식으로 나온 각종 음식은 나로서는 그때까지 접할 기회가 거의 없었던 것이 많아서 흥미로웠다. 이날 밤 산 속에서 일박을 했는데, 다음날 아침부터 보슬보슬 비가 내렸다. 몸은 힘들었지만, 동기들과 그렇게 같이 지내는 동안 서로 점점 더 친해지고 익숙해지는 느낌이 들어 참 좋았다.

셋째 날은 쉬어가는 날이나 다름없었다. 오후에 학교의 역사에 대한 강의에 이어 오리엔테이션의 마지막 날 진행될 예정인 DV(디지털 비디오, 동영상) 경연대회에 대한 설명을 듣고 하루 일과를 마쳤다.

넷째 날에는 케이스 스터디에 대한 강의가 있은 뒤 다음날의 '케이스 스터디 경연대회'에 대비하기 위한 팀별 토론 및 PPT(파워포인트) 자료 만들기가 진행됐다. 케이스 스터디 경연대회는 하나의 공통된 비즈니스 케이스를 과제로 주고 우수한 전략과 해결방안을 도출해내는 팀에게 높은 점수를 주는 방식이었다.

우리 팀에는 똑똑이가 많았다. 학부도 칭화대 경제관리학원을 졸업한 자오뤄이, 이미 개인사업체를 운영하고 있는 간웨이, 숫자 천재 덩민 등. 다들 한가락 한다는 사람들만 모였으니 토론을 하고 의사결정을 내리는 게 쉽지 않았다. 간단한 문제를 놓고도 한참을 토론했고, 그러고도 결론이 나지 않았다. 사실 이런 상황은 MBA 과정 2년 내내 되풀이됐다. 특히 과정 초반에 그랬다. 워낙에 자기주장이 강하고 개성이 뚜렷한 사람들만 모아 놓았으니 누구

하나 자기 의견을 굽히려 하지 않았다. 토론이 말싸움처럼 되는 경우도 종종 있었다. 토론과 문제해결 과정이 치열했는데도 결과가 좋지 않은 경우가 많았다. 그래도 자연스럽게 팀원들이 리더, 팔로어, 방관자로 나누어졌고, 결국은 그 덕분에 밤늦은 시간에 오리엔테이션 과제에 대한 합의가 이루어져 큰 무리 없이 결론을 내고 케이스 스터디를 마무리했다.

다섯째 날에는 케이스 스터디 경연대회가 열렸다. 우리 팀은 좋은 성적을 받지 못했다. 열정은 대단했고 구성원 개개인의 능력도 뛰어났지만 각자의 자기주장이 너무 강하다 보니 퀄리티 있는 결과물을 내지 못했다. 마음속으로 다들 느끼는 바가 많았으리라 생각한다.

여섯째 날에는 DV 경연대회와 폐막식이 있었다. 역시나 우리 팀은 DV 경연대회에서 중간 정도의 성적을 얻었다. 이어 폐막식을 겸한 파티가 학교에서 가까운 외부 장소에서 열렸다. 그동안 고생한 오리엔테이션 운영진의 노고를 치하하고, 이제 본격적으로 MBA 과정에 들어가게 된 것을 자축하기 위한 행사였다. 같이 고생한 우리 팀원들도 지도선배들과 함께 사진도 찍고 춤도 추는 등 추억을 남겼다. 그 뒤로 진행된 행사 때마다 느낀 거지만, 행사를 진행하는 사회자들은 정말 수준급이었다. 사회자는 모두 우리 동기 중에서 자원하거나 선발된 사람이 맡았는데도 행사를 진행하는 실력이 프로 아나운서에 못지않았다.

MBA 과정 내내 나를 따라다닌 의문 중 하나는 '중국사람들은 어쩜 저리 말을 잘할까?' 하는 것이었다. 나라별로 어릴 때부터 언어환경이나 교육환경에 차이가 있기 때문이라는 것이 나의 잠정적인 결론이다. 중국인 친구들은 하나같이 자기 의견을 발표하거나 프레젠테이션을 할 때 똑 부러지고 조리가 있었다. 평소에 약간 소극적이고 자기주장이 약할 것 같이 보이던 친구들도 막상 발언 기회가 오면 문자를 써가며 청산유수 같이 자신 있게 발표를 한다.

나는 안 그래도 모국어가 아닌 중국어 환경에 제대로 적응하지 못한 상태인
데다 나 말고는 다들 말을 워낙 잘하는 것을 보게 되니 주눅이 많이 들었다.
나는 자주 '에구, 난 한국어로 말하라고 해도 저렇게 못하겠다'고 생각했다.
한국사람들은 어렸을 때부터 주입식 교육에 길들여지고, 다른 사람들과 같이
있을 때 혼자서 튀거나 모나지 않게 처신하는 게 좋다는 가치관에 순치된다.
그러다 보니 나도 그런 한국식 태도가 몸에 배게 된 것이 아닌가 한다.

여기서 오리엔테이션 기간에 내가 겪은 하나의 작은 문화적 차이를 소개
하고 싶다. 지나고 보니 별일이 아니었지만, 당시에는 꽤 섭섭해서 눈물이 찔
끔 나는 일을 겪은 적이 있다. 그날은 프레젠테이션이 있어서 다들 정장을 입
고 나왔다. 그날 일정이 다 끝나고 저녁 먹을 시간이 되어 우리 팀원 모두 가
장 가까운 7식당으로 이동했다. 우리는 지쳐서 진이 빠진 상태였다. 그 식당
은 중국인 친구들이 기거하는 기숙사의 바로 옆에 있었다. 같은 팀의 중국인
친구들은 모두 기숙사로 가서 옷을 갈아입고 밥을 먹겠다고 했다. 외국인 기
숙사까지는 거리가 꽤 되기 때문에 나는 기숙사에 가지 않고 그냥 거기서 기
다리고 있겠다고 했다. 그런데 웬일인지 삼십 분을 기다려도 중국인 친구들
이 기숙사에서 나오지 않았다. 거의 한 시간을 기다리자 그제야 팀원 중 한 명
이 기숙사에서 나왔다. 그는 식당 앞에서 기다리고 있는 나를 발견하고는 대
수롭지 않게 "지영, 너 아직도 밥 안 먹고 우리를 기다린 거야? 먼저 먹지" 하
는 것이었다. 나중에 알게 된 거지만, 중국인 친구들은 우리처럼 밥 먹으러 갈
때 우르르 같이 가거나, 늦게 오는 사람을 기다려주거나 하는 문화가 거의 없
다. 그들에게는 혼자서 밥을 먹는 것도 자연스러운 일이다. 특별히 약속을 했
거나 회식이나 행사에 같이 참석하는 경우는 예외이지만, 일반적으로는 굳이
누군가를 기다려 같이 밥을 먹는 문화가 아니다. 한 가족이 아침식사를 해도
잠깐 사이인데도 먼저 먹는 사람이 있고 늦게 먹는 사람이 있다. 학교식당에

서 일상적으로 끼니를 때우는 경우라면 그냥 자기가 편한 시간에 편한 곳에서 밥을 먹으면 그만이다. 식사시간에는 학교식당 안에 학생들이 워낙 많아 2~3명의 일행이 같이 자리를 잡고 함께 식사를 하고 싶어도 한 테이블에 앉을 수 있다는 보장이 없다. 나로서는 처음에는 이런 문화가 적응이 안 되고 어색했다. 그러나 시간이 흐르면서 나도 수업이 끝나면 혼자서 편하게 밥을 먹기도 하고, 친구들과 함께 식당에 가더라도 같이 앉을 자리가 없으면 혼자서 따로 모르는 사람들 틈에 끼어 앉아 밥을 먹고 수업을 들으러 가는 씩씩한 생활을 했다.

중국 식문화에는 양면성이 있다. 한 상 거하게 차려 먹는 특별한 날에는 요리의 가짓수부터 다르다. 초저녁부터 시작해 밤늦은 시간까지 끊임없이 먹고 마신다. 손님을 초대한 호스트는 음식 준비에 돈을 아끼지 않으며, 따라서 손님 수에 비해 음식이 부족한 경우가 없다. 그러나 그저 끼니를 때우는 경우에는 어쩌면 중국사람들이 우리보다 훨씬 더 간단하고 실용적인 식사를 하는지도 모른다. 아침은 두유와 만두 하나로 때우고, 학교식당에서는 쌀밥에 반찬 두세 가지 얹은 덮밥으로 때우는 경우가 많다. 한국사람들도 물론 이와 비슷한 식문화를 가지고 있지만, 챙겨 먹을 때와 간단히 때울 때 사이의 격차를 보면 한국보다 중국에서 훨씬 크게 느껴진다.

어쨌든 그리하여 오리엔테이션은 무사히 끝났다.

나는 지금은 그냥 가끔 인터넷 포털에서 프로야구 팀별 순위를 확인하는 정도에 그치고 있지만, 한때는 야구를 꽤 좋아했다. 나의 첫 직장은 용인에 있었는데, 그때 나는 회사에서 칼퇴근하고 쏜살같이 잠실야구장으로 가서 야구를 보는 일도 자주 있었고, 죽기 전에 이루고 싶은 60가지 버킷리스트에는 야구와 관련된 것이 4개나 있을 정도로 야구를 사랑했다. '스포츠구단 하나 이상 소유', '두산베어스 돔구장 짓기', ' 한국시리즈에서 시구하기', ' 홍성흔 선수와 식사하기' 가 바로 그것이다. 그렇게 야구를 좋아하던 내가 베이징에 도착한 날이 2008년 8월 20일. 당시 베이징은 올림픽 열기로 후끈 달아올라 있었다. 혈혈단신으로 베이징으로 입성하여 뭐 하나 아는 것도 없고 교통도 지리도 익숙하지 않았지만, 사흘 후인 8월 23일로 잡힌 베이징올림픽의 야구 결승전을 보고 싶은 열망만은 너무나 뜨거웠다.

나는 현장에서 우리 선수들의 경기를 보고야 말겠다는 일념으로 표를 구하러 나섰다. 이리 뒤지고 저리 뒤지고 인터넷의 바다를 한참 헤맸지만 결국 표는 구하지 못했다. 지금 생각해보면 어불성설이지, 어디 그 귀한 표가 남아 있었겠냐 말이다. 그리고 당시 베이징은 몇십 년 만에 한 번 올까 말까 한 돈벌 기회를 잡은 암표상들의 올림픽 경기 표 사재기로 몸살을 앓고 있었다. 그들은 표 판매가 시작되기 며칠 전부터 밤새워 줄을 섰다가 표를 샀다. 남는 게 시간이고 넘치는 게 사람인 그들이니 오죽했으랴. 인해전술엔 당해낼 재간이 없었다. 당연히 일반인이 표를 구하는 것은 하늘의 별 따기였다. 나는 결국 표 구하는 것을 포기하고 그냥 현장으로 가기로 했다. 현장에서 암표라도 사서 들어가 보자는 심정으로.

한국팀이 결승에 올라 쿠바팀과 좌웅을 겨루게 됐다. 결승전이 열리는 당일에 나는 혼자서 용감하게 베이징 지하철 노선도만 한 장 달랑 들고 우커쏭 경기장을 찾아갔다. 사람들이 내려서 우르르 향하는 곳으로 대세에 따라 떠밀려가기만 하면 되는 일이었기에 경기장을 찾는 것은 어렵지 않았다. 중국은 야구라는 스포츠의 불모지다. 야구를 하는 사람도 거의 없고 그래서 프로리그도 없으니 올림픽이 끝나고도 쓸 수 있게 지은 다른 스포츠 경기장과는 달리 야구장은 공터에 임시건물로 지었다. 아니나 다를까, 경기장으로 향하는 길에는 암표를 파는 사람들이 지천이었다.

원래 표의 정가는 자리에 따라 30~150위안(한화로는 6천~3만 원 정도)이었다. 경기가 시작되기 전에 암표상들은 약 500위안(10만 원)의 가격을 부르고 있었다. 아, 그때 500위안을 주고 표를 샀어야 했다! 평생에 한 번 볼까 말까 한 경기였는데 그깟 500위안이 아까워서 사지 못했다니……. 지금에야 이렇게 생각하지만, 당시 정의감에 불타던 나는 한국 돈 10만 원에 가까운 푯값이 너무 비싸게 느껴지기도 했고, 부당한 방법으로 폭리를 취하는 못된 암표상에게 그런 돈을 바치며 표를 사는 것은 잘못된 행동이라고 생각했다.

나는 경기가 시작되면 푯값이 내려갈 것이라고 예상하고 경기장 밖에서 잘 보이지도 않는 전광판을 바라보며 '관전'을 시작했다. 마침 경기장 밖에는 나와 같은 생각을 하고 온 한국인 유학생을 비롯한 교민들이 많이 있었다. 우리는 약속이나 한 듯이 자연스럽게 자리를 잡고 오와 열을 맞추어 반듯하게 앉아서 응원을 시작했다. "대~한~민~국!" 원래 집회와 시위가 금지된 나라답게 공안들이 잔뜩 긴장한 채 우리를 예의주시하고 있었다.

처음에는 마음을 느긋하게 먹고 다른 사람들과 함께 응원을 시작했다. 그런데 전광판은 잘 보이지도 않지, 경기장 안에서 탄성과 응원소리가 들리는데 밖에서는 상황파악도 잘 안 되지……. 내 심장은 바짝바짝 타들어갔다. 그런데 이게 웬걸, 암푯값은 떨어질 기미가 보이지 않았다. 매회 내가 이기나 암 표상이 이기나 두고보자고 생각했고, '너네 그 표 못 팔면 버리는 거잖아?' 하 는 마음으로 가격 줄다리기를 하기도 했다. 그런데 8회가 되자 암푯값은 오히 려 800위안(약 16만 원)으로 올랐다. 나는 8회에 800위안이나 주고 표를 사서 경기장에 들어가느니 차라리 들어가기를 포기하자는 심정으로 마음을 접고 응원을 계속했다.

9회가 시작되고 나서 조금 지났을까, 순간 경기가 중단되고 경기장 안에 서 웅성웅성하는 소리가 들려왔다. 무슨 영문인지 모르는 경기장 밖의 우리 는 경기 상황이 너무나 궁금하여 다들 일어서서 소용도 없는 제자리 뛰기를 하고 난리를 피웠다. 제자리 뛰기를 한다고 경기장 안이 보이냐 말이다. 나중 에 알고 보니 강민호 선수가 심판의 판정에 항의하다가 퇴장당하고 경기가 중지된 것이었다. 절망과 긴장이 흐르는 순간이었다. 잠시 후 포수가 진갑용 선수로 교체되고 투수도 류현진 선수에서 정대현 선수로 교체됐다. 그리고 일사만루의 위기상황을 기적같이 병살로 막아내고 3대2의 스코어를 지켜 우 리나라가 우승했다. 감격의 순간 애국가가 울려 퍼지자 경기장 밖에서 응원 하던 우리도 함께 얼싸안고 모두 하나가 되어 대한민국을 외쳤다. 그러나 그 감동의 순간을 직접 보지 못한 건 너무나 아쉬웠다. 경기장 안에서 직접 보았 다면 정말 얼마나 좋았을까?

더 기가 막힌 사건은 다음날 벌어졌다. 다음날 학교 남문 바로 근처에 있 는 호텔 한식당에서 한국인 유학생 대학원 모임이 있었다. 나는 공지 메일을 받긴 했지만, MBA 과정 한국인 학생 모임도 아니고 그냥 대학원 모임이라고 해서 일부러 참석하지 않았다. 중국생활을 막 시작한 상태에서 한국인 모임 에 너무 많이 참여하고 네트워킹하는 것은 그리 좋지 않을 것 같아서였다. 그 런데 그날 모임에 참석하고 온 기숙사 앞방의 희선 언니가 저녁에 내 방문을 두드렸다.

"지영아, 오늘 무슨 일이 있었는지 알아?" "뭔데? 뭔데, 뭔데?" 왜 나쁜 예감은 틀리질 않는 걸까. "글쎄 그 식당에 한국 야구 대표팀이 와서 식사하고 있는 거야! 우리 다 사인 받았어!"

순간 나는 멘붕 상태에 빠졌다. 생각해보면, 베이징에 규모와 시설이 괜찮은 고급 한식당은 몇 개 되지도 않는데 그때 나는 왜 그 생각을 못했을까? 아직 한국으로 복귀하지 않은 야구 대표팀이 그날 어딘가에서 한국음식을 먹을 것이라는 생각을 해야 했다. 내가 그렇게 보고 싶던 경기도 못 봤는데, 그날 모임에만 참석했어도 가까이에서 볼 수 있었던 김경문 감독님과 선수들도 못 보고 말았다. 난 도대체 뭘 하고 있었단 말인가? 나는 자책을 하며 그날 눈물로 밤을 지새웠다.

중국의 대학은 학생들의 기숙사 생활을 기본으로 한다. 그래서 집이 학교에서 가까운 곳에 있는 학생도 월요일부터 금요일까지는 학교에서 생활해야 한다. 나는 대학 학부 시절에 서울에서 유학생활을 하면서 내가 다닌 학교의 턱없이 부족한 기숙사 시설 탓에 한 학기만 제외하고는 자취집, 고시원, 하숙집을 전전했다. 그래서 나는 중국 대학의 그런 시스템이 은근히 부러웠다.

우리 반 친구들이 입에 침을 튀기며 "너무 열악하다"고 말하는 석사생 기숙사 시설도 내 눈에는 가격 대비로 보아 천국처럼 보였다. 당시 내가 있었던 유학생 기숙사의 비용은 한 달에 2000위안(40만 원) 정도였는데 현지 중국인 학생의 기숙사 비용은 한 학기에 800위안(16만 원)도 안 되는 수준이었다. 학기당 800위안이라면 월 200위안이 되는 셈이니 내가 내는 기숙사비에 비하면 10분의 1 정도밖에 안 되는 금액이었다.

물론 시설은 많이 차이 난다. 내가 있었던 유학생 기숙사는 개인 욕실이 있는 1인실로, 하우스키핑에서 매일 청소를 해줄 뿐 아니라 1주일에 한 번씩 침대 시트도 갈아주는 나름 호텔형 기숙사였는데, 중국인 학생들이 있었던 기숙사는 3인 1실인 데다 공동욕실과 공동화장실을 이용해야 했고, 건물과 시설도 허름했다. 그래도 그렇지, 한 달에 4만 원에 불과한 비용이라니! 사실 공짜나 다름없었다. 나는 속으로 '누가 이렇게 비싼 기숙사에 살고 싶다고 했단 말인가? 나도 시설은 좀 안 좋아도 되니 싸게 살고 싶다고!' 라고 외쳤다. 나는 중국인들과 같이 저렴하게 생활하고 싶었지만, 외국인 유학생의 신분이라 중국인 기숙사에 입주하는 것 자체가 불가능했다.

아무튼 입학 전 오리엔테이션이 막 끝난 어느 날, 반 친구 세 명이랑 학교

식당에서 같이 밥을 먹는 자리가 있었다. 기숙사 얘기를 나누던 중 한 친구가 자기는 이미 결혼을 했고 베이징에 자기 집이 있지만 기숙사 신청을 했다는 것이었다. 알고 보니 이 친구처럼 베이징에 살고 있고 기혼에 아기까지 있는데도 불구하고 기숙사에서 사는 친구들이 많았다. 나는 이해가 되지 않았다. '아니 집도 가까운데 편한 집 놔두고 왜 기숙사 생활을 하는 거야? 아무리 공부에 집중하는 데 도움이 된다 해도 나 같으면 집에서 자지 기숙사에서 안 잔다.' 하도 이해가 안 돼 그 친구에게 물었다. "집도 가까운데 왜 기숙사 신청을 했지?"

그런데 그 친구의 대답이 너무 황당했다. "낮잠 자야지!"

팡리이(方力一)라는 이름의 그 친구는 오히려 내가 이상하다는 듯이 날 쳐다보면서 "수업 사이에 시간이 나면 기숙사에 가서 낮잠을 자야 한다"는 것이었다. 낮잠을 자기 위해 기숙사를 신청하고 집에서 침구를 챙겨왔다고 했다. 물론 기숙사 비용이 저렴하기에 가능한 일이었겠지만, 그래도 그렇지, 낮잠을 자야 하기 때문에 기숙사를 신청하다니…….

'에잉? 웬 낮잠?' 처음엔 너무나 의아했다. 그런데 학기가 시작되고 보니 대부분의 친구들이 과제가 아무리 많고 바빠도 수업 사이에 낮잠을 자는 것이었다. 보통 오전 수업이 끝나고 같이 학생식당으로 우르르 몰려가 밥을 먹고는 각자 기숙사로 가서 삼십 분 내지 한 시간가량 낮잠을 자는 것이 일상생활화 돼있었다. 점심을 먹고 기숙사로 갈 때는 '난 좀 잘게' 혹은 '잘 자' 라는 인사를 주고받았다.

이게 바로 문화 차이인가? 나는 처음에는 전혀 몰랐던 그와 같은 사실에서 문화적 충격을 느꼈다. 시에스타(낮잠) 문화는 남미나 유럽 쪽에만 있는 줄 알았는데 중국에도 그런 게 있다는 것을 그때 처음 알았다. 중국사람들은 기본적으로 짧은 낮잠을 자는 것을 당연하게 여기고, 그래서 조건이 된다면 다들 낮잠을 권하고 낮잠 잘 시간을 청하는 분위기다. 이런 낮잠을 중국인들은 우수이(午睡)라고 부른다. 이 때문에 점심시간이 두 시간인 회사나 기관들이 많고, 점심시간이 한 시간이라도 오후 2시까지는 업무상 연락이나 방문을 하지 않는 것이 어느 정도 예의라고 할 수 있다. 또 점심시간이 짧더라도 사무실에서 간단히 점심을 해결하고 엎드려 자는 직원들을 심심찮게 발견할 수 있다.

처음엔 어색했던 낮잠 문화였다. 하지만 웬걸, 다들 낮잠을 자니까 나도 한번 자볼까 하고 시작한 낮잠이 몸에 배어 습관이 되는 데는 일주일도 걸리지 않았다. 아니, 가끔은 살짝 자야 하는 낮잠을 너무 깊이 자버리는 바람에 저녁까지 일어나지 못한 적도 몇 번이나 있었다. 낮잠 자는 습관이 들고 나서는 나도 커피를 마시면서 졸음을 참는 것보다는 낮잠을 자는 것이 오후 생활을 활기차게 만들고 정신건강과 신체건강에도 좋다는 느낌을 받았다. 대신 너무 오래 자면 하루가 심하게 짧아지니 조심해야 한다.

교실 밖 에피소드_3. 구글 탐방기

내가 MBA 과정을 밟기 위해 칭화대에 오기 전에 한국에서 다니던 회사는 단체급식을 포함한 푸드 서비스를 주업으로 하는 기업이었다. 내가 담당한 업무도 단체급식장을 운영하고 관리하는 것이었다. 당시 우리 회사에서 늘 벤치마킹의 대상으로 삼는 모델이 있었으니, 그것은 바로 구글의 사내식당이었다.

구글은 고품질 사내식당으로도 유명하지만, 그보다는 자유롭고 새로운 기업문화로 더 유명하다. 스스로 출퇴근 시간을 정하고 일할 수 있고, 고정된 자리 없이 각자 자기가 원하는 자리에 앉아서 일한다. 옷도 정해진 규정이 없어서 그냥 편하게 입으면 되고, 사내 헬스장 등 운동시설과 오락시설도 원하는 시간에 마음대로 이용할 수 있다. 그 밖에 회사에 비치된 간식과 음료수를 무한정으로 먹을 수 있다.

직원의 자율성을 이만큼 존중해주는 회사라니, 꿈의 직장 아닌가? 나는 헬스장, 세탁소 시설, 그리고 탄력근무제가 가장 부럽고 탐났다. 내가 다니던 회사는 8시 출근 5시 퇴근이었다. 그러나 실제로는 너무나 잦은 야근과 회식에 운동할 시간도 없어 온몸에서 진액이 점점 빠져나가는 기분으로 직장생활을 했다. 그러니 나로서는 구글의 그런 문화가 부러울 수밖에 없었다. 그렇다고 내가 앞으로 구글에서 일하고 싶은 생각은 없었지만, 왠지 구글이나 애플 같은 회사에 대해 '완소직장'의 이미지를 갖고 있었기에 상상으로나마 그런 회사에서 일하는 나의 모습을 꿈꿔보곤 했다.

아무튼 칭화대에 와 보니 그런 구글의 중국본사가 바로 학교 정문 앞에 있었다. 늘 한번 들어가서 직접 보고 싶었던 구글의 사무실이 학교 코앞에 있다니! 나는 소문으로만 듣던 구글의 문화를 내 눈으로 확인해보고 싶었다. 그 전에는 미국에 가야만 벤치마킹을 한번 해보겠거니 하고 생각한 기업이었다. 그런데 그 기업이 이렇게 가까운 곳에 있는 이상 나는 수단과 방법을 가리지 않고 꼭 한번 들어가 보고야 말겠다는 일념으로 혹시 구글에 아는 사람이 있는 친구가 있는지 수소문하기 시작했다.

그때는 입학한 지 얼마 안 되는 2008년 9월 학기 초였다. 인연이 맺어지려고 그랬는지, 공교롭게도 나중에 내 남편이 되는 류멍(刘猛)이 자기 친구 중에 구글에 다니는 사람이 있다면서 그의 도움을 받아 나에게 구글의 사무실을 구경시켜 주겠다는 것이었다. 류멍은 지금도 그리 세련된 사람이 아니지만, 당시에는 정말 너무나 촌스러웠다. 자주 입던 황토색 코르덴 재킷도 그렇고, 가무잡잡한 피부도 그렇고, 헤어스타일도 그렇고, 어찌나 촌스러운지 그에게 구글에 다니는 친한 친구가 있다는 게 믿어지지 않을 정도였다. 나중에 알고 보니 구글에 다니는 그의 친구 리다하이(李大海)는 학부 때 같은 기숙사 방에서 4년을 함께 지낸 절친한 친구였다.

약속시각에 맞추어 나는 류멍과 함께 자전거를 타고 구글의 사무실이 있는 건물을 찾아갔다. 다하이가 청바지에 티셔츠 차림으로 1층에 마중 나와 있었다. 우리는 임시출입증을 발급받아 사무실 구석구석을 구경했다. 류멍도 직접 구글의 사무실에 들어와 본 건 처음이라고 했다. 사무실 내부는 다른 회사들의 일반적인 사무실 분위기와 다르게 알록달록하게 인테리어가 돼있었고, 직원 개개인이 근무하는 자리는 인형, 액자, 그림 등으로 자유롭고 재미있게 꾸며져 있었다. 다하이가 설명해준 바로는, 각자가 자기 자리를 꾸미는 데 드는 비용은 회사에서 따로 지급해준다는 것이었다. 개인 책상에 앉아 있지 않고 사무실 중앙에 놓인 크고 널찍한 공용 소파에 앉아 노트북을 펴 놓고 근무하는 사람들도 보였다.

휴식레크레이션실에는 당구대, 게임대 등이 설치돼있었고, 우리가 방문한 시간에도 일을 하지 않고 노는(?) 직원들이 꽤 많이 있었다. 헬스장에도 마찬가지로 일을 하지 않고 운동을 하는 직원들이 많이 있었다. 그리고 각 층마다 간식 존이 있었는데, 거기에는 냉장고, 에스프레소 커피머신, 신선한 과일, 빵, 스낵류 등이 비치돼있어 직원들이 마음껏 공짜로(!) 이용하고 있었다. 말이 간식 존이지 거의 편의점을 방불케 하는 수준이었다. 나는 잠시 내가 학생의 신분임을 망각하고, 구글의 그런 문화를 부러워했다. 정말 눈물이 날 만큼 부러운 광경이었다. 아니, 사실은 너무 부러워서 조금 화가 났다.

MBA 공부 하러 중국에 오기 전에 한국에서 내가 다니던 회사는 "우리는 식음문화를 선도하는 기업인만큼 이제 사내 커피문화도 다방커피에서 에스프레소로 바꾼다"며 고가의 에스프레소 기계를 구매해 비치했다. 그 기계를 휴게실에 설치하고, 부서마다 돌아가며 당번을 정해 관리하기 시작했다. 그리고 직원들이 커피를 마실 때마다 자발적으로 한 잔에 500원씩 비용을 부담하게 했다. 그런데 구글 사무실에 와보니 그 회사가 그렇게 자랑하던 '고가의 에스프레소 기계' 와 똑같은 기계가 각 층마다 놓여있고, 그것도 직원들에게 완전 무료로 사용하게 하고 있었다. 나는 두 회사의 수준 차이에 그냥 헛웃음이 나왔다.

사무실을 대충 둘러보고 나니 점심시간이 됐다. 드디어 나의 메인 목표인 구내식당으로 갔다. 기대에 가득 차 도착한 구내식당은 나의 상상을 초월하는 수준이었다. 한국으로 치면 당시 유행하던 보노보노나 토다이 같은 씨푸드 뷔페 수준이라고 해야 하나? 다양한 해산물, 중식, 일식, 양식에 디저트로 아이스크림과 케이크까지 그야말로 없는 게 없었다. 더구나 코너마다 담당 셰프가 직접 요리와 서빙을 해주고 있었다. 이게 구내식당이라니, 말이 돼? 입이 쩍 벌어졌다. 직원들의 식비는 끼니당 약 20달러로 책정돼있다고 했다.

20달러면 한국에서도 회사에서 직원들의 점심 한 끼 비용으로 책정하기에 부담스러운 수준 이상이다. 학생은 물론 노동자도 5위안(약 1000원)도 안 되는 비용으로 한 끼를 해결하는 사람들이 수두룩한 중국에서 한 끼에 20달러라니! 단순하게 계산해도 20배가 넘는 차이다. 구글 구내식당의 화려함에 난 뭐라 더 할 말이 없었다. 다하이의 설명에 의하면 구글의 직원들은 입사하고 나서 보통 5~10킬로그램 정도 살이 찐다고 한다. 그것도 아주 급격한 속도로. 다하이 본인도 입사하고 살이 많이 쪘다며, 먹는 것에 대한 자제력이 없는 사람에게는 이런 환경이 꼭 좋지만은 않다고 했다. 다하이에게는 미안하지만, 내 귀에는 말 그대로 '배부른 소리'로 들렸다.

그렇게 보고 싶었던 구글의 사무실을 보고 나왔는데, 뭔가 허전하기도 하고 괜한 위화감도 느껴졌다. 자전거를 타고 학교로 돌아가면서 꿈의 직장, 좋은 회사란 과연 어떤 모습일까? 다시 생각해보았다.

중국사람은 한국사람보다 놀이를 좋아한다. 지금도 거리에 나가면 밤낮과 장소를 불문하고 카드놀이를 하는 사람들을 만날 수 있다. 처음에는 이런 모습이 너무 신기하고 적응이 안 됐다. 특히 기차역이나 길거리에서 자리를 깔고 앉아 몇 시간씩 카드놀이를 하고 한여름 땡볕 속에서 차를 마시며 놀이를 하는 사람들을 보면 재미있겠다는 생각보다는 힘들지도 않나 하는 생각이 먼저 들었다.

중국사람들이 대중적으로 많이 하는 놀이로는 카드놀이, 마작, 장기 등이 있다.

카드놀이는 카드패를 가지고 중국식으로 하는 놀이인데, 그 규칙에 따라 더우디주(斗地主), 파오더콰이(跑得快) 등 여러 가지가 있다. 마작과 비교하면 즐기는 층이 젊은 편인데, 서너 명만 모이면 카드를 꺼내어 카드놀이를 시작하곤 한다. 중국사람들은 카드를 필수 휴대품으로 늘 지참하고 다니는 게 아닐까 싶을 정도다. 현재는 관련 애플리케이션이 많이 개발되어 스마트폰으로 카드놀이를 하는 사람들도 많다.

마작은 총 136장의 패를 가지고 네 명이 하는 게임이다. 중국의 노인들은 거의 다 하루하루를 마작 게임으로 보낸다고 해도 과언이 아닐 정도다. 그냥 일반 테이블에서 게임을 하기도 하지만, 매 게임마다 자동으로 패를 섞어 세팅해주고, 선을 정하는 주사위가 내장된, 마작 전용 자동 테이블도 있다. 마작방 등 전문적인 마작 게임 업소에서는 대부분 이런 자동 테이블을 사용한다. 그런데 개인이 이런 마작 테이블을 구매하여 집에 놔두는 사람들도 의외로 많다. 마작 테이블의 가격은 가장 저렴한 것이 우리 돈으로 60만 원 정도이고,

그 이상으로는 재질에 따라 천차만별이다. 많은 중국사람들이 여가의 대부분을 마작을 하면서 보내고, 특히 설 등 명절에는 며칠간 온종일 마작 게임을 한다. 그러다 보니 어느 정도 소비수준이 되는 사람들은 자기 집의 방 한 칸을 아예 마작방으로 만들어 놓고 친구들을 초대해서 논다. 이런 문화는 체면을 중시하는 중국문화의 반영이 아닌가 싶기도 하다. 시골에서는 집 안에 마작방이 있는 것이 부의 상징이기도 하다.

MBA 과정에 입학한 지 얼마 안 됐을 때부터 느낀 점 가운데 하나가 중국사람들은 술 마시기보다 게임 하기를 더 즐긴다는 것이었다. 술을 전혀 마시지 않는 것은 아니다. 그러나 한국보다는 술을 적게 마시는데다가 남에게 술을 권하는 문화가 자리 잡고 있지 않아, 함께 모여 친목을 다지는 데 게임이 주된 수단으로 이용된다. 내가 MBA 과정에 있을 때 중국인 친구들과 줄기차게 한 게임이 있는데, 그것은 바로 살인게임이다. 한국에도 유사한 게임이 있는 것으로 안다. 이 게임은 진행자가 카드패를 이용해 참가자들을 킬러, 경찰, 일반시민으로 나누고, 킬러와 경찰은 서로가 킬러와 경찰임을 알게 한다. 게임이 시작되면 각자 여러 가지 논리를 펴서 여론을 만들어 한 사람씩 투표를 통해 제거한다. 킬러가 먼저 다 제거되면 경찰이 이기는 것이고, 경찰이 먼저 다 제거되면 킬러가 이기는 것이다. 게임은 고난도의 연기력과 논리력을 요구한다. 여러 사람이 둥그렇게 앉아서 한 명씩 발언하고 서로 모략하기도 하고 동조하기도 하면서 한 명 한 명 제거해 나간다. 킬러들의 모략으로 선량한 일반시민이나 경찰이 죽는 경우도 많고, 경찰들이 일반시민과 힘을 합쳐 킬러들을 제거하는 데 성공하기도 한다. 꽤 스릴 있는 게임이다.

반 회식에 처음 나갔을 때 친구들이 이런 살인게임을 하다가 나에게도 참가하라고 해서 적잖이 당황했다. 게임규칙도 모르는데 한국말로 해도 어려운 말들을 중국어로 해야 하기 때문이었다. "난 A가 킬러라고 생각해. 아까 봤는데 B가 말할 때 A의 표정이 살짝 변했어. 뭔가 찔리는 데가 있는 게 분명해.”
이런 식으로 하는 게 가능하겠는가? 이건 뭐 중국어 구술시험도 아니고…….
그래서 나는 부득이 참가했지만 “통과!”라고 해서 내 발언권을 포기하는 경
우가 많았다. 그러나 나중에는 친구들이 게임 하는 모습을 하도 많이 봐서 나
도 발언하는 요령이 생겼다.

　문제는 맨 정신으로 거의 밤을 새워가며 이 게임을 한다는 것이었다. 그것
도 다들 눈을 반짝거리고 입에 침을 튀겨가면서. 도대체 어디서 저런 체력과
에너지가 나오는 건지……. 아무튼 중국 친구들이 우리보다 훨씬 건전하게
노는 것만은 사실인 듯하다.

2장

첫 학기

MBA 학위 이수 조건

첫 학기 이야기를 시작하기 전에 먼저 내가 속했던 F반을 기준으로 MBA 취득을 위한 과정 이수 조건을 간단히 소개하고자 한다. 이수 조건을 잘 인지하는 것은 굉장히 중요하다. 그래서 MBA 과정 사무실에서는 학기가 정식으로 시작되기 전에 따로 시간을 할애하여 학생들을 대상으로 'MBA 인재 양성 방안' 등의 이름 아래 설명회를 열고 이수 조건의 내용을 자세히 설명해준다. 이수 조건과 관련하여 궁금한 점이 있으면 설명회에서 물어봐도 되고, 차후에 개인적으로 MBA 과정 사무실에 찾아가 담당 교직원에게 문의해도 된다.

MBA 과정 학습기간은 2년으로 1년간 졸업 연기를 할 수 있으나 연기한 기간을 포함해 총 기간이 3년을 초과해서는 안 된다. 졸업에 필요한 최소 이수 학점은 54학점이며 이를 필수과목으로 36학점, 선택과목으로 17학점, 필수과정으로 1학점을 이수해야 한다.

필수과목 학점 중 2학점은 중국인은 '영어' 과목으로, 외국인 유학생은 '중국어' 과목으로 이수해야 한다. 유학생이라도 8급 이상의 구HSK 성적이 있으면 중국어 수업을 안 들어도 된다. 나는 중국어 수업 면제 대상이어서 중국인 친구들과 함께 영어 수업을 청강했다. 내가 들은 영어 수업은 중국인 재학생들을 주된 대상으로 한 것이었는데, MBA 과정 학생들이 듣기에는 조금 엉성한 것 같아 실망하지 않을 수 없었다.

필수과정 1학점은 '학술활동 과정'으로 이수하게 돼있다. 그 내용은 정식 수업 외에 교내에서 진행되는 각종 세미나, 포럼, 명사강의 등의 학술활동에 10번 이상 참여하고 간략한 리포트를 작성해 제출하는 것이다. 이 과정은 원래는 학생들의 학술활동 참여를 권장하는 차원에서 개설된 것이었다. 그러나 실제로는 학생들이 학술활동에 적극적으로 참여하기보다 형식적으로 리포트나 작성하여 내고 마는 현상이 생겼다.

2013년 6월 박근혜 대통령이 중국을 방문했을 때 칭화대에서 강의를 했듯이 경제관리학원에서는 1년 내내 유명인들의 강연회가 끊임없이 열린다. 이런 기회를 통해 학생들은 세계 유명 인사들의 강연을 직접 들을 수 있다. 내가 들은 유명인 강의 중 지금까지 기억에 남는 것으로는 토니 블레어 전 영국 총리가 한 강연, 내가 좋아하는 칭다오 맥주를 생산하는 칭다오피주(青島啤酒)의 CEO가 한 강연, 심각한 장애를 안고 태어났지만 긍정적인 삶의 태도로 많은 사람들에게 영감을 주는 동기부여가 호주 청년 닉 부이지치가 한 강연 등이 있다.

필수과목 학점을 다 이수하고 나서는 졸업논문을 작성해 제출해야 한다. 내가 재학할 당시에는 정식 논문에 비해 간단한 리포트 형식으로 졸업논문을 제출해야 했다. 준비기간은 3개월 이상, 분량은 2만 자 이상이어야 한다. 말이 정식 논문에 비해 간단하지 직접 논문을 써보면 외국인 입장에서 2만 자가 넘는 글을 중국어로 쓰기가 그리 녹록찮다. 중국어는 언어특성상 같은 내용을 표현하는 문장의 길이가 한국어보다 짧아서 언제나 써도 써도 채워야 하는 분량이 채워지지 않는 기분이었다. 3학기에는 자기 전공 방향에 맞는 지도교수를 선택하고, 그 학기가 끝나기 전에 졸업 논문의 개요를 작성한 뒤 지도 교수의 승인을 받아서 다음 단계를 진행해야 한다.

졸업논문을 제출하고 답변까지 통과하고 나면 MBA 학위를 받을 수 있다.

F반과 I반의 장단점 비교

본격적으로 수업을 이수하면서 겪은 경험과 느낀 점을 소개하기 전에 우선 유학생 입장에서 본 MBA F반 과정과 I반 과정의 장단점을 비교해 보고자 한다.

F반의 가장 큰 장점은 100% 중국어 언어환경과 이에 따른 중국어 실력 향상이다. F반은 모든 수업이 중국어로 진행되고, 토론이나 과제, 발표도 100% 중국어로 진행된다. 따라서 언어의 측면에서 상당한 노력이 필요하고, 그런 만큼 처음에는 고통도 크다. 같은 반 친구들이 1시간이면 할 수 있는 과제를 나는 3시간 정도 시간을 들여야 겨우 완성할 수 있었다. 이런 언어상 한계 때문에 외국인은 토론이나 발표에서 소극적이 될 수밖에 없다. 그러나 집중적인 언어폭격을 받게 되는 환경 덕분에 매우 빨리 중국어 실력을 향상시킬 수 있다. 중국 MBA를 꿈꾸는 외국인에게는 이것만큼 큰 소득은 없다고 본다.

교수진의 높은 수준도 F반의 장점이다. F반의 모든 교수가 다 그렇다고 할 수는 없지만 대체로 F반 교수들은 I반 교수들보다 수준이 높다고 할 수 있다. 중국인 교수가 아무리 영어를 잘한다고 해도 모국어인 중국어로 강의하는 것과 외국어인 영어로 강의하는 것 사이에는 여러 모로 큰 차이가 있다. 중국어로 강의하는 것이 훨씬 더 편하고 유리할 것이다. 외국어로는 모국어로 말할 때나 가능한 미묘한 표현을 제대로 하기 어렵고, 감정과 의사를 100% 전달하기 힘들다. 그래서 교내에서 권위와 연륜이 있고 평가가 좋은 교수들은 굳이 영어로 강의하기보다 중국어로 강의하기를 원한다. 그래서 외국인 학생들이 많은 I반의 교수진은 F반의 교수진보다 나이가 젊고 해외에서 공부한 유학파 출신으로 주로 구성된다. 이 점은 한국에서도 비슷할 거라고 생각한다.

I반의 가장 큰 장점은 언어 진입장벽이 낮은 것이다. 중국어로 진행되는 수업을 따라갈 준비가 된 사람만 중국 MBA 과정에 들어갈 수 있는 것은 아니다. 중국어 실력은 조금 부족하지만 중국 MBA에 관심이 있고 중국시장을 공부해보고 싶은 사람도 있을 것이다. 이런 사람들이 선택할 수 있는 것이 I반이다. 개인별로 영어 수준은 천차만별이겠지만, 그래도 한국에서 중학교 때부터 정규 영어 교육을 받아왔다면 중국어 전공자가 아닌 이상 영어가 중국어보다는 접근성이 높은 게 사실이다. I반으로 입학해 공부하면서 중국 현지에서 중국어를 공부할 방법도 많이 있다. 어쩌면 한국에서 중국어 공부를 한 뒤 중국 유학을 하는 것보다 중국에 와서 중국어 공부를 하는 것이 중국어 실력을 높이는 데 훨씬 빠른 방법일 것이다.

참고로 말하면, 나는 첫 학기 4주가 지나고 나서부터는 계속 중국어 개인과외를 병행했다. 개인과외는 어쨌든 한국보다 중국에서 받는 것이 비용이 훨씬 저렴하기 때문에 기회가 있을 때 맘껏 받아보고 싶었다. 지금은 어떤지 모르지만, 당시에는 중국에서 개인과외를 받는 데 드는 비용이 시간당 약 60위안, 한화로는 약 1만 2000원이었다. 학교에서 MBA 수업을 들으면서 궁금했던 점을 메모해 놓았다가 과외를 받을 때 물어보곤 했다. 또 학교에 과제로 제출해야 할 것이 있으면 일단 초고를 작성한 다음 과외를 받을 때 교정을 해달라고 해서 수정하여 제출하기도 했다. 매일 학교에서 수업을 들으면서 과외 선생님에게 바로바로 피드백을 받으니 중국어 실력이 더 빨리 늘어나는 것 같았다.

다양한 인적 구성도 I반의 또 다른 장점이다. 2008년 당시 F반의 인적 구성은 중국인이 95%이고 나머지는 대부분 한국인 유학생이었다. I반은 약 50%가 여러 나라에서 온 유학생이고 나머지는 중국인이었다. 따라서 I반이 F반보다 인적 구성이 훨씬 다양하여 I반 학생들은 여러 가지 문화적 배경을 가진 친구들과 교류할 수 있었다. 국적도 브라질, 태국, 말레이시아, 미국, 유럽 국가 등 매우 다양했다. 그리고 그 뒤로는 점점 더 다양해지는 추세다.

그러나 I반이 완벽한 영어 환경을 가지고 있다고 기대해서는 안 된다. 영어 실력을 높이고 싶다면 중국 MBA 과정이 아니라 미국 MBA 과정에 가야 할 것이다. I반에 지원한 중국인 친구들은 대부분 졸업 후 외국계 회사에 취업하거나 국내 회사의 해외지사에 근무하는 것을 목표로 한다. 그래서 재학 중에도 영어로 커뮤니케이션을 해보려는 욕구가 강하고, 외국인 유학생에게도 먼저 다가간다. 하지만 그들의 영어 수준은 외국에서 온 다른 유학생들에 비해 대체로 조금 부족한 편이다. 나중에 들어보니, I반에서 팀을 짤 때 팀에 중국인이 다수가 되면 토론을 그냥 중국어로 진행하는 경우가 많다고 한다. 그래서 그 팀에 한두 명뿐인 외국인 유학생은 중국어 대화를 알아듣지 못하고 중국인 친구들끼리 진행하는 토론을 멍하니 지켜봐야 한다. 반대로 외국인 유학생들은 처음에는 중국어 실력이 부족한 상태로 I반으로 입학해도 대부분 현지에서 학원에 다니거나 개인과외를 받는 등으로 중국어 공부를 병행한다. 그래서 졸업할 때가 가까워지면 중국어 실력이 처음보다 많이 늘어나 오히려 중국어로 대화하기를 원한다.

또 하나. 중국에서 중국인과 영어로 커뮤니케이션하는 것이 생각보다 쉽지 않다. 한국인과 중국인이 대화할 때면 둘 다 영어의 네이티브 스피커가 아닌 만큼 웬만큼 영어를 잘한다 해도 한국인은 콩글리시, 중국인은 칭글리시를 쓰게 된다. 똑같이 영어로 말하더라도 그 발음과 표현방식이 각자의 모국어에 가까운 발음과 표현방식이 되기 때문에 소통이 잘 안 되는 경우가 많다. 나도 처음에는 중국인 친구의 영어를 듣고 당황한 적이 한두 번이 아니었다. 한 친구가 나한테 가수 '비'를 아느냐고 물어보는데, 내 귀에는 계속 '루인'이라고만 들리는 것이었다. 가수 '루인'이 누구지? 나는 모르지만 중국에서 유명한 한국가수 이름인가? 아니면 '폐허'라는 뜻인가? 나는 속으로 이렇게 생각했다. 한참 대화가 오가고 나서야 '루인'이 우리식 영어 발음으로 '레인'이니 '비'를 가리키는 말이라는 것을 알아차렸다. 알고 보니 중국인 친구들은 '레인'을 다 '루인'으로 발음하고 있었다. 영어 알파벳을 읽는 발음도 조금씩 달랐다. 예를 들어 알파벳 N을 한국사람은 '엔'으로 발음하는데, 중국사람은 그보다는 '언'에 가깝게 발음한다. 처음에는 내 영어 실력과 내 귀를 의심했지만, 나중에는 영어의 네이티브 스피커가 아닌 이상 한국인과 중국인이 만나 영어로 커뮤니케이션하는 데는 상당한 한계가 있음을 인정하고 어느 정도는 영어로 소통하기를 포기하고 지내게 됐다.

나는 완전한 중국식 교육을 받고 싶었고, 이왕 중국에서 공부하게 됐으니 철저하게 현지화되고 싶었다. 그래서 나는 F반을 선택했다. F반도, I반도 나름의 장단점이 다 있다. F반을 선택할지 I반을 선택할지는 개개인의 상황에 맞추어 결정하면 된다.

리더와 조직

나에게 칭화대 MBA 과정에서 들은 과목 중 가장 가치 있고 도움이 된 것을 꼽으라면 주저 없이 '리더와 조직(领导与团队)'을 꼽겠다. 첫 학기가 시작되자마자 들은 수업이라서 그만큼 더 인상이 강했던 것인지도 모르겠다. 어쨌든 엄청난 분량의 과제, 교수님의 카리스마 넘치는 강의, 이전에는 생각해보지도 않았던 측면에서 많은 시사점을 준 수업내용 등 내게는 모든 것이 신선하고 충격적이었고, 그래서 많은 가르침을 얻은 수업이었다.

이 과목을 맡은 양빈(杨斌) 교수는 2013년 현재에도 마찬가지이지만 당시에도 칭화대 경제관리학원의 당 위원회 서기를 맡아 교내에서 당 고위간부의 지위에 있었다. 사실 외국인 유학생의 입장에서 중국의 공산당 체계는 낯설고 그 속을 자세히 들여다볼 기회도 그리 많지 않기 때문에 그 내부적 관계나 디테일은 알 수가 없고, 설사 일부 안다 하더라도 이해하기가 힘들다. 나는 중국에서 지금까지 5년 넘게 생활하는 동안 중국인들의 지나친 배금주의 성향을 접하면서 여기가 자본주의 국가인지 사회주의 국가인지 헷갈릴 때가 많았다. 그래도 공산당과 관련된 이야기를 들을 때면 여기가 중화인민공화국이 맞긴 맞구나 하는 생각이 들곤 했다.

　주룽지(朱镕基) 전 국무원 총리가 칭화대 경제관리학원 원장을 겸임했던 것에서 보듯이 중국에서는 학교 조직도 당 조직의 일부이고, 학교 행사가 국가 행사나 당 행사처럼 치러지기도 한다. 같은 맥락에서 교수들도 당원인 관계로 교수 중에 학자라기보다 당원으로서의 색채가 더 강한 사람들도 있다. 외국인 학생인 나의 관점에서는 당원으로서의 색채가 더 강한 교수들에 대해 반감이 드는 경우가 많았지만, 이상하게 양빈 교수에 대해서만큼은 반감이 전혀 들지 않았다. 오히려 학생들을 가르치느라 바쁜 가운데도 당을 위해 즐겁게 헌신하는 듯한 그의 태도에 깊은 감동을 느끼곤 했다.

　양빈 교수는 늘 에너지가 넘쳤고, 학생들을 적극적으로 수업에 참여시키기 위해 온힘을 다했다. 그리고 쉽게 답을 제시해주기보다는 학생들이 직접 사고하고 토론하는 분위기를 만들어주었다. 수업 중에는 자주 학생을 호명해 자기 생각을 말하도록 했고, 그래서 이 수업은 나에게 늘 공포의 대상이었다. 아직은 중국어 실력이 미흡해 교수님의 강의를 잘 알아듣지 못할 뿐 아니라 내 생각을 잘 말하지도 못하는데 혹시나 호명 당하지 않을까 하여 늘 심장을 졸이며 수업을 들었다.

　그러던 어느 날 걱정하던 그 순간이 오고야 말았다. 교수님은 학생들에게 '배경(背景, Background)'이라는 단어가 무슨 뜻인지 말해보라고 했다. "자라온 환경"이라고 말하는 친구도 있었고, "타고난 인품이나 성격"이라고 말하는 친구도 있었다. 교수님은 갑자기 "김지영 동학(同學)은 어떻게 생각하나?"라고 물으셨다. 나는 예상 밖의 지명에 화들짝 놀랐다. 그러나 그때 어떻게 내 속에서 그런 재치가 나왔는지, "배경에는 '빽(后台, 허우타이)'이라는 의미가 있다"고 대답했다. 순간 강의실은 웃음바다가 됐다. 몇몇 친구들은 나를 바라보며 대단하다는 듯 엄지를 들어 보였다. 교수님은 나에게 중국에 온 지 얼마나 됐느냐면서 "벌써 중국을 이렇게 이해하다니, 앞으로 진정한 중국

통이 되겠다"고 농담 섞인 칭찬을 해주셨다.

중국에서 '그 사람은 배경이 좀 있다'는 말은 집안이 좋거나, 스폰서가 있거나, 거물급 인사와 관계가 있다는 뜻이다. 나는 이 점을 얘기한 것이었다. 외국인인 나로부터 이런 치부를 꼬집는 대답을 들은 것이 중국인인 교수와 학생들에게 썩 유쾌한 건 아니었을 것이다. 그러나 내가 MBA 과정에서 만난 중국인 교수와 학생들은 거의 모두 중국에 연고주의와 부정부패라는 문제가 있음을 열린 마음으로 인정했고, 또 앞으로 고쳐야 할 부분이라고 적극적으로 인식하고 있었다.

이 수업은 엄청난 양의 과제로 악명이 높았고, 그중 하나는 '메모'였다. 매 수업이 끝나면 다음날까지 그날 수업에 대한 소감을 200자가량의 간단한 메모로 작성해 교수님께 메일로 보내야 했다. 나는 이 간단한 메모 하나 작성하는 데도 거의 한 시간을 들였고, 그런 다음에도 친한 친구에게 교정을 받아 문법적으로 틀린 부분이 없는지 확인한 뒤에 메일을 보내곤 했다. 이 수업을 들을 당시에는 내가 아직 중국어 개인과외를 시작하지 않았기 때문에 친구들의 도움을 받아야 했다. 중국어로 글을 쓴다는 게 처음에는 좀 힘들었지만, 시간이 지날수록 속도가 붙고 문장도 점점 더 매끄러워지는 게 느껴졌다. 많은 공부가 됐다.

또 다른 과제는 매주 교수님께서 지정해주신 책을 읽고 독후감을 써서 제출하는 것이었다. 한글로 된 책을 읽는다 해도 당시의 일정으로는 다 읽어내지 못했을 나다. 하물며 중국어로 된 책은 오죽했을까? 처음에는 오기로 잠을 자지 않고서라도 다 읽고 독후감을 쓰려고 했다. 그러나 거북이 같은 나의 책 읽는 속도와 밤이 깊어질수록 멍해지는 나의 뇌 때문에 결국 편법을 쓰지 않을 수 없었다. 일단 인터넷에서 과제로 지정된 책의 한글 번역판이 있는지부터 검색했다. 스타벅스의 CEO인 하워드 슐츠가 쓴 책처럼 한글 번역판이 있으면 한국 인터넷 사이트에서 그 요약본을 검색하거나 미리 읽기 서비스를 이용하여 내 것으로 소화한 뒤 독후감을 썼다. 운이 없게도 한글 번역판이 없는 경우에는 서론과 결론, 목차를 읽은 다음 중국 인터넷 사이트를 검색하여 중국어 요약본을 찾아 읽었다. 그래도 내용이 잘 이해되지 않을 때는 친구들이 쓴 독후감을 보고 나의 독후감을 썼다.

우리 반 친구들은 내가 부탁을 하지도 않았는데 자기들이 알아서 자발적으로 나에게 과제를 한 것을 보내주곤 했다. 그것도 한두 명이 고정적으로 보내주는 것이 아니라 생각지도 못한 다양한 친구들이 동시다발적으로. 아마도 외국인인 내가 혼자서 과제를 하면서 끙끙거리고 있을까봐 걱정하고 배려하는 마음에서 그랬던 것 같다. 지금 생각해봐도, 내가 무사히 MBA 과정을 마칠 수 있었던 데는 우리 반 친구들의 공이 절대적으로 컸다. 사실 과제가 너무 많아 중국인 친구들도 새벽 2~3시에나 잠자리에 드는 것이 예사였다. 그런데 중국어라는 외국어로 모든 과정을 소화해야 했던 나는 정말이지 잠을 자고 밥을 먹을 시간도 부족했고, 그러다보니 체력적으로도 무척 힘들었다. 그러나 늘 옆에서 응원해주고 도와준 친구들 덕분에 나는 힘들었던 그 시기를 이겨낼 수 있었다.

이 수업에서 내가 얻은 가장 큰 수확은 뭐니 뭐니 해도 '리더십'에 관한 교훈이라고 생각한다. 리더는 어떤 자질을 갖추어야 하고 어떻게 사람들을 대해야 하는지, 그리고 리더의 책임과 사명은 무엇인지에 대해 깊이 생각해보는 계기가 됐다. 우리는 모두 누군가를 이끌고 적어도 자기 자신이라도 이끄는 '리더'인 동시에 누군가의 '팔로어'다. 이런 관점에서 우리는 어떤 리더십과 어떤 팔로어십을 길러야 하는지에 대해 여러 가지 과제와 토론을 통해 깊이 생각해볼 수 있었다.

나는 이 수업을 통해 리더십에 대해 가장 궁금했던 점과 나의 가장 큰 고민을 해결했다. 가장 궁금했던 점은 '리더십은 타고나는 것인가, 아니면 교육을 통해 길러질 수 있는 것인가' 였다. 교수님의 대답은 "선천적으로 타고난 리더도 있지만, 리더십도 꾸준한 노력과 교육을 통해 길러질 수 있다"는 것이었다. 나의 가장 큰 고민은 '나의 타고난 외모와 성격이 남들에게 주는 인상이 리더가 되기에는 단점이 아닌가' 하는 것이었다. 사람들은 나를 실제 나이보다 훨씬 어리게 보았다. 그런 나를 부러워하는 사람들도 있긴 했지만, 나에게는 이 점이 사회생활을 하는 동안 늘 콤플렉스의 원인이었다. 상대방이 나를 낮추어보고 무시한다는 느낌을 받을 때가 한두 번이 아니었다. 또 나는 사회생활을 하면서도 "귀엽다"는 말을 자주 들었다. 처음에는 '내가 예쁘지 않으니까 예쁘다고 할 수는 없으니 그냥 듣기 좋으라고 하는 말이겠지' 라고 받아넘겼다. 그런데 그런 말을 하는 사람이 한두 명도 아니고 대다수라는 것을 알게 됐을 때 나는 정말 그 상황을 심각하게 받아들일 수밖에 없었다. 그래서 남들에게 귀엽게 보이지 않기 위해 얼굴에서 미소를 없애고, 후배 사원들에게 엄하게 대하고, 옷을 입어도 가급적 정장만 입으려고 노력했다. 나에게 호감을 느끼고 다가오는 사람들에 대해 나는 그들의 그런 행동은 나를 낮추어보고 존중하지 않는다는 의미로 받아들여 반감을 갖고 대하곤 했다.

그런데 MBA 과정에서 이 수업을 들으면서 그동안의 그런 내 생각과 태도가 잘못된 것임을 깨달았다. 나는 있는 그대로의 내 모습을 인정하기로 했다. '나는 남들과 같은 리더가 될 수 없다. 이는 여성 리더가 남성 리더와 같은 방식으로 조직을 이끌 수 없는 것과 같은 이치다. 나는 내 방식대로 내 장점을 최대한 살린 리더가 돼야 한다. 그러는 것만이 내가 성장하는 방법이다.' 나는 이런 결론을 내리게 됐다. 인정할 부분을 인정하고 나니 마음이 편해졌다. 그리고 사람들을 대할 때도 가식적이지 않은 내 원래의 자연스러운 모습으로 대할 수 있게 됐다.

　가장 많은 공부가 된 것은 역시 교수님의 프로다운 모습이었다. 내가 메모를 발송하고는 '그 많은 이메일을 설마 일일이 다 확인하진 않으시겠지' 라고 생각하면 마치 그런 내 생각을 읽으시기라도 한 듯 간단하게 한 줄이나마 회신을 보내주셨다. 강의시간 내내 에너지로 가득 찬 교수님의 목소리와 눈빛, 매 수업마다 새로운 방식과 새로운 내용으로 강의하려고 시도하시는 모습이 참으로 아름답게 느껴졌다. 좋아하는 일을 하고 계신다는 것이 느껴졌고, 자기가 좋아하는 일을, 그것도 많은 사람에게 긍정적인 영향을 미치는 일을 하고 계시는 교수님의 모습이 부러웠다. 나도 앞으로 무슨 일을 하건 바로 저런 모습이 돼야겠다고 다짐했다.

커뮤니케이션

첫 학기의 과목들은 대부분 8주 과정이었지만 커뮤니케이션(管理沟通) 과목은 16주 과정이었다. 그러나 교수님의 수업방식이 갖고 있는 문제점 때문에 오히려 8주로 진행된 수업보다 여러 가지 면에서 임팩트와 퀄리티가 떨어진다는 느낌을 많이 받았다. 그래서 수업 내용에 대한 기억보다는 교수님의 수업방식에 대한 기억이 더 생생하다. 교수님이 마지막에 남긴 인상은 나에게 중요한 교훈을 주었다.

이 과목을 맡은 왕구이친(王桂琴) 교수는 차분하고 인자한 어머니 같은 외모에 약간 저음의 목소리로 조곤조곤 강의를 진행하는 분이었다. 수업은 당일 진행할 내용과 관련된 교재를 예습해 오게 하고 교수님이 관련 내용을 강의실에서 강의한 다음 과제를 주면 학생들이 팀을 나누어 과제를 수행하는 식이었다. 수업 내용은 커뮤니케이션에 관한 일반적인 내용이라 특별히 어려운 것은 아니었지만 그렇다고 특별히 재미가 있거나 신선하지도 않았다.

과제는 크게 두 가지였다. 하나는 면접실습, 다른 하나는 기업홍보활동 실습이었다. 면접실습은 기업에서 채용면접을 진행한다는 상황설정을 하고 한 번은 면접관으로, 한 번은 지원자로 역할을 바꾸어 모의면접을 행하고 나서 각자의 소감과 상대방의 역할에 대한 피드백을 공유하는 방식이었다. 나는 중국사람들은 어떻게 채용면접을 진행하는지를 본 적이 없기 때문에 지원자 역할을 맡았을 때 약간 긴장이 됐다. 또 면접관 역할을 할 때는 마치 실제인 것처럼 진지하게 면접에 임하는 반 친구들을 보면서 웃음이 나기도 했다. 어쨌든 이때 해본 모의면접이 나중에 중국에서 주재원으로 근무하면서 팀원을 뽑기 위한 면접을 할 때 많은 도움이 됐다.

기업홍보활동 실습은 학생들이 팀을 나누고 팀별로 기업을 정한 뒤 각자 역할을 나누어 모의 기업홍보회를 진행하는 방식이었다. 우리 팀은 루이뷔통으로 기업을 정하고 각각 운영최고책임자, 브랜드최고책임자, 홍보최고책임자로 역할분담을 하여 자료를 준비했다. 중국사람들은 루이뷔통을 우리나라에서처럼 '루이뷔통' 이라고 부르지 않고 루이뷔통의 이니셜을 따서 'LV' 라고 부른다. 처음에 팀원들이 'LV' 로 기업을 정하자고 할 때 내가 "LV가 뭐야?"라고 물었더니 팀원들이 나를 이상하게 쳐다보았다. 한참 설명을 듣고 나서야 내가 "아하, 루이뷔통" 했더니 자기네들은 다 루이뷔통을 LV로 부른다고 했다. 기업의 이름도 중국어로 표기하면 한국에서와 다른 것이 많아서 한국인이라면 누구나 처음에는 헤매는 경우가 많다. 그러나 중국에 계속 있다 보면 오히려 중국식 명칭이 익숙하고 편해지기도 하니, 시간이 약이 아닌가 싶다.

기업홍보활동 실습에 대한 평가는 프레젠테이션을 촬영할 수 있는 특수 시설이 갖춰진 강의실에서 한 번에 세 팀씩으로 진행됐다. 모의 프레젠테이션이었지만 관중도 있고 촬영도 한다고 하니 여간 긴장되는 게 아니었다. 다들 평소와 달리 말끔하게 비즈니스 정장을 입고 왔다. 나는 덜덜 떨면서 정신없이 겨우 내가 맡은 부분을 마쳤다. 프레젠테이션이 다 끝나자 교수님은 개인별로 평가해주셨다. 프레젠테이션의 내용에 대해서는 물론이고 복장의 효과를 포함한 이미지 메이킹에 대해서도 평가해주셨다. 팀 간에도 돌아가며 다른 팀 팀원들의 발표에 대해 평가해주었고, 팀별로 서기를 정해 평가받은 내용을 기록했다. 나와 같은 반의 한국인 유학생인 문경일 오라버니는 내 예상보다 안정적으로 중국어로 프레젠테이션을 했다. 부럽기도 했고, 나도 좀 더 분발해야겠다는 생각도 들었다. 중국어 프레젠테이션을 대수롭지 않게 생각했는데, 막상 해보니 외국어 프레젠테이션은 확실히 한국어 프레젠테이션보다 연습이 더 많이 필요하다는 것을 알 수 있었다.

왕구이친 교수님은 약간은 편법적(?)인 방식으로 수업을 운영하셨다. 한 주는 학생들이 알아서 팀별로 과제를 수행하게 하고 그 다음 한 주는 수행한 과제를 발표하게 한 뒤 피드백을 주는 방식이었다. 그래서 우리는 격주에 한 번만 교수님의 얼굴을 볼 수 있었다. 처음에는 다들 이런 수업방식에 대해 별다른 이견이 없었다. 하지만 계속 반복해서 이런 식으로만 수업이 진행되다 보니 교수님이 아예 작정하고 2주에 한 번만 수업을 하시는 것 같아서 우리는 점점 교수님의 강의에 성의가 없다고 느꼈다. 그래도 정작 교수님 자신은 이런 학생들의 불만을 전혀 느끼지 못하시는 것 같았다. 학생들도 교수님께 이런 불만을 대놓고 표현하지는 않았다.

강의가 후반부에 들어선 뒤 별 무리 없이 마무리되어 간다고 생각하고 있었다. 그런데 학기가 끝날 무렵에 사건이 터졌다. 학기 말에는 각각의 수업에 대한 학생들의 온라인 평가가 시행된다. 여기서 이 수업이 MBA 과정을 통틀어 최하위 평가를 받은 것이었다. 나중에 들은 이야기이지만, 교수들에 대한 학생들의 평가가 각 교수에게 미치는 영향은 꽤 크다고 한다. MBA 과정 사무실에서도 교수의 강의에 대한 학생들의 피드백을 교수들에 대한 평가에서 중요한 자료로 삼아 그 다음 학기의 수업 편성에 반영한다고 했다. 온라인상의 평가 양식은 그 마지막 부분에 서술식으로 수업에 대한 의견을 적게 돼 있었다. 그런데 많은 학생들이 그 부분에 굉장히 적나라하게 이 수업에 대한 불만을 토로했다고 한다.

커뮤니케이션 과목의 마지막 수업이 있던 날, 왕구이친 교수는 평소의 침착한 모습과 달리 엄청나게 분노한 모습으로 눈물까지 흘리며 항변을 했다. 그 내용을 자세한 부분까지 전부 다 알아듣지는 못했지만 대략 이런 말이었다. "나는 피치 못할 사정이 있어 베이징과 지방도시를 오가는 생활을 해야 했다. 그래서 수업을 그런 방식으로 운영할 수밖에 없었다. 그러나 강의는 최선을 다해 충실하게 진행했다."

나는 '커뮤니케이션 과목을 담당한 교수가 학생들과 이렇게 커뮤니케이션이 안 돼서야……' 라고 생각했다. 교수님 본인은 그런 식으로 격주로 학생들을 만나고 조교에게 많은 부분을 일임하며 수업을 운영해도 아무런 문제가 없다고 생각했겠지만, 학생들은 속으로 교수님이 강의에 성의가 없고 열정도 없다고 생각했던 것이다. 나는 같은 반 친구들도 무섭다고 생각했다. 강의에 불만이 있는 줄은 알았지만 누구 하나 드러내놓고 불만을 토로하거나 교수님에게 강의를 개선해주면 좋겠다는 의견을 제시한 적이 없었다. 그래서 불만의 강도가 그렇게 높은 줄을 전혀 몰랐다. 그래놓고 온라인 평가에서 그렇게 심하게 낮은 평가를 하다니…….

어쨌든 학생들의 평가는 냉정했다. 마지막 수업 때 왕 교수님이 흘린 눈물과 늘어놓은 변명에도 불구하고 우리 중 누구도 그에게 동정 어린 시선을 보내지 않았다. 오히려 다들 왕 교수님에 대한 반감이 더 심해지는 눈치였다. 여러 수업을 동시에 듣는 우리는 어떤 교수가 열의를 가지고 최선을 다해 강의하는지, 그리고 어떤 교수가 그렇지 않은지를 바로 느낄 수 있었다. 너무나 선명하게 비교가 됐다. 다들 사회생활을 하다가 다시 공부를 하게 된 성인인데다가 어려운 시험을 힘들게 통과하고 비싼 학비를 내면서 듣는 수업이니만큼 그 내용과 운영에 대한 요구의 수준도 높을 수밖에 없었다. 왕 교수 사건은 안타깝긴 했지만, 나로서는 그로 인해 느낀 점이 많았다. 진짜 프로라면 어떻게 자기 일을 해야 하는지에 대해 많은 생각을 하게 됐다. 진정성이 있는지 없는지는 말로 표현하지 않아도 다 전달된다는 불변의 법칙을 다시금 확인하는 계기이기도 했다.

매니지먼트 입문

매니지먼트(管理导论) 과목은 8주 강의가 끝나는 날 치러진 시험과 관련된 에피소드로 내 머릿속에 아주 깊이 남아있다. 첫날 수업에 들어오신 장리쥔(张力军) 교수님은 내가 중국에 오기 전에 유학생활에 대한 걱정으로 꾸게 된 악몽 속에 나온 중국인 교수의 모습 그대로였다. 비교적 아담한 키, 속에 입은 내복이 가끔 겉으로 삐져나오는 촌스러운 옷차림, 자다가 일어나서 그냥 나온 듯 눌린 뒷머리, 그리고 가장 결정적인 것은 '쏼라쏼라'라고 표현할 수밖에 없는 알아들을 수 없는 중국어!

장 교수님의 첫 수업을 들으면서 나는 경악할 수밖에 없었다. 강의하는 내용을 몇 개 감탄사 외에는 도대체 알아들을 수가 없었다. 나는 무슨 말인지 알아듣기 위해 온 신경을 교수님 말씀에 집중하느라 거의 탈진 상태가 되고 있었다. 당시의 일기를 보면, 나는 숨을 쉴 수조차 없는 초긴장 상태로 강의를 들었다. 절망적인 것은 그럼에도 불구하고 내가 여전히 교수님이 하시는 말씀을 1%도 못 알아듣고 있다는 것이었다. 나는 이 모든 것이 중국어 실력이 미흡한 나의 잘못인 것만 같아 마음속으로 자책하고 또 자책했다.

하루는 수업을 듣다가 옆자리에서 느긋한 표정으로 수업을 듣고 있는 친구에게 물었다. "넌 다 알아듣고 있니? 난 정말 하나도 못 알아듣겠어." 그러자 그 친구 왈 "지영, 사실 나도 못 알아듣고 있어. 그러니 너무 그렇게 걱정하지 마. 아마 우리 반 학생들 대부분이 못 알아듣고 있을 걸." 나는 깜짝 놀랐다. 나뿐만이 아니라 중국인 친구들도 못 알아듣고 있다니, 그리고 그렇다는 대답을 저렇게 태연하고 천진난만한 표정으로 하다니. 나중에 알고 보니 장 교수님은 허베이인지 허난인지 하는 지역의 사투리를 쓰셨는데, 그 지역 사투리 치고도 꽤 심하고 억양이 특이해서 중국인 친구들도 정말로 제대로 알아듣지 못하고 있었다.

그러다 보니 수업의 집중도가 떨어질 수밖에 없었다. 반 친구들은 각자 자기만의 세계에 빠져 있었다. 노트북을 켜놓고 주식시장을 살펴보는 친구가 있는가 하면, 꾸벅꾸벅 조는 친구, 휴대전화 문자를 보내는 친구, 심지어 수업 시간에 손톱을 깎는 친구도 있었다. 나는 도저히 안 되겠다 싶어 교재를 정독하기로 했다. 못 알아듣는 강의를 그저 멍하니 들으며 시간을 낭비할 수도 없고 그렇다고 교수님 앞에서 딴 짓을 할 수도 없으니 나 혼자 자습이라도 해야겠다 싶었던 것이다. 교수님께는 죄송했지만, 교재라도 읽고 있으니 마음이 편했다. 그리고 시간도 잘 갔다.

다른 과목도 마찬가지이지만 이 과목은 특히 수업이 끝나면 꼭 반 친구들에게 과제가 있는지, 있다면 그게 정확히 뭔지를 물어서 적어둬야 했다. 가끔 과제가 있는지도 모르고 혼자 기숙사로 갔다가 뒤늦게 알고 낭패를 보는 경우가 있었다. 중국인 친구들은 기숙사를 같이 사용하기 때문에 스스로 다 챙기지 않아도 룸메이트가 알려주거나, 다른 친구가 과제를 하는 모습을 보고 있는지 몰랐던 과제가 있음을 알게 되거나 했다. 그러나 학교 밖에서 살거나 나처럼 유학생 기숙사에서 사는 학생들은 다음 수업 때까지 과제가 있는 것을 까맣게 모르는 경우가 간혹 발생했다. 매니지먼트 과목은 특히 교수님의 강의 내용을 알아듣기가 불가능하여 수업이 끝나면 꼭 반장이나 부반장을 찾아가 과제가 있는지를 확인하곤 했다. 그런데 나 외에도 교수님이 내준 과제가 있는 것을 잘 모르는 친구들이 워낙 많다 보니 나중에는 반장이 전체메일을 보내 과제와 요구사항을 공지하기에 이르렀다.

MBA 과정에서 공부하면서 항상 느낀 점이 있다. 반 친구들이 서로 도와주고, 자기가 가진 것이나 아는 것을 내주는 데 인색함이 없다는 것이었다. 물론 자기중심적이고 나만 잘하면 된다는 식의 이기주의적인 친구들이 전혀 없는 것은 아니었다. 그래도 한국의 대학 문화와 비교하면 중국 대학의 구성원들이 전체적으로 보아 더 순수하고 공동체 지향적이며 이타적임은 MBA 과정 내내 체험할 수 있었다. MBA 과정에서 그런 친구들과 만나 같이 공부하며 지낸 나는 중국사람에 대해 한국사람이 흔히 갖고 있는 편견에서 자유로운 편이다. 나는 MBA 과정 졸업 후 중국에서 일자리를 얻어 근무하는 동안 만나게 된 한국사람들이 '믿을 수 없는 중국사람', '돈만 밝히는 중국사람', '문화수준이 낮은 중국사람'이라는 편견을 서슴없이 드러내는 것을 보고 놀랐다. 그러나 나도 그들처럼 공부가 아닌 일을 통해 처음으로 중국사람들과 관계를 맺고 그들을 알아가기 시작했다면 그런 부정적인 시각으로 중국사람을 보았을 수도 있을 것 같다.

2008년 11월 12일. 이날 우리는 8주간의 매니지먼트 수업을 끝내면서 시험을 쳤다. 이 시험을 치면서 나는 감동적인 경험을 했다. 중국인 친구들과의 이날 에피소드는 죽을 때까지 잊지 못할 것 같다.

그 시험은 내가 중국에 유학 와서 처음으로 치게 된 시험이었다. 다른 과목들은 조별 과제도 많고 그 밖에도 다양한 항목으로 평가를 하는데 유독 매니지먼트 과목만 학기말 시험으로 평가를 한다니 긴장하지 않을 수 없었다. '혹시 과락하지는 않을까? 그래서 졸업을 못 하면 어쩌지?' 이런 걱정이 아른

거렸다. 수업이 진행되는 내내 교수님의 말씀을 제대로 못 알아들어 끙끙거렸으니 이런 걱정을 안 할 수 없었다.

11월이지만 꽤 추운 날이었다. 시험은 6강의동의 제일 큰 강의실에서 F1, F2 두 반 합동으로 친다고 했다. 주어진 시간은 2시간. 바짝 긴장했던 나는 시험지를 받아서 들여다보고는 비로소 안도의 한숨을 내쉬었다. 생각보다 시험 내용이 쉬웠고 문제가 대부분 객관식이라서 찬찬히 잘 읽고 푼다면 과락까지는 하지 않을 것 같았다. 정신을 가다듬고 하나하나 문제를 풀고 있는데, 이게 뭐람, 시험 시작 후 20분도 안 됐는데 반 친구들이 하나 둘 나가기 시작하는 게 아닌가? 급기야 30분 정도 됐을 때는 교실에 남아있는 사람이 10명도 채 안 됐다. 나는 당황하기 시작했다. 아직 풀지 못한 문제가 많이 남아 있었지만 시간도 1시간 반이나 남아 있었다. 그러나 텅 빈 강의실과 앞에서 시험감독을 하는 교수님을 보니 초조함이 밀려왔다. 그리고 초조함으로 인해 집중력이 점점 떨어졌다. 교수님이 앞에서 소리치셨다. "아직 시간은 충분하니까 천천히 하세요!" 하지만 내게는 이 말씀이 "날씨도 추운데 우리 빨리 제출하고 마무리합시다!" 하는 소리로 들렸다.

나는 속으로 마음을 다잡았다. '어쩔 수 없다. 과락할 수는 없으니 얼굴에 철판을 깔고 집중해서 내 페이스대로 치자.' 나는 심호흡을 하고 다시 문제를 하나하나 풀어나갔다. 순간적으로 긴장감도 잊어버리고 목 뒤로 땀이 흐를 만큼 시험지에 집중해서 문제를 풀었다. 문제를 다 풀고 시험지를 제출하면서 주위를 둘러보니 나 말고도 아직 네 명이 더 남아 있었다. 나는 속으로 '이 시험이 어려운 친구들이 또 있었나 보네' 라고 생각하며 가슴을 쓸어내렸다.

시험이 끝난 뒤 같이 마지막까지 남았던 친구들과 함께 나란히 자전거를 타고 기숙사 쪽으로 향했다. 날씨가 꽤 추웠고, 몸은 꽁꽁 얼어 있었다. 나는 열심히 자전거 페달을 밟으면서 한 친구에게 물었다. "오늘 시험 칠 때 봤어?

삼십 분도 안 돼서 아이들 우르르 다 나가는 거? 근데 너는 왜 그렇게 늦게 시험지를 제출한 거야?" 그 친구가 대답했다. "나? 난 네가 끝날 때까지 기다렸는데? 아무도 없으면 네가 긴장해서 시험 못 칠까봐." 그때 옆의 다른 친구가 웃으며 말했다. "너도 그랬어? 나도 지영이 혼자 남아서 시험 치면 스트레스 받을까봐 시험 다 치고 다른 책 보면서 기다렸는데……." 알고 보니 나머지 다른 친구들도 사실은 시험 문제를 다 풀었는데도 자리에 앉아서 내가 문제를 다 풀기를 기다려준 것이었다. 마치 서로 약속이나 한 듯이. 나는 전혀 예상치 못한 대답을 듣고 너무 놀라 갑자기 눈물이 핑 돌았다. 난 해준 것도 없는데, 바라는 것도 대가도 없이 너무나 호의적으로 나를 대해주는 친구들이 정말 고마웠다.

매니지먼트 수업은 그렇게 감동의 기말고사 에피소드로 마무리됐다. 나는 다행히 과락하지 않고 무사히 첫 학기를 넘겼다.

회계학

솔직히 회계학(会计学) 수업은 머릿속에 남은 인상이 아주 희미한 수업 중 하나다. 아마도 나의 뇌는 너무나 분명하게 문과 머리와 이과 머리로 나누어져 있어 이과 쪽 과목은 내가 들어설 영역이 아니라고 판단하고 마음속으로 거부하는 게 아닌가 싶다. 이런 나이기에 회계학 수업을 시작할 때에는 수업을 잘 통과할 수 있을까 하는 두려움도 크고 걱정도 많았다.

회계학 수업은 5주차에 시작됐기에 수업을 들으면서 친한 친구들이 생겼다. 허원(何雯)도 그중 한 명이었다. 내가 중국에서 MBA 과정을 무사히 졸업하는 데 친구들이 기여한 공로를 따질 때 두 번째라면 서운해 할 친구다. 말이 '친구'이지 우리 반 친구들의 연령대는 사실 다양했다. 대학을 졸업하고 1~2년 직장생활을 하다 들어온 스물네 살의 친구도 있었고, 마흔을 넘은 나이에 느지막이 들어온 친구도 있었다. 중국과 한국이 다른 점을 들자면 여러 가지가 있겠지만, 그중 하나는 중국에서는 나이를 뛰어넘어 친구 관계를 맺는 게 가능하다는 점이다. 한국에서는 연령에 따라 다른 호칭을 붙이고 높임말을 쓰는 언어의 영향을 받아서인지 한 살만 차이 나도 서열을 따져 언니, 오빠, 형, 누나, 동생, 선배, 후배 등으로 부른다. 같은 나이라도 빠른 몇 년생이니

늦은 몇 년생이니 따지고, 동기생이라도 학교를 언제 들어갔느니 재수를 했느니 안 했느니 하여 복잡하기가 이를 데가 없다. 그러나 중국에서는 다들 서로 이름이나 애칭으로 부른다. 친분의 정도나 나이 차이에 따라 이름 앞에 노(老) 자나 소(小) 자를 붙여 부르기는 해도 서로 격의 없이 지낸다. 처음에는 언니, 오라버니를 동갑내기 친구처럼 대하는 게 어색했지만, 시간이 갈수록 오히려 나이를 초월해 서로 친구가 되어 편하게 지내는 관계가 가능한 문화가 더 좋게 느껴졌다. 히딩크가 한국 축구팀을 맡고 제일 먼저 한 일이 호칭을 바꾸는 것이었다고 하는데, 나 역시 한국은 서열 따지기 문화에서 오는 '에너지 낭비'가 적지 않다고 생각한다.

아무튼 허원은 나이가 나보다 4살 많은 '언니'로 청두(成都)에 있는 국영제약회사에 근무하다가 가족과 떨어져 혼자 공부하러 베이징으로 온 케이스였다. 청두중의약대를 나온 수재로 모든 면에서 똑소리 나게, 또 열심히 해서 배울 점이 많았다. 입학 후 학생슈퍼에서 우연히 처음 만나 같이 운동장을 돌면서 산책을 하고 그 후로도 자주 운동장 걷기 데이트를 하면서 친해졌다. 부족한 중국어로 눈물겨운 사투를 하는 나를 친언니 이상으로 많이 챙겨주었다. 아줌마 특유의 생존능력을 몸소 보여주는 등 겉으로는 슈퍼우먼이지만, 속으로는 눈물이 많은 '역시나 천생여자'임을 이내 알 수 있었다.

회계학 수업이 시작되기 전 걱정이 늘어진 나를 보고 허원이 먼저 "회계학 수업에서 조를 짜면 우리 둘이 같은 조를 하고 추가로 회계학을 잘하는 다른 한 명을 끌어들이자"고 제안했다. 그 한 명은 자기가 섭외하겠다면서 나에게 회계학 수업은 걱정 붙들어 매라고 했다. 그렇게 해서 끌어들인 한 명은 장상후이(张向辉)라는 친구였다. 허원의 면밀한 뒷조사에 의하면 그는 회계에 정통한 데다 사람이 좋아서 과제를 굳이 안 시켜도 알아서 도맡아 해올 친구였다. MBA 과정에서는 조별로 과제를 하고 평가를 받는 수업이 많은데 그럴 때 자연히 단체 과제에 아무런 공헌도 하지 않고 날로 먹으려는 무임승차자(Freerider, 搭便车)들이 생기게 마련이다. 무임승차자에도 여러 종류가 있다. 밥을 사거나 반 내에 다른 활동이 있을 때 적극적으로 참여하는 등의 방법으로 그래도 나중에 미안한 마음을 표현하고 푸는 친구도 있고, 계속 수업에 들어오지 않으면서 단체 과제에 자기 이름은 꼭 올려달라고 연락하는 철면피 같은 친구도 있다. 시간이 지나면서 이런 무임승차자들은 열심히 수업을 듣는 친구들 사이에서 자연히 기피대상이 되고, 그래서 조 편성 시간이 되면 이런 친구들은 조를 찾지 못해 겉돌기 일쑤였다.

그런데 친구들에게 늘 안쓰러움의 대상이던 나는 항상 무임승차 환영 대상이었다. 한국이나 다른 나라에서 MBA 공부를 했으면 이런 큰 도움을 받지 못했을 것이다. 그런 점에서 내가 중국 MBA 과정을 무사히 졸업한 것은 순수한 내 실력의 결과라기보다 주위의 도움을 아주 많이 받은 덕분이 아닌가 하고 반성해보기도 한다. 그래도 처음 과제를 할 때는 내가 할 수 있는 일이 전혀 없다고 생각했는데 나중에는 PPT를 만드는 일과 같이 내가 기여할 수 있는 부분도 있음을 발견했다. 그래서 후반부로 갈수록 점점 더 열심히 조별 과제에 참여했다.

어쨌든 회계학 과목은 매 수업마다 교수님이 강의를 진행하고 강의 내용과 관련된 과제를 숙제로 내주시면 우리는 그 과제를 이행한 결과를 제출하고, 마지막에는 학기말 대과제로 기업분석 리포트를 작성해 내는 방식으로 진행됐다. 우리 조는 과제를 세 명이 돌아가며 했고, 나도 몇 번 쉬운 부분에서 여기저기 물어가며 과제를 해냈다. 마지막 대과제는 우리가 선정한 COFCO PROPERTY(中粮地产)라는 회사의 재무재표를 분석하는 내용이었는데, 허원과 장샹후이에게 미안하게도 이때 나는 어쩔 수 없이 거의 무임승차할 수밖에 없었다.

우리에게 강의를 해주신 천우차오(陈武朝) 교수는 회계학계에서 알아주는 실력 있는 학자라고 했다. 나는 그런 유명한 교수님의 강의를 듣게 됐는데도 그 내용을 잘 알아듣지 못하는 것이 너무 안타까웠다. 내가 비록 과제에는 도움이 될 정도의 능력은 없지만, 그래도 이왕 MBA 공부를 하는데 회계 공부는 필수라고 생각했다. 나중에 내가 관리자가 되면 내가 잘하는 분야도 알아야겠지만 회계나 재무 같은 분야의 기초적인 지식도 반드시 갖추고 있어야 한다고 생각했다. 지금이 아니면 또 언제 이런 걸 제대로 공부하겠냐는 마음으로 성적이나 과제를 떠나서 회계학을 열심히 공부해야겠다고 결심했다. 그래서 중국에 오기 전에 어떤 분이 조언해준 대로 미리 준비해간 한국의 회계학 교재를 곁에 두고 회계학 수업을 듣는 동안 함께 자습했다. 나는 회계학 외에도 미시경제, 거시경제, 재무분석 등 몇 가지 필수과목의 대표적인 한국 교재를 준비해 갔는데 나중에 큰 도움이 됐다. 지금은 중국에서도 한국 인터넷 서점에 해외배송을 요청할 수 있지만, 어쨌든 외국에 나가면 한국 교재를 구하기가 그리 쉽지는 않은 게 현실이다. 당시 한국인 유학생 중에는 내가 사간 책을 보고 복사할 수 있도록 빌려달라고 부탁하는 사람이 몇몇 있었다. 특히 어떤 책은 복사와 제본을 여덟 권 정도 했다. 중국어 교재만 보다가 한국 교재를 보니 이해도가 1000%는 되는 기분이었다. 눈에 쏙쏙 들어오는 설명과 그림들. 공부가 절로 되는 것 같았다. 그렇게 나는 그전에는 관심도 없었던 회계학을 어느 정도 공부했다. 물론 수박 겉핥기 수준이겠지만, 그래도 나 스스로는 꽤 뿌듯함을 느꼈다.

통계학

통계학(DMD; Data, Models and Decisions, 数据模型与决策)은 나에게 특별한 의미가 있는 과목이다. 통계학 수업에서 지금의 남편을 만났기 때문이다. 통계학 수업은 일주일에 두 번씩 총 5시간으로 진행되는 꽤 강도 높은 수업이었다. 기업을 경영하는 과정에서 여러 가지 숫자로 나타나는 데이터를 어떻게 분석하고, 분석한 결과를 의사결정에 어떻게 반영하는지에 관한 수업이었다. 수업을 듣는 내내 굉장히 실용적인 과목이라는 느낌이 들었다. 이 과목을 맡은 예칭(叶青) 교수는 30대 중반의 미국 유학파로 다른 교수들에 비하면 옷차림부터 외모까지 그야말로 군계일학의 훈남이셨다. MBA 과정에서는 정말로 유일하게 눈도 즐거운 수업이었다. 나이로만 추측해보면 강의를 시작하신 지 얼마 되지 않았을 텐데도 프로답고 카리스마 있는 모습으로 강의하셨다. 그래서 학생들의 수업 집중도도 꽤 높은 편이었다.

칭화대 교수님들은 거의 90% 이상이 칭화대 출신이라고 느껴질 정도로 본교 출신이 대부분이었다. 그리고 하나같이 다들 자기가 칭화대 출신이라는 것에 굉장한 자부심을 가지고 계셨다. 예칭 교수님도 학사와 석사 과정을 칭화대에서 졸업하고 미국 미시간대에 가서 박사 과정을 마치고 돌아온 분이었다. 칭화대에 관한 농담으로 '학부생은 금메달, 박사생은 은메달, 석사생은 동메달' 이라는 말이 있다. 그만큼 학부생으로 칭화대에 입학하기가 가장 어렵고, 학교에서도 학부생에 대한 대우가 가장 좋다는 농담 아닌 농담이다. 학부생, 석사생, 박사생은 기숙사, 교수와 강의실 배정, 장학금 제도 등 여러 가지 면에서 차이가 있다. 석사생에 대한 처우가 가장 떨어져서 "돈은 우리가 제일 많이 내는데 기숙사 시설은 왜 제일 안 좋냐?"는 등 볼멘소리를 하는 친구들이 많았다.

한국도 마찬가지이겠지만 중국에서는 베이징대나 칭화대 같은 명문대에 입학하기가 매우 어렵다. 소수민족이나 해당 도시 거주자에게 우선권이나 가산점을 주기도 하는 등 약간의 변수가 있기는 하지만, 어쨌든 우리의 수능에 해당하는 대학입학고사라는 공인평가시스템에서 최상위권 성적을 받아야만 명문대의 문을 두드릴 수 있다. 그래서 아직도 지방도시나 시골 출신이 베이징대나 칭화대에 입학하면 고향 마을에 플래카드가 걸리는 것은 당연지사이고 지역신문이나 지역방송에 소개되는 경우도 많다. 중국의 대학 학부 교육은 비용부담이 한국에 비교하면 굉장히 저렴하고, 정부보조금이나 장학금 제도도 꽤 발달돼 있다. 학생 모두에게 거의 공짜나 다름없는 저렴한 비용의 기숙사가 제공된다. 최저 비용으로 생활하겠다고 마음먹고 교내에서만 생활한다면 생활비도 적게 든다. 나는 학생용 교통카드를 발급받아 사용했는데, 당시 베이징에서 학생은 한국 돈으로 40원 정도(일반인 요금은 200~400원)만 내면 버스를 탈 수 있었다. 미용실 가격은 천차만별이긴 했지만, 교내 이발소에서 남자가 머리를 깎는 가격은 한국 돈으로 2000원도 안 됐다(물론 마음에 들게 머리를 깎아준다는 보장은 못 한다). 그래서 한국에서처럼 성적은 되는데 학비나 생활비 부담 때문에 대학 학부 진학을 망설이거나 포기하는 경우는 중국에서는 소수라고 봐도 무방하다.

그래서 나는 석사 과정 학생들에 대한 학교의 대우에 불만스러워 하는 친구들을 볼 때마다 '우리가 학부생들보다 퀄리티가 떨어지는 것은 사실이잖니'라고 생각하곤 했다. MBA 과정에는 학비가 하나의 진입장벽으로 작용한다. 2008년 당시에는 연간 학비 10만 위안(한국 돈으로 약 2000만 원)이라는 돈을 낼 능력이 있어야만 중국 MBA 과정 진학이 가능했다(2014년 현재는 학비가 약 20만 위안으로 인상된 상태다). 중국의 대졸 초임 월급이 3000~4000위안 정도이니 10만 위안이라면 사회초년생의 3년치 연봉에 가까운 금액이다. 이런 진입장벽이 있음을 고려하면 내가 칭화대에서 받은 MBA 학위도 일부는 나의 상대적인 경제적 조건 덕분에 얻어진 것이라고 생각한다.

칭화대에는 2칭이니 3칭이니 하는 말이 있다. 2칭은 학사와 석사 등 칭화대에서 2개의 학위 과정을 졸업한 것을 가리키고, 3칭은 학사와 석사에 박사까지 3개 학위 과정을 졸업한 것을 가리킨다. 어떤 친구가 농담으로 7칭을 본적이 있다고 말했다. 부속의 유치원, 초등학교, 중학교, 고등학교, 학사, 석사, 박사 등 교육과정 전부를 칭화대에서만 밟으면 7칭이 되는 셈이다. 중국사람들이 칭화대 출신을 어떻게 여기는지를 알게 해주는 얘기다. 칭화대와 베이징대가 함께 위치한 하이뎬구(海淀区) 안에 있는 고등학교들은 칭화대와 베이징대 입학률이 높다. 맹모삼천지교라는 말도 있지만, 이 때문에 열성 부모들은 기를 쓰고 이 지역으로 이사와 자녀를 이 지역 중고등학교에 입학시키려고 한다. 그래서 칭화대 학교 근처의 집값은 다른 지역에 비해 유난히 높다. 이런 말을 듣고 나니 교내 학생식당에서 자주 보게 되는 칭화대 부속 고등학교 학생들이 조금은 달리 보였다.

아무튼 첫 수업을 들어가기 전부터 나는 통계학 과목을 무사히 통과하려면 팀을 짤 때 반드시 좋은 팀에 들어가야 한다는 '역사적 사명'을 띠고 사전 물색 작업에 착수했다. MBA 과정은 특이하게도 졸업앨범이 아닌 입학앨범을 제작해 학생들에게 배포한다. 아마도 입학앨범을 잘 활용해 재학 중에도 학생들끼리 네트워킹을 잘 하라는 의도에서인 듯하다. 입학앨범에는 학생들의 사진, 이름, 출신학교, 출신회사, 휴대전화 번호, 이메일 주소 등이 실려 있다. 우리 반인 F반 친구들은 물론이고 다른 반인 I반이나 P반 동기들의 신상 명세도 자세히 알 수 있다. 앨범을 보다가 관심이 가는 사람이 있으면 연락해 이야기를 나누거나 도움을 받을 수도 있다. 나는 우리 반 친구 중 류멍(刘猛)이 수학 전공자라는 사실을 알아냈다. 나는 그의 휴대폰 번호를 메모해 두는 등 통계학 수업에서 팀을 짤 때 같은 팀에 넣어달라고 그에게 부탁하기 위한 만반의 준비를 하고 첫 수업에 들어갔다.

아니나 다를까 훈남 교수님의 용모를 감상할 여유도 없이 교수님은 수업에 들어오자마자 4인1조로 팀을 짜라고 하셨다. 나는 미리 메모해둔 류멍의 휴대전화 번호로 문자를 보냈다. "류멍, 나 너랑 같은 팀에 넣어줄 수 있어? 김지영." 그러자 곧바로 답 문자가 왔다. "좋아. 문제없지." 아, 그때의 감동이란……. 나는 기분이 너무 좋아 날아갈 것만 같았다. 통계학 과목은 이미 통과한 것이나 마찬가지였다.

통계학 과목은 일주일에 한 번도 아니고 두 번, 월요일과 수요일에 수업이 있는데다가 과제의 양도 만만치 않았다. 게다가 분석하고 풀어야 하는 것이 많아 과제의 내용이 보통 어려운 게 아니었다. 무슨 분포니 무슨 회귀니 하여 도통 알아먹지 못할 내용뿐이었다. 나는 우리 팀에서 과제를 누가 하는지, 그가 작성한 답이 맞는지 안 맞는지를 떠나, 우선 나 자신이 수업을 이해하고 따라가고 싶었다. 그래서 《수학의 정석》을 다시 꺼내 보고, 과제를 나 혼자 먼저 풀어보고, 모르는 내용은 류멍에게 따로 배우는 식으로 공부를 해나갔다. 나와 류멍을 제외한 나머지 두 명은 일을 하면서 공부를 병행하는 터라 자주 수업에 빠지고 팀 과제를 위한 스터디 모임에는 거의 나오지 않았다. 그래서 우리 단 둘이 거의 매일 빈 강의실, 카페 등에서 만나 공부를 했다. 사실은 내가 일방적으로 가르침을 받는 일대일 과외나 마찬가지였다.

나중에 류멍이 남편이 된 뒤에 들은 말이지만, 그는 입학 이후 쭉 나를 관심 있게 지켜보았다고 한다. 그리고 통계학 수업 팀 편성 때 내 문자를 받고 너무 기뻤다고 한다. 그래서 나에게 잘 보이기 위해 통계학 수업을 받으면서 예복습은 물론이고 과제 때문에도 밤을 지새운 날이 많았다고 한다. 그랬으면서 막상 나를 만나서 가르쳐줄 때는 마치 자기는 처음부터 잘 알고 있었던 것처럼, 너무 쉬운 문제를 푼다는 듯이 은근히 잘난 척 하면서 가르쳐주던 모습이 기억난다. 그렇게 자주 만나면서 우리 둘은 많은 대화를 나누고, 같이 공부하고 밥 먹고, 그가 기숙사까지 나를 데려다 주고 하면서 차츰 정을 쌓았다. 내가 중국인과 결혼하는 걸 반대하는 부모님 때문에 결혼에 이르기까지는 우여곡절이 많았지만, 아무튼 통계학 수업이 지금 내 옆에 있는 남편을 만나게 해준 거나 마찬가지이니 나에게는 정말로 감사한 수업이었다고 아니할 수 없다.

통계학 수업을 위해 한국인들끼리도 스터디를 했다. 한국인 유학생 중에 모 증권사에서 여러 가지 데이터를 기반으로 금융상품을 만드는 일을 하시다가 유학 온 오라버니가 계셨다. 이미 박사학위까지 갖고 계신 분이 왜 이런 낮은 수준의 MBA 과정에 오셨는지는 알 수 없었지만, 아무튼 우리는 제대로 된 전문가를 모시고 통계학 강의를 듣고 토론하는 시간을 가질 수 있었다. 다들 그런 자리가 절실했기 때문인지 매번 많은 한국인 동기들이 스터디에 참석하여 학교 수업에서보다도 더 진지하게 박사님의 설명을 듣고 같이 토론하며 공부했다. 현장에서 실무로 단련된 박사님이 알기 쉽게 해주는 강의는 나 같은 비전공자에게는 정말이지 금쪽 같은 명강의였다. 더군다나 우리말로 하는 강의라서 어찌나 귀에 쏙쏙 들어오던지, 눈물이 앞을 가리게 하는 꿀맛 같은 시간이었다.

과제는 그럭저럭 해나갔지만, 후반부로 갈수록 수업 내용이 점점 더 어려워져가기만 했다. 게다가 기말고사를 제대로 치게 하겠다고 작정한 교수님은 수업 때마다 강의를 제대로 듣지 않으면 과락을 면치 못할 거라는 등 지난 학기에 두 명이 과락했다는 등 하면서 우리를 '협박' 하곤 하셨다. 그래서 나는 '과연 내가 기말고사를 잘 칠 수 있을까?' 하고 또다시 걱정됐다. 어쨌거나 드디어 시험의 그날이 왔다.

시험이 시작되기 전에 반 친구들 모두의 얼굴에는 긴장감이 가득했다. 웅성거리는 모습을 보니 이 시험에 다들 신경을 많이 쓰고 있음을 알 수 있었다. 지금은 자세히 기억나진 않지만, 아마도 단답형 문제들과 주어진 데이터를 분석해 답안을 작성하는 복잡한 문제들이 같이 나왔던 것 같다. 나도 걱정한 것보다는 잘 보고 있다는 느낌으로 열심히 시험을 쳤다. 나중에 개인별 시험 성적이 공지됐다. 우리 반에서 유일한 수학 전공자이자 내가 철석같이 믿은 류밍의 성적은 85점이었던가, 아무튼 80점대 점수였고, 류밍의 베스트 프렌드인 양즈(杨智)가 100점 만점을 맞는 기염을 토했다. 내가 류밍에게 수학과 출신 맞느냐, 어찌하여 점수가 그렇게 낮을 수 있느냐며 핀잔을 주었지만, 원래 느긋한 성격의 류밍은 그런 내 말에 전혀 아랑곳하지 않았다. 자기가 문제 몇 개를 잘못 이해했다면서 패스만 하면 되지 점수가 뭐 그리 중요하냐고 웃어넘겼다. 60점 미만이면 과락인데 나도 80점이라는, 스스로는 아주 만족스러운 성적으로 통계학 수업을 마무리했다.

우리 반에는 나와 류밍 말고도 커플이 하나 더 있었는데, 그 커플도 나중에 결혼하여 부부가 됐다. 뿐만 아니라 I반에서도 나중에 결혼까지 하는 커플이 하나 생기는 등 칭화대 MBA 과정의 우리 학번은 사랑에서도 많은 결실을 맺은 '사랑의 학번' 이었다. 아마도 힘든 학업을 같이 하는 동안 서로 도와주고 챙겨주면서 정이 들고, 또 많은 시간을 같이 보내면서 자연스럽게 사랑이 싹튼 게 아닌가 생각한다. 직장에서는 출퇴근하며 일하는 데 바빠서 솔로라도 사실 사내연애가 아니면 이성을 만날 기회도 시간도 거의 없다. 혹여 만나는 사람이 있더라도 주말에나 만나다 보면 오랜 기간 사귀어도 실제로 같이 있는 시간으로 따지면 얼마 되지 않는다. 그러나 MBA 과정에서는 각자 현업을 떠나 순수하게 학생의 신분으로 돌아가 같이 캠퍼스에서 생활하게 되니 한 달을 만나도 바깥세상에서라면 일 년간 사귄 이상으로 서로 깊이 있게 알게 되는 것 같다.

미시경제학

미시경제학(ME; Microeconomics, 管理经济学)의 닝샹둥(宁向东) 교수님은 평소 '호랑이 교수'라는 소문이 자자했다. 굉장히 엄격하고 학생들에 대한 요구수준도 높아 다들 정신을 바짝 차리고 수업에 들어가야 한다고들 했다. 아니나 다를까, 첫 수업부터 분위기가 매우 살벌하고 진지했다. 닝샹둥 교수님은 칭화대 경제관리학원의 3칭(학사, 석사, 박사)에다 미국의 하버드대, 일리노이대 등에서 방문학자로 경력을 쌓으셨고, 학계에서도 명성이 높은 분이었다.

하루는 미시경제 수업을 듣고 기숙사에 와서 텔레비전을 틀었는데 방금 교실에서 본 닝샹둥 교수님이 대담프로에 패널로 나와 계셔서 깜짝 놀란 적이 있다. 중국에서는 꽤 유명한 '대화(对话)'라는 프로그램이었다. 텔레비전에도 나오는 교수님의 수업을 내가 직접 듣는다고 생각하니 왠지 뿌듯했다. 내가 정말 비싼 수업을 듣는구나 하는 생각에 그 후로 더 열심히 수업을 듣게 됐다. 교수님은 그 뒤로도 종종 경제 관련 텔레비전 프로에 패널로 출연하셔서, 내가 다른 사람들에게 "나는 저분에게 직접 수업을 듣는다"고 자랑할 거리를 만들어주셨다. 한번은 CCTV에서 〈기업의 역량(公司的力量)〉이라는 다

큐멘터리를 보는데 거기에 교수님이 인터뷰하시는 장면이 나와, 정말 기분 좋고 자랑스러웠던 적이 있다.

닝 교수님은 수업시간에 시종일관 비판적인 관점에서 중국경제와 세계경제의 여러 가지 현상을 분석하고 설명해주셨다. 또 우리에게 경제를 바라보는 새로운 관점을 심어주고 생각해볼 시사점을 던져주려고 하셨다. 그런 교수님의 강의를 듣는 우리의 수업 분위기도 매우 뜨거웠다. 나는 외국인의 시각에서 '중국은 항상 대국주의와 자기들이 최고라는 자만에 빠져있는 나라'라는 느낌이 들 때가 많았다. 그런데 이렇게 자기 나라의 현황에 대해 비판적인 관점을 지닌 의식 있는 중국인 학자도 있구나 하는 생각을 했다.

처음 중국에 와서 수업을 들으면서 강의시간에 음식물을 먹거나, 심하게 딴 짓을 하거나, 심지어 손톱을 깎는 반 친구들을 보면서 충격을 받은 적이 있었다. 이런 게 문화의 차이인 걸까? 우리나라의 대학 강의실 풍경도 이미 이와 비슷하게 변해 있는데 나만 그런 것을 모르고 너무 까다로운 잣대로 반 친구들을 보고 있는 걸까? 나는 교수님이 앞에서 강의하시는데 학생들이 너무 예의 없이 수업을 듣는 것 같아 적응하기 힘들었던 적이 한두 번이 아니었다. 그러던 어느 날 닝 교수님이 학생들의 수업태도에 대해 언급하셨다. 내가 칭화대 MBA 과정에 들어온 뒤로 교수님이 그런 이야기를 하는 것을 본 것은 그때가 처음이었다.

닝 교수님은 자신이 하버드대에 있을 때 한국인 학생들이 교수를 어떻게 대하는지를 보고 정말 많이 놀랐다면서 정중하게 인사하고 존경하는 태도가 몸에 밴 한국인 학생들 얘기를 하셨다. 그리고 유교의 발상지는 중국인데 그런 유교의 문화가 중국에서는 제대로 이어지지 못하고 오히려 한국에서 더 잘 지켜지고 있는 것에 대해 중국사람들이 반성해야 한다고 하셨다. 너무 시끄럽고 웅성거리는 중국 학생들의 평소 수업태도도 언급하셨다. 나는 속으로 교수님이 평소의 내 생각을 대신 말해주신 것 같아 속이 후련했지만, 과연 얼마나 많은 중국인 학생들이 교수님이 말씀하신 내용을 이해할까 싶기도 했다. 문화의 차이라는 것은 직접 겪어보지 않고 말로만 설명하면 와 닿지 않는 부분이 많다고 생각했기 때문이었다. 아무튼 중국도 앞으로는 점점 더 긍정적인 방향으로 변화해갈 것이라고 생각했다. 아니, 얼른 그렇게 되기를 바랐는지도 모르겠다.

미시경제 과목 역시 과제가 많고, 내용이 어려웠다. 수업시간마다 과제를 내주었고, 그 과제는 단답형 문제들과 사고형 문제들로 구성돼있었다. 내가 문제를 풀 능력을 가지고 있다는 가정 하에 정말로 마음먹고 푼다고 해도 하루 온종일을 통째로 쏟아 부어야 다 풀 수 있는 양이었다. 그러나 1학기 후반부로 가면서 학생들도 요령이 늘어나 각종 '편법'으로 과제를 완성해 제출하는 사례가 급증했다. 우리 반에는 공부를 즐기면서 모범답안을 배출해내는 '미시경제 천재'가 몇 명 있었다. 이들이 첫 타자로 밤새워 만든 몇 개 버전의 답안이 친구들 사이에 배포되면, 친구들은 그 답안을 참고하여 자기 버전의 답안을 만들어내곤 했다. 나도 예외가 아니었다. 일단 살아남고 보자는 생각에 여러 친구의 답안을 참고하고 짜깁기하여 제출하는 빈도가 늘어났다. 그래도 수업을 단순통과 목적으로 대충대충 듣지는 않았다. 미시경제 과목에서도 준비해간 한국 교재를 이용한 자습을 병행했다. 나는 《맨큐의 경제학》이란 책을 가지고 갔는데 이 책의 이론 부분을 읽고 나서 연습문제를 풀어보고 관련 해설을 인터넷에서 찾아보는 식으로 자습을 했다.

교수님은 《이코노믹 싱킹(원서는 The Economic Naturalist: In Search of Explanations for Everyday Enigmas)》이라는 책을 부교재로 정해서 우리로 하여금 스스로 이것을 공부하게 하셨다. 이 책은 우리가 생활 속에서 경험하는 모든 현상이 사실은 경제학과 밀접하게 관련이 있다는 내용으로, 늘 무심코

지나쳤던 현상을 다시 한번 경제학적 마인드로 진지하게 사고해보는 계기를 마련해주었다. 교수님은 학생들에게 생활 속에서 만나는 유사한 케이스에 대한 토론 주제를 매 강의에 앞서 두 개씩 게시판에 올리도록 했다. 게시판에 좋은 주제가 올라오면 교수님이 수업시간에 학생들로 하여금 그 주제에 대해 토론하게 하고 본인이 강의하기도 하는 방식으로 수업이 진행됐다. 나는 '왜 한국보다 중국에서 하겐다즈의 상품 가격이 비싼가?' 등의 주제를 게시판에 올렸던 것으로 기억한다. 그러나 내가 올린 주제가 토론 대상으로 채택된 적은 한 번도 없다.

닝 교수님은 버거울 정도로 많은 과제를 내주시고 웃는 모습은 거의 보여주지 않았으나 강의하는 열정만은 최고였고, 우리 학생들 모두가 중국과 세계를 더욱 진보하는 방향으로 이끌어갈 좋은 기업인, 경제인이 되기를 바라신다는 것을 느낄 수 있었다. 미시경제 강의를 들으면서 나는 스스로 경제적으로 생각하는 습관이 몸에 배는 느낌이 들었다. 단순히 과제를 위해 공부하는 것이 아니라 현실의 문제에 대해 정말로 진지하게 생각해보는 기회를 가질 수 있었다.

조별 과제가 많아서 묻어갈 수 있었던 다른 과목에 비해 미시경제는 완전한 홀로서기를 경험한 수업이었다. 숙제를 베끼건 말도 안 되게 알아서 해가건 어쨌든 100% 나 개인의 이름으로 결과물을 제출했고, 기말고사도 쳤다. 열심히 독학도 하고 연구도 했지만, 두뇌의 한계로 인해 내 미시경제 성적은 MBA 과정 전 과목을 통틀어 가장 나쁜 점수인 62점을 받았다. 간신히 과락을 면한 부끄러운 점수였다. 아마도 전체 학생 중에서 내가 뒤에서 1~2등이 아니었을까 생각한다.

직업발전계획과 CDC 활동

MBA 공부를 하는 목적은 사람마다 다르다. 경력 전환을 위해 온 사람, 인맥 쌓기를 위해 온 사람, MBA 졸업장으로 몸값을 올리기 위해 온 사람, 회사를 스폰서로 해서 업무에서 벗어나 휴식 겸 요양을 위해 온 사람, 심지어 잠시 가족과 떨어져 있고 싶어서 온 사람 등등. 그래서 목적에 따라 각자 집중하는 활동도 다르다. 경력 전환을 위해 온 사람들은 자기가 원하는 업종에서 재직 중인 동문과 만나기도 하고, 다른 업종의 인턴십에 지원하여 그 업종이 자기 적성에 맞는지 체험해본다. 인맥 쌓기를 위해 온 사람들은 각종 체육활동, 동호회, 다른 학교 MBA 과정 학생들과의 교류활동에 적극적으로 참여한다. 휴식을 위해 온 사람들은 학업보다는 수영, 골프, 헬스 등을 열심히 하며 체력단련에 힘쓰거나 중국 각지를 여행하고 맛있는 것을 먹으러 다니는 데 시간을 할애한다.

칭화대 MBA 과정에서는 학생들의 구직 활동과 경력 전환을 돕기 위해 직업발전중심(Career Development Center, CDC)을 개설하여 운영하고 있다. CDC는 우수인력이 필요한 기업체와 학생들을 이어주는 역할을 하며 취업설명회, 회사별 리크루팅, 각종 인턴십 활동 등을 주관한다. 필요한 인력을 찾는 기업이 있으면 학생들에게 이메일로 정보를 보내주어서 원하는 학생들이 제때 지원할 수 있도록 도와준다.

총 4회에 걸쳐 진행된 직업발전계획(职业发展规划) 수업도 이런 CDC 활동의 하나다. 참가만 하면 1학점을 딸 수 있는 수업으로, 장진(张进) 교수님이 진행하셨다. 첫 수업에서는 성격 분석, MBTI 분석, 360도 자기평가 등을 통해 각자 자기 자신을 이해하는 시간을 가졌고, 두 번째 수업에서는 취업시장의 현황에 관한 교수님의 개괄적인 설명이 있었다. 각자 자신에 대한 SWOT 분석을 통해 객관적인 시각으로 자신을 평가해보는 시간을 가졌다. 세 번째 수업에서는 외부에서 유명 강사를 초빙하여 경력 디벨로프먼트에 대한 전문적인 강의를 들었다. 그리고 네 번째 수업에서는 각자 구직의향서와 이력서를 작성한 뒤 조별로 모의면접을 하고 서로 부족한 부분이나 보완할 부분에 대해 토론하는 시간을 가졌다.

전체적으로 평가하면 이런 수업은 없는 것보다는 있는 게 낫다고 할 수 있겠지만, 실제로 큰 도움이 됐느냐고 누가 묻는다면 나는 그리 긍정적인 대답을 하기 어려울 것 같다. 외국인 유학생의 입장에서는 학교 CDC의 도움을 기대하거나 이로부터 실질적인 도움을 얻기가 쉽지 않기 때문이다. 자기 앞가림은 자기가 알아서 해야 한다. 그래서 다시 취업해야 하는 사람들은 2학기가 지나가면 슬슬 미래에 대한 불안감이 어깨를 짓누르게 되어 대학을 졸업할 때처럼 구직 사이트를 뒤지거나 자기가 갖고 있는 인맥을 최대한 동원해서 여기저기에 이력서를 내게 된다.

한국인 유학생만으로 한정하여 우리 동기들의 취업 상황을 보면, 전체의 70% 정도는 회사를 스폰서로 해서 왔기 때문에 구직활동과는 무관했다. 나머지 자비로 온 30% 가운데 20%에 해당하는 동기들은 한국의 대기업으로 재취업했고, 나머지 10%는 중국에 남아 현지에서 취업했다. 각자의 구직 목표는 다 다르겠지만, 중국 MBA 과정에 들어온 이상 어떤 형태로든 중국에 남아 일하고 싶어 하는 사람들이 많다. 하지만 막상 현실에선 그렇게 하기가 힘들다. 우선 중국 현지 기업의 경우 한국인을 뽑을 일이 거의 없다. 나도 한때 급여 수준을 떠나 현지 기업에서 일해보고 싶은 생각에 여기저기에 지원해본 적이 있다. 하지만 현지 기업은 한국 관련 업무가 거의 없고, 있더라도 대부분 중국 교포(조선족)를 채용한다. 어쩌다 중국 현지 기업에 취업할 기회가 있다 하더라도 그쪽에서 제안해오는 급여 수준이 너무 낮아 한국인의 입장에서는 받아들이기 어려운 경우가 대부분이다.

그렇다면 중국에 진출해 있는 외국 기업의 경우는 어떨까? 중국에 진출한 외국 기업 역시 한국인 채용 수요가 거의 없는 것이 현실이다. 채용 대상이 되려면 우선은 중국어나 영어가 가능해야 하고, 설사 이런 조건을 충족했다 하더라도 실제로 채용되기가 쉽지 않다. 외국 기업은 중국시장을 겨냥해서 중국에 진출했기 때문에 현지에 대해 잘 알고 현지에서 일을 잘할 수 있는 중국인이 필요하지 한국인이 필요할 일은 거의 없다. 실제로 나는 한때 스포츠 마케팅에 관심을 가지고 나이키의 리크루팅 활동에 참여한 적이 있는데, 그 회사에서 나온 인사 담당자가 "우리는 중국인만 채용한다"고 못 박아 말한 적도 있었다.

그래서 아주 뛰어나거나 특별한 경우가 아니면 한국인 학생은 한국인으로서의 장점을 최대한 살리고 자신의 역량을 제대로 발휘하기 위해 어쩔 수 없이 한국 기업을 찾을 수밖에 없다. 그러나 여기에 또 하나의 난관이 있다. 이제는 한국 기업들마저 비용 문제와 현지화 필요성 등을 이유로 한국인 채용을 줄이고, 주재원 등 현지 유지인력도 최소화하고 있는 것이다. 실제로 최근에 많은 한국 대기업들이 중국법인의 주재원들을 대거 한국으로 복귀시키고, 복귀를 원하지 않는 경우에는 주재원 대우가 아닌 현지채용 대우로 지위를 강등시켰으며, 법인장 등 핵심 인력들마저 중국인으로 교체했다. 그러니 중국 MBA 과정을 졸업하고 나서도 주재원의 신분으로 중국 현지에서 일하게 되기가 점점 더 어려워지고 있는 것이 현실이다. 마지막 남은 선택은 한국에 돌아가서 중국 관련 업무를 하는 것뿐이다. 아, 하나의 선택이 더 있다. 그것은 중국에서건 한국에서건 직접 창업을 하는 것이다. 그러나 이것 역시 쉬운 일은 아니다.

이런 상황이기 때문에 CDC로부터 실질적인 도움을 기대하기가 어렵다는 것이다. CDC에서도 전체 학생 중에서 소수에 불과한 외국인 유학생의 취업을 지원하기 위한 노력은 거의 하지 않는다는 것이 내 판단이다. 나는 중국에서 일해 보겠다는 큰 목표 아래 몇 가지 구체적인 방향을 정해서 몇 번에 걸쳐 CDC 담당 교수들과 상담해보았지만, 그들 역시 향후 좋은 기회가 있으면 연락해주겠다는 뻔한 대답만 할 뿐 뾰족한 해결방안을 제공해주진 못했다.

어쨌든 졸업 후에 재취업을 해야 하는 내가 부닥친 현실은 암울하기만 했다. 직업발전계획 수업은 나에게 실질적인 도움을 주지는 못했지만, 적어도 나로 하여금 그런 현실을 직시할 기회는 주었다. 또한 구직의향서와 이력서를 작성하는 과정에서 내가 왜 여기까지 와서 MBA 공부를 하고 있는 건지, 그리고 내가 진정으로 하고 싶은 일은 무엇인지를 다시 한번 아주 진지하게 생각하는 시간을 갖게 해주었다.

교실 밖 에피소드 5_체육부장 사막여우

첫 학기가 시작되고 며칠 안 되어 반 운영위원을 뽑는 선거가 있었다. 반장, 부반장, 체육부장, 오락부장, 학예부장 등을 뽑는 선거였다. 마치 초등학교에서 학급 임원을 뽑는 것과 비슷했다. 나는 기왕 중국에까지 왔는데 반 활동도 열심히 해보자는 생각에서 손을 들어 입후보했다. 소견발표 때 나는 서툰 중국어로 천천히 이렇게 말했다. "친구들아, 나는 지금 중국에 와서 벙어리, 귀머거리, 장님이 된 기분이야. 중국어 때문에 내가 지금은 이렇게 장애인 체험을 하고 있지만, 사실 나는 말이야 한국에서는 말도 잘하고 놀기도 잘하는 사람이야. 나도 우리 반 활동에 한번 적극적으로 참여해보고 싶으니 나를 꼭 뽑아주길 바랄게." 내 소견발표가 끝나자 격려 섞인 박수가 터졌다. 나는 생각보다 많은 표를 얻어 반 위원이 됐고, 중국어를 잘하지 못 해도 문제가 없을 듯한 체육위원으로 자원하여 웨이광위(伟光宇)라는 친구와 함께 체육활동을 책임지게 됐다.

지금까지 중국생활을 하면서 내가 많이 느낀 점 가운데 하나는 중국사람이 한국사람보다 운동을 더 즐기고 생활 속 운동량도 훨씬 많다는 것이다. MBA 유학생활을 돌아봐도 그렇다. 매년 학기가 시작되자마자 농구와 축구 두 종목의 반 대항 리그가 시작된다. 이 리그에 참여하는 친구들의 모습을 보면 이건 뭐 공부를 하러 온 학생들인지, 아니면 프로선수로 데뷔하려고 준비하는 사람들인지 모를 정도로 다들 스포츠에 목숨을 걸었다.

농구를 좋아하는 친구들은 반 내 농구 대표로 자원하고, 같이 맞춘 농구복을 나눠 입고 거의 매일 연습을 했다. 축구 대표가 된 친구들도 마찬가지였다. 어찌 그리 신속하게 단체복을 맞추었는지, 과제도 많고 잠잘 시간도 부족할 텐데 어디서 체력이 나와서 저렇게 매일 연습을 하는지 나는 그저 신기할 따름이었다. 그래도 다들 손발이 척척 맞았고, 우리 반이 시합에 참가하는 날에는 종목 대표가 아닌 친구들도 시합을 구경하러 가서 열띤 응원을 펼치곤 했다. 나 역시 딱히 하는 일은 없었지만 체육부장이라는 명목 아래 시합을 따라다니며 열심히 응원했다. 체육활동은 수업을 같이 듣지 않는 I반과 P반의 동기, 선후배들과 교류할 좋은 기회이기도 했다. 나는 응원을 하면서 혹시 잘생긴 사람이 있는지 레이더망을 펼치고 열심히 살펴보았지만, 결과는 늘 좋지 않았다.

농구나 축구 외에도 각종 스포츠의 동호회가 활발하게 조직되고 운영되고 있었다. 배드민턴 동호회, 볼링 동호회, 테니스 동호회 등이 자발적으로 만들어져 잘 굴러갔다. 개인적인 스포츠 활동에도 다들 열심이었다. 길에서 만나는 친구들은 대부분 등 뒤에 테니스 라켓이나 배드민턴 라켓을 메고 있었고, 혹은 수영장에 가는 길이거나 갔다 오는 길이었다. 칭화대에는 체육시설이 매우 잘 갖춰져 있는데, 특히 수영장은 규모가 크고 시설도 깨끗해서 외부인들도 자주 이용하고 있었다. 그 밖에 볼링장, 실내 배드민턴장 등도 깨끗하고 이용요금도 저렴했다.

주말이면 농구장, 테니스장, 실내 배드민턴장 등은 운동하는 사람들로 꽉 차 빈자리가 없을 정도였다. '역시 중국에는 사람이 많구나!' 나는 이렇게도 생각했지만, 다른 한편으로 열심히 운동하는 중국사람들의 모습이 신기하기도 하고 내가 그동안 너무 운동을 하지 않고 살았구나 싶은 마음에 열심히 운동하려고 해보았다. 그러나 이것도 찔끔, 저것도 찔끔 체험하는 수준이었지, 어느 것 하나 꾸준히 열심히 해서 마스터한 것은 없었다. 대신 한 가지는 꾸준하게 했는데, 그것은 바로 아침에 일어나 학교 운동장을 한 바퀴 걷는 것이었다.

내가 살던 유학생 기숙사 22동 앞에는 농구장이 있었는데, 아침에 알람이 울리기도 전에 농구장에서 들려오는 농구공 튀기는 소리에 잠을 깨곤 했다. '지금이 몇 신데, 도대체 누가 벌써 농구를 하는 거야?' 시계를 보면 아침 6시가 막 지난 시간이었다. 비가 오나 눈이 오나 이런 일이 되풀이됐다. 이런 날씨에는 농구 안 하겠지 싶은 날에도 어김없이 농구공 튀기는 소리가 들렸다. 그러면 나도 자극을 받아 주섬주섬 옷을 입고 기숙사 밖으로 나가 스트레칭도 하고 심호흡도 하면서 학교 운동장까지 걸어가 한 바퀴를 돌고 나서 다시 기숙사로 돌아오곤 했다. 가끔 테니스장을 지나갈 때 자세수업을 받는 기초반 학생들을 보면서 철조망 밖에서 슬쩍 같이 자세를 따라 해보기도 했다. 또 농구장 한쪽에서 혼자 태극권을 수련하는 할머니를 보면서 멀찌감치 뒤에서 몰래 따라하기도 했다. 몇 번이나 할머니께 말을 걸어 가르쳐달라고 하고 싶었지만, 눈을 감고 진지하게 수련하는 할머니의 모습에 차마 말을 붙일 수가 없었다.

아무튼 내가 중국에 있는 동안 중국인들의 스포츠 사랑은 늘 놀라움과 감탄의 대상이었다. 지금도 조그마한 공터만 있으면 같이 태극권을 연마하거나 부채춤을 추거나 스포츠댄스 연습을 하는 중국사람들의 자발적인 조직력이 부럽기도 하고 참 신기하기도 하다. 특히 대형 공터에서 수천 명이 일제히 같이 춤을 추는 모습은 정말이지 장관이다.

핑계일지도 모르지만, 나로서는 첫 학기에는 운동을 하는 것은 사치라고 느껴질 정도로 잠자고 밥 먹을 시간도 부족한 나날을 보냈다. 그러나 두 번째 학기부터는 조금만 더 노력했다면 운동도 열심히 할 수 있었을 텐데 내 노력이 부족했구나 하는 아쉬움이 남는다.

교실 밖 에피소드 6_열정의 신년회

2008년 연말에 MBA 과정 학생회 주최로 신년회 행사가 열렸다. 신년회는 해마다 열리는 중요한 행사로 일종의 학예회나 장기자랑 같은 방식으로 진행됐다. 개최장소는 대강당이었는데, 이 대강당은 칭화대를 상징하는 유서 깊은 4대 건축물 중 하나로 평소에는 출입하기가 어렵고, 사실 그럴 기회도 없는 곳이다. 개최장소만 봐도 신년회 행사의 의미와 중요성을 짐작할 수 있었다.

첫 학기가 아직 끝나지 않은 시기에 신년회 준비가 시작됐다. 학업을 따라가기도 바쁜 나는 그야말로 내 코가 석 자인 상태였기에 처음에는 신년회 준비에 별 관심을 갖지 않았다. 더군다나 장기자랑 준비에 적극적이던 우리 반 친구들의 그룹을 내가 별로 좋아하지 않아서 더 그랬다. 총감독과 부감독까지 맡은 우리 반 준비위원회는 신년회 준비가 시작되자마자 무소불위의 권력을 휘두르기 시작했다. 업무분담, 배역, 준비물 구매, 연습시간 등 모든 것을 그들이 결정했고, 우리 반 친구들은 모두 그들이 시키는 대로 말을 들어야 하는 분위기가 조성됐다.

우리 반은 두 개의 장기자랑 프로그램을 준비했다. 하나는 댄스, 다른 하나는 짧은 연극이었다. 그런데 예상치 못한 일이 벌어졌다. 나에게도 연극의 한 단역이 배정된 것이었다. 나는 못하겠다고 몇 번 거절했다. 그런데 감독을 맡은 양판(杨帆)이 무서운 얼굴을 하고 한국인 역이어서 꼭 내가 해야 한다고 고집했다. 그래서 나도 어쩔 수 없이 울며 겨자 먹기로 참여하게 됐다. 그러나 일단 참여하게 된 이상 잘해야겠다는 생각은 했다. 준비가 시작되자 장기자랑 준비에 임하는 반 친구들의 진지하고 열성적인 모습에 많이 놀랐다.

댄스를 준비하는 팀들도 그렇고 연극을 준비하는 팀들도 그렇고, 정말이지 다들 눈에 불을 켜고 연습을 했다. MBA 과정에 와서 공부를 하는 친구들인지라 성취욕과 표현욕이 강하다보니 무엇을 하든 남들의 눈에 띄고 싶고, 남들보다 잘하고 싶어서 그랬으리라. 또 실제로 다재다능한 친구들이 많은 것도 사실이었다. 어쨌든 사회자, 스탭, 댄스팀, 연극팀을 더해 우리 반에서 약 30명 정도가 신년회 행사에 참여했다. 전체 반 인원 53명의 과반이 참여한 셈이었다.

연극의 내용은 과년하도록 장가를 가지 못한 한 도련님에게 매파가 여러 아가씨들을 소개해주지만 도련님의 눈에 차지 않았는데 결국은 그 도련님이 두부 파는 아가씨와 눈이 맞아 행복한 결혼을 하게 된다는 것이었다. 두부 파는 아가씨 역을 우리 반에서 한 덩치 하는 레이중후이(雷中輝)가 맡았는데, 분장과 능청스러운 연기가 너무 웃겼다. 또 매파 역도 리정차이(李正才)라는 남자친구가 맡았는데, 과장된 여자 연기가 엄청나게 웃겨서 관람하던 남자 관객들이 거의 뒤로 나자빠졌다. 또 중간중간 MBA 과정을 해학적으로 표현한 내용이 나와 관객들의 반응이 정말 좋았다. 나는 여러 아가씨 역 중에서 한국에서 온 대장금 역을 맡아 약 30초 정도 열연을 펼쳤다.

장기자랑이 모두 끝나고 시상식이 있었다. 예상대로 우리 F2반이 다른 반들을 보기 좋게 제치고 최우수상을 탔다. 우리 반은 환호성을 지르고, 뛰고, 구르고 하며 거의 월드컵에서 우승한 상황을 방불케 하는 축제 분위기에 젖었다. 그날 저녁 츠샹위안(翅香园) 꼬치집에서 반 전체 회식이 있었다. 수십 명이 자전거를 타고 우르르 식당으로 몰려가 제일 큰 방을 빌려 거기서 먹고 마셨다. 반장 양저우는 흥분해서 건배를 제의하고 혼자 원샷도 하고 난리였다. 그뿐만 아니라 우리 모두도 기분 좋게 자축을 하면서 웃고 떠들고 기분 좋게 그날 밤을 보냈다. 정말 잊지 못할 저녁이었다. 근데, 갑자기 그날 저녁 계산은 누가 했는지 궁금해진다.

교실 밖 에피소드 7_중국에서의 첫 설날

2009년 설날, 중국식으로 말하면 춘절을 나는 MBA 과정에서 사귄 내 절친한 친구 왕칭(王晴)네 집에서 보냈다. 이제 와 생각해보면, 왕칭과는 알고 지낸지 석 달도 되지 않았는데 급속도로 친해지고, 또 깊이 있게 사귀었던 것 같다. 나보다 한 살 많은 언니인 왕칭은 도대체 MBA 과정에 왜 왔나 싶고, 전혀 MBA 과정에 올 만한 여학생으로 보이지 않는 스타일이었다. 말도 내가 아는 중국사람 중에서 제일 느릿느릿하고 표정도 항상 어리바리한 순정파 푼수라고 할 수 있다(이렇게 써놓고 보니 왕칭이 한글을 읽을 줄 모른다는 게 참 다행이다).

아무튼 우리 둘은 1학기가 끝난 지 얼마 지나지 않아 바로 의기투합하여 시간만 나면 맛있는 것을 먹으러 다녔다. 왕칭은 나에게 계속 새로운 것을 보여주고 새로운 사람을 소개해주어야 한다는 의무감에서 늘 이벤트를 마련했다. 그러다보니 우리는 같이 베이징의 구석구석을 돌아다녔다. 그러던 어느날 왕칭이 나에게 말했다. "지영아, 너 이번 설날 우리 집에 가서 같이 보내지 않을래?" 나는 중국에서 설날에 친구를 집으로 초대하는 것은 보통 성의가 아니면 힘들다는 얘기를 전부터 들었다. 그래서 너무 고맙기도 하고 중국식 설날 풍습이 어떤지를 직접 체험해보고 싶기도 해서 선뜻 대답했다. "그래, 좋아!"

왕칭은 지린성(吉林省) 쓰핑(四平) 출신이고, 부모님은 고향에서 식자재 장사를 하셨다. 1980년생이니 당연히 외동딸이다(중국은 1980년부터 산아제한 정책으로 1가정에 1자녀만 출산할 수 있었다). 쓰핑으로 가기 전에 왕칭은 예전에는 부모님 두 분이 장사하시느라 고생이 많았는데 이제는 경제적으로 어느 정도 안정됐다고 가정형편을 설명했다. 베이징에서 비교적 가깝다고 하는 그곳에 KTX보다 훨씬 빠른 고속철도를 타고서도 약 6시간 만에 도착했다. 전형적인 북방 스타일의 인심 좋아 보이는 왕칭 부모님이 마중을 나와 계셨다.

동북 지역에 온 것도 처음, 중국 설도 처음, 모든 게 처음인 나로서는 쓰핑에서 보낸 일주일은 정말 인상 깊은 시간들이었다. 왕칭은 자기 집이 '조그마한' 아파트 일 층인데 앞에 '조그마한' 텃밭이 있다고 내게 말했는데, 막상 직접 가서 보니 이게 웬걸, 천장이 엄청나게 높은 복층 아파트에 일층 거실은 100미터 달리기를 해도 될 만큼 넓었다. 요즘은 커다란 TV 모니터가 유행이지만, 아무튼 왕칭네 집에 있는 TV 모니터는 그때까지 내가 본 것 중에서는 가장 컸다. 밖은 한 발짝만 나가도 두 귀가 얼어 붙어버릴 만큼 추웠고, 내복에 오리털 파카와 목도리, 모자까지 중무장하고 나가도 몇십 미터 이상은 걸어 다닐 수가 없었다. 끊임없이 먹으면서 걷지도 않고 자동차로만 이동하고 다녀서 그 일주일 동안 살이 2~3킬로그램은 쪘다.

말로만 듣던 중국 설날의 폭죽 터트리기는 정말이지 대단했다. 난 무슨 전쟁이 터지기라도 한 줄 알았다. 여기저기서 끊임없이 터지는 폭죽 소리가 어찌나 큰지 귀가 멍해질 정도였다. 밤낮 없이 폭죽을 터트리는 바람에 아침에건 저녁에건 깊은 잠을 잘 수가 없었다. 하이라이트는 해가 바뀌는 자정이었다. 섣달 그믐날 자정에 전 세계 화교들이 본다는 〈춘완(春晚)〉이라는 텔레비전 프로그램을 보면, 폭죽 소리 때문에 해가 바뀌는 순간부터 약 10분간 사회자들의 말소리를 전혀 들을 수 없다. 시청자들은 고막이 터질 듯한 폭죽 소리를 들으면서 사회자들이 입만 벙긋거리는 텔레비전 프로그램을 본다. 아마 중국 전역이 그런 상태일 것이다.

동북 지역의 대중문화 중에서는 '얼런좐(二人转)'이라고 해서 출연자 두 명이 대사와 동작을 주고받는 형식의 코미디극이 유명하다. 나는 쓰펑에서 처음으로 얼런촨을 직접 보았다. 그런데 공연이 재미있고 없고를 떠나 나에게는 극장에서 벌어지는 광경 자체가 너무나 충격적이었다. 객석을 꽉 채운 관객들이 너나 할 것 없이 땅콩, 호박씨, 견과류 등을 손에 들고 먹고 있었는데, 그 껍질과 그 밖의 쓰레기를 바닥에 마구 버려 바닥 표면이 보이지 않을 정도였다. 게다가 엄청나게 많은 흡연자들이 옆에 누가 있건 없건 간에 거리낌 없이 담배를 피우면서 공연을 보고 있었다. 나는 그 광경이 너무 놀랍기도 했고, 담배연기 때문에 도저히 숨을 쉬기도 힘들었다. 왕칭도 담배연기를 견딜 수 없었는지 내 손을 잡아끌면서 나가자고 해서 우리는 공연을 다 보지 않고 도중에 나왔다. 중국의 담배문화는 아직 한국과 비교하면 상당히 많이 뒤떨어지는 편이지만, 내가 이런 이야기를 하면 우리 부모님은 한국도 사실 얼마 전까지는 그랬다며 옛날에는 버스에서도 담배를 피웠다는 말씀을 하신다. 최근 중국도 흡연문화 개선을 위한 캠페인을 벌이고 국가정책에 의해 흡연구역을 따로 지정하기도 하지만, 그래도 아직은 식당, 호텔, 엘리베이터 등의 공공장소에서 담배를 피우는 것이 너무나 자유스러워 비흡연자들이 간접흡연 피해를 받고 있다. 중국의 담배문화가 앞으로는 점점 더 좋아지리라고 기대해본다.

　하루는 왕칭의 아버지께서 우리에게 좋은 곳으로 안내해주겠다며 발마사지를 받으러 가자고 하셨다. 나는 워낙 발마사지를 좋아하는데 학교 앞에 저렴하고 시원하게 발마사지를 받을 수 있는 곳이 많았기에 아저씨가 가자고 하신 데도 그런 곳인 줄만 알고 얼른 따라나섰다. 내가 자주 가던 칭화대 앞 발마사지 가게에서는 마사지사가 마치 의사 가운 같은 옷을 입고 일을 했다. 그래서 나도 마치 한방치료를 받는 기분으로 긴장을 풀고 발마사지를 받곤 했다. 그런데 아저씨가 우리를 데리고 간 곳에서는 우리더러 먼저 샤워를 하고 가운을 입은 다음 소파가 아닌 침대가 놓여 있는 곳에 가서 누우라고 하는 것이 아닌가? 나와 왕칭은 아무것도 모르고 수다를 떨며 침대에 누워 마사지사들이 들어오기를 기다렸다.

그런데 얼마 있다가 발을 담글 물을 들고 등장한 마사지사들은 의사 가운 같은 옷이 아닌 세일러복을 입고 있었다. 세일러복도 보통 세일러복이 아니었다. 웃옷 앞으로는 가슴이 훤히 다 드러나 있었고, 치마도 입지 않은 것이나 마찬가지일 정도로 짧았다. 어쨌든 마사지사 아가씨는 내 다리를 자기 허벅지 위에 올려놓고 주물럭주물럭 안마를 시작했다. 그런데 이건 뭐 안마를 하는 건지 다리를 쓰다듬는 건지, 도저히 안마를 배운 사람의 솜씨가 아니었다. 내가 해도 그보다는 잘할 수 있을 것 같았다. 시원하기는커녕 찝찝하기가 그지없었다. 아저씨께서는 나름대로 좋은 곳으로 안내한다고 우리를 데려가신 곳이었을 텐데, 아마 그분도 안마보다는 다른 용도로 이용되는 영업소인 줄 모르고 그곳으로 안내하셨던 것 같다. 집으로 돌아오는 차 안에서 아저씨를 원망하는 왕칭의 잔소리가 계속 이어졌다. 아저씨는 운전을 하면서도 계속 머리를 긁적이셨다. 지금 다시 생각해도 너무 웃긴 경험이었다.

중국은 섣달 그믐날 저녁에 녠예판(年夜饭)이라고 해서 온 가족이 함께 모여 식사를 한다. 요즘은 중국에서도 보통 레스토랑에 가서 녠예판을 먹는 경우가 많다. 그래서 유명 레스토랑은 몇 달 전에 예약해야만 그믐날 당일 식사가 가능할 정도다. 보통 10명 기준인 한 테이블당 식사비는 40만 원을 훌쩍 넘고, 그 위로는 어떻게 메뉴를 정하느냐에 따라 가격이 천차만별이다. 왕칭의 아버지와 어머니는 장남, 장녀여서 두 분 다 가족의 녠예판을 책임져야 하는 입장이었다. 양쪽 다 대가족이어서 왕칭네 친가 쪽 친척들은 식당 2층에 방을 잡고, 외가 쪽 친척들은 식당 3층에 방을 잡아 저녁식사를 했다. 왕칭과 그의 부모님, 그리고 나는 2층과 3층을 오르락내리락하며 친척들과 인사하고 식사를 같이 했다. 덕분에 나는 왕칭의 친가와 외가 친척들을 한꺼번에 만날 수 있었다.

춘절을 그렇게 보낸 뒤 왕칭은 며칠 더 고향에 머물기로 했고, 나는 혼자서 먼저 베이징으로 돌아왔다. 며칠 동안 왕칭의 부모님이 얼마나 극진하게 나를 대접해주셨던지, 그때를 생각하면 아직도 두 분께 감사하고 또 감사하다. 내게는 잊을 수 없는 '중국에서의 첫 설날' 의 추억이 남았다.

교실 밖 에피소드 8_집 전화번호는 왜?

왕칭네 집에서 설을 보내고 있는데 류밍에게서 전화가 왔다. 그와는 교제를 약속한 지 얼마 안 되어 처음으로 서로 떨어져 있는 셈이었다. 전화를 받자 류밍이 물었다. "왕칭네 집 전화번호가 뭐지?" 나는 그냥 휴대전화로 전화하면 되지 왜 집 전화번호를 물어보나 싶어, 왕칭한테 전화번호를 물어볼 생각은 하지 않고 류밍에게 "왜 집 전화번호를 묻는 건데?"라고 연거푸 반문하기만 했다. 류밍은 "그것도 모르냐"고 하더니 찬찬히 설명해줄 생각은 안 하고 무조건 왕칭을 바꿔달라고 했다.

왕칭이 전화를 건네받더니 바로 집 전화번호를 알려주고는 전화를 끊었다. 그러고는 나를 돌아보고 "같은 성(省) 안에서 전화하는 게 아니고 휴대전화로 다른 성으로 전화하면 전화비가 얼마나 비싼지 몰라?" 하는 것이었다. 대한민국에서 온 내가 그걸 알 리가 있겠는가? 휴대전화로 부산에서 부산에 있는 사람에게 전화하면 전화비가 싸고 서울에 있는 사람한테 전화하면 전화비가 비싼 게 아니잖은가. 물론 지금 같으면 카카오톡이나 중국판 카카오톡이라 할 수 있는 위챗(Wechat)을 이용했겠지만, 당시만 해도 스마트폰이 아직 보편화되지 않은 상태였다. 나중에 곰곰이 생각해보니 이해가 갔지만, 그때는 나에게 그런 개념이 전혀 없었기 때문에 이해가 안 갔다.

중국은 하나의 성이 한국보다 면적이 더 넓다. 성의 인구도 한국보다 더 많다. 중국은 워낙 큰 나라여서 성의 규모가 웬만한 소규모 국가보다 크다. 그러다 보니 중국이라는 나라 전체를 하나의 통신망, 하나의 금융망으로 묶기란 거의 불가능하다. 따라서 통신망과 금융망은 물론이고 각종 인프라와 국영기업 등이 성 단위로 운영된다. 같은 이름의 회사라 하더라도 성별로 독립된 회사처럼 운영되는 경우가 대부분이다.

그래서 성의 경계를 넘나드는 통신이나 금융거래에는 추가비용이 든다. 같은 은행을 이용하더라도 베이징에서 만든 현금카드를 가지고 상하이에 가서 출금하면 수수료가 붙는다. 만약 다른 성으로 이사한다면 계좌를 전부 새로 터야 한다. 먼 외지로 계좌이체를 할 때에는 적은 금액을 보내더라도 수수료만 1만 원 가까이 나오기도 한다.

물류비용의 개념도 우리와 다르다. 거리에 따라 물류비용의 크기가 하늘과 땅 차이이기 때문이다. 이 점은 지리적 비즈니스 범위를 제약하므로 진입장벽이 되기도 하고 리스크가 되기도 한다. 물류비용을 잘못 계산했다가 앞으로 팔고 뒤로 손해 본 사례들을 자주 보았다. 이런 측면에서 역시 대국은 다르구나 하는 생각을 하게 된다.

2학기

2학기의 시작

시간에도 밀도가 있다. 돌아보면 MBA 과정 첫 학기인 2008년 8월 말부터 2009년 1월 초까지는 지금까지의 내 인생에서 시간의 밀도가 가장 높은 기간이었다. 시시각각 접하는 모든 것이 내게는 처음이었다. 매일매일의 언어적 충격과 문화적 충격에 정신을 차릴 수가 없었다. 또 쏟아지는 엄청난 과제들을 해내느라 수면시간은 4시간을 못 넘기는 날이 많았다. 책상 앞에 앉아 하얗게 밤을 새운 날도 적지 않았다. 시련은 인간을 강하게 만들어준다고 했던가? 어쨌든 스스로는 참 대견하게 느껴지는 첫 학기였다.

2009년은 나에게는 완전히 새로운 의미를 던져준 한 해였다. 바로 이 해의 시작과 함께 지금의 남편인 류밍과 정식으로 교제를 시작했기 때문이다. 내 평생 외국인과 사귄다는 것은 꿈에도 상상해보지 않았던 일인데, 뜻하지 않게 바로 그런 일이 나한테 생겨버리니 조금은 황당했다. 또 인생이란 게 이렇게 내가 의도하지 않은 방향으로도 가는구나 싶은 생각에 신기하기도 했다. 그래도 일단 앞으로 가보기로 했다. 아직은 내 앞에 어떤 길이 펼쳐져 있는지 알 수 없었지만, 용감하게 전진할 수밖에 없었다.

1월 초부터 약 2달간의 방학이 시작됐다. 방학 동안에 정말로 많은 일이 있었다. 베스트 프렌드인 왕칭의 고향 쓰핑에서 난생 처음 중국식 설을 아주 성대하게 보내고 왔다. 또 류멍의 형도 베이징에 거주하고 있었는데, 형수가 막 2세를 출산한 터라 부모님께서 형네 집에 와 계셨다. 얼떨결에 류멍과 사귀게 된 지 얼마 지나지 않아 갑자기 정식으로 류멍의 부모님께 인사를 드리게 됐다. 그리고 그동안 시간이 없어서 둘러보지 못한 베이징의 구석구석을 돌아다녔고, 베이징에서 가까운 다른 도시 몇 군데를 류멍과 함께 배낭여행하기도 했다. 바쁘고 정신없었지만, 무지하게 행복한 방학이었다.

그렇게 길고도 짧았던 방학이 끝나고 2월 23일 2학기가 시작됐다. 2학기는 모든 면에서 첫 학기와 달랐다. 일단 기댈 곳 없이 혈혈단신으로 생활하던 첫 학기와 달리 심적으로 기댈 곳이 생겨서 전보다 훨씬 안정감 있게 공부를 할 수 있었다. 또 류멍과 깊이 있는 대화를 나누고 그의 친구들과도 교류하면서 중국사람과 중국문화에 대해 전보다 깊은 이해를 할 수 있었다. 다른 친한 친구들과의 정서적인 교류도 깊어졌다. 왕칭, 허원, 쑨첸 등은 내가 도움이 필요할 때면 언제나 달려와 내 이야기를 들어주었다. 친구들의 도움을 정말로 많이 받았다.

전략 매니지먼트

우웨이쿠(吳维库) 교수님이 진행한 전략 매니지먼트(战略管理) 과목은 솔직히 말해 MBA 과정 중에서 내게 깊은 인상을 준 수업은 아니었다. 교수님에게서 특별한 인상을 받은 것도 아니고, 수업도 일반적인 내용 위주였다. 그렇지만 다른 과목들은 미국 MBA 과정의 수업 방식을 따라가려고 노력하는 흔적이 많이 보인 반면에 이 과목은 중국 자체의 사례와 고대 이래 중국 내 전략이론을 소개하며 중국의 상황을 위주로 강의하는 방식으로 수업이 이루어졌고, 그 내용도 비교적 만족스러웠다.

수업 중 팀별로 《손자병법(孙子兵法)》의 각 챕터를 연극식으로 풀어내는 과제가 있었다. 반 친구들과 발표할 것을 준비하는 과정부터 재미있었고, 발표할 때에는 배꼽을 잡고 웃으며 다른 팀들의 발표를 봤던 기억이 난다. 《손자병법》이야말로 중국을 대표하고 전 세계가 인정하는 중국식 전략 지침서가 아닌가. 우리 팀은 '용간편(用間篇)'을 맡았는데 《삼국지》의 '고육계(苦肉计)' 부분을 인용하여 분석한 내용을 발표했다. 이 수업을 듣기 전에는 《손자병법》이라는 책 이름만 알았고 그 내용이 뭔지는 잘 몰랐는데, 짧은 시간 안에 집중적으로 이 책을 읽고 생각해보는 시간을 가질 수 있었다. 개인적으로 따로 이 책과 관련이 있는 한국 책을 구해 복습할 겸하여 읽기도 했다.

케이스 스터디 중에서는 당시 베이징에서 꽤 잘나가던 쓰촨식 레스토랑인 '메이저우둥포(眉州东坡)'를 케이스로 한 수업이 기억에 남는다. 중국은 식문화, 외식문화가 아주 발달한 나라다. 그러다 보니 레스토랑 체인 사업도 우리나라의 그것과는 규모 자체가 다르다. KFC를 예로 들면 한국에는 약 140개(2012년 2월 현재)의 점포를 두고 있는 데 비해 중국에는 이미 3000개(2010년 현재)가 넘는 점포를 두고 있을 정도다. 한마디로 중국의 외식산업 규모는 방대하다. 나는 푸드서비스 기업에 다니다가 왔으므로 자연히 이 수업을 관심 있게 듣게 됐다. 메이저우둥포를 다룬 수업에서는 이 기업에서 일하는 간부들이 직접 강의실에 와서 회사를 소개하고 자기네 기업문화와 전략을 설명해주었다. 가격 포지셔닝, 제품 외부판매 등의 사업전략도 인상 깊었지만, 무엇보다 쓰촨 소시지 등 자기네 간판메뉴 음식을 가지고 와서 우리에게 시식할 수 있게 해준 것이 가장 좋았다. 나중에 알게 된 사실이지만, 중국기업 중에는 이렇게 대학과 스폰서십을 맺고 대학에 도움을 주는 대신 대학에서 경영자문을 받는 기업이 아주 많았다. 이렇게 하는 것 자체도 일종의 마케팅 전략으로 볼 수 있었다.

이 수업의 학생별 성적 중 40%는 개인과제에 대한 평가로 매겨졌다. 개인과제는 기업을 하나 선정하여 3000자 이내로 그 기업의 전략을 분석하는 것이었다. 당시 나는 졸업 후 스포츠 관련 기업에서 일하고 싶다는 생각을 하고 있었다. 그래서 나이키, 아디다스 등 스포츠용품 기업에 주목하고 있었다. 지금도 그렇지만 당시에도 나이키, 아디다스 등 외국 기업들이 중국 스포츠용품 시장에서 하이엔드 시장을 거의 싹쓸이하다시피 하고 있었다. 그래서 중국 현지 기업인 리닝(李宁), 안타(安踏), 361°(度) 등은 중저가 시장을 타깃으로 쟁탈전을 하는 상황이었다. 그중에서 나는 리닝을 선정하여 스터디 및 분석에 들어갔다.

솔직히 나는 '리닝'의 제품을 처음 봤을 때 나이키 상표에 약간의 변형을 가한 듯한 브랜드 로고와 아디다스(Impossible is Nothing)를 모방한 듯한 슬로건(Anything is Possible)이 먼저 눈에 들어와 '역시 중국은 카피의 천국이군' 하고 생각했다. 그러나 중국을 직접 겪고 관찰해 보니 카피도 하나의 전략으로 이용된다는 점을 알게 됐다. 중국사람들은 처음에는 얼굴에 철판을 깔고 대놓고 모방을 하지만, 시간이 지나면서 자신만의 경쟁력 요소를 찾아낸다. 그래서 어떤 분야에서든 자기 나름의 규모와 경쟁력으로 무장한 중국 기업들이 점점 늘어난다. 현지 기업들끼리도 인기제품이 나타나면 브랜드명이 흡사한 미투제품을 금세 여기저기서 만들어낸다. 소비자들은 비슷비슷한 제품과 제품명에 모르고 속기도 하고, 알면서 속아주기도 한다. 카피제품이나 미투제품을 만들어 파는 기업가도 대개는 그런 자신의 제품에 대해 아주 떳떳한 태도를 취하면서 나름대로는 철학을 가지고 시장에 뛰어드는 경우가 많다. 리닝도 마찬가지였고, 그 시작은 미약했지만 2000년대 후반에 무서운 속도로 사업을 확장하여 2006년에는 4500개의 오프라인 매장을 운영하는 정도에 이르렀다. 중국의 어디에 가 봐도 한 집 건너 하나씩 리닝의 매장이 있다고 해도 과언이 아닐 정도였다. 그러다가 2010년대에 들어와서는 리닝이 하락세에 들어섰다. 지나친 확장 일로의 경영방침으로 인해 여러 가지 문제가 불거져 나왔기 때문이다.

그때나 지금이나 늘 드는 의문 중에 이런 것이 있다. 어느 한 기업이 성공하면 우리는 그 기업의 우수한 전략이 적중했다고 평가한다. 경영학을 공부하는 MBA 과정에서는 성공한 기업들을 케이스로 삼아 성공의 요인에 대해 분석하고 평가한다. 그러나 나는 기업이 성공했기 때문에 전략이 좋았다고 평가받는 것인지, 전략이 좋았기 때문에 기업이 성공한 것인지 헷갈릴 때가 많다. 과거에 성공의 사례로 거론됐던 기업들 가운데 오늘날 사세가 기울어진 경우를 우리는 흔히 볼 수 있다. 노키아, 모토롤라, GM, 포드 등이 그렇다. 물론 힘든 시기를 겪은 기업이 꾸준히 옳은 방향으로 나아가다가 다시 상승세를 타는 모습도 볼 수 있다.

기업의 부침을 보면 마치 사람의 인생을 보는 듯한 느낌을 받을 때가 많다. 영원히 잘나가는 기업도 없고, 영원히 바닥에만 머물러있는 기업도 없다. 그렇더라도 기업이 초심을 유지하면서 수십 년간 꾸준히 성장하기란 정말 쉽지 않은 것 같다. 이는 사람도 마찬가지다.

마케팅 매니지먼트

마케팅 매니지먼트(营销管理) 과목은 MBA 과정의 전체 과목 중에서 리더십, 인터넷 마케팅 등과 함께 내가 손에 꼽는, 몇 안 되는 정말 좋은 수업이었다. 2학기 수업 중에서는 단연 최고였다. 이렇게 말하고 나니 '근데 좋은 수업이 뭐지?' 하는 생각이 든다. 다른 사람들의 평가야 어떻든 간에 내가 그 수업으로 인해 배운 것이 많고 그 수업을 듣기 전과 비교해 들은 후의 내가 분명히 달라졌다고 느낀다면, 그리고 수업 내내 내가 몰입하여 즐겁게 공부할 수 있었다면, 나한테는 그런 수업이 바로 좋은 수업이다.

나는 누구를 가르치는 일을 직업으로 해본 적이 없어서 잘 모르겠지만, 왠지 교수나 교사라는 직업은 생계의 수단이기보다는 교육에 대한 사명감이 있는 사람들만이 해야 하는 일이라는 생각을 가지고 있다. 누구나 마찬가지이 겠지만, 나도 초등학교 때부터 지금까지 인생을 살아오면서 많은 선생님을 만났다. 그중에는 정말로 훌륭한 선생님도 있었지만, 선생님이 되지 않았어야 좋았을 분도 있었다. 문제는 좋은 선생님이건 안 좋은 선생님이건 선생님의 말과 행동, 가르침, 인생을 살아가는 모습이 배우는 학생들에게 미치는 영향이 지대하다는 데 있다. 나 역시 그동안 여러 선생님의 수업을 받으면서 지식을 쌓아오고 가치관을 형성했다. 이런 점에서 나는 선생님은 아무나 해서는 안 되는 직업이라고 생각한다. 단순한 지식 전달자에 그치지 않고 인격과 사랑으로 제자들에게 본보기가 될 수 있는 분들이 선생님이 돼야 한다.

머리가 굵어지고 사회 물도 어느 정도 먹고 나서 MBA 공부를 하다 보니 교수님들을 바라보는 나의 시선도 어릴 적 순진한 학생의 그것이 이미 아니었다. 잘은 모르지만, 칭화대 MBA 과정에서 만난 교수님들 중에는 학생을 가르치는 일 이외의 다른 목적을 가지고 교수로 재직하는 것처럼 보이는 분이 많았다. 줄서기나 당 활동 등 파워게임에 열심인 분, 정부정책 자문이나 기업 고문 활동에 시간을 너무 많이 쓰시는 분, 방송 출연 등 대외활동에 치중하시는 분 등등. 내가 느끼기에 이런 교수님들은 가르치는 일 말고도 하는 일이 너무 많아 강의에 집중하지 못했고, 강의에 성의가 없었다. 그래서 최선을 다해 강의하시는 교수님을 만나면 감동이 두 배가 되는 게 아닌가 싶다.

리페이(李飞) 교수님은 비칭화대 출신으로 2002년부터 칭화대에서 교편을 잡으셨다. 학생들을 가르치는 것을 자신의 사명으로 삼고 계시며 전형적인 교수님 이미지를 갖고 계신 분이었다. 수업은 항상 진지하면서도 열정이 넘쳤고, 특유의 유머로 강의실은 늘 웃음이 넘쳤다. 교수님은 항상 우리에게 먼저 사람이 되라고 끊임없이 강조하셨다.

교수님은 첫 수업에서 평가는 기말고사 60%, 조별 케이스 스터디 20%, 그리고 나머지 20%는 출석과 발표 등 평소 성적으로 구성되며, 마지막에 8000자가량의 리포트를 작성해야 한다고 말씀하셨다. 첫 수업부터 부담이 팍팍 느껴지는 수업이었다. 그리고 교수님은 마치 공직 선거에 출마하는 사람이 공약을 내거는 것처럼 앞으로의 수업 방향을 말씀하셨다. 그것은 '마케팅의 정론을 가르치겠다', '마케팅에서 오염을 제거하겠다', '너희를 설득하기보다 너희가 스스로 사고하도록 하겠다' 는 것이었다. 그러고는 '대사(大师, 대가)’는 남이 한 말을 반복하거나 인용하지 않는다며 자신도 ‘나만의 것’으로 가르칠 것이라고 ‘선포’ 하셨다. 얼굴은 인자하게 보였지만 몸 전체에서 카리스마가 팍팍 느껴지는 모습이었다.

나는 원래 마케팅에 관심이 많았고 MBA 공부의 전공도 마케팅으로 방향을 정할 생각이었기에 입학 후 처음 듣는 이 마케팅 수업이 기대되기도 했고, 잘하고 싶은 마음에 긴장되기도 했다. 교수님은 자신이 정립한 ‘열 손가락 마케팅’ 이론과 ‘다이아몬드 포지셔닝 모형(定位钻石模型)’ 이론으로 학계에서 유명한 분이다. 수업도 이 두 이론을 구체적으로 설명하고, 실제 사례를 들어 강의하는 방식으로 진행됐다. 6주차부터는 수업시간마다 무작위로 선발된 한두 개 조가 조별 발표를 하는 방식도 병행됐다. 발표가 끝나면 교수님께서 바로 발표된 내용에 대해 피드백을 해주셨다.

나는 이 수업에서 나 자신에 대한 무한 자신감을 얻는 경험을 했다. 그 경험은 동시에 같은 반 친구들 때문에 황당한 기억으로 남아있기도 하다. 우리에게 주어진 조별 과제는 한 기업을 선정하고 그 기업을 다이아몬드 포지셔닝 모형 이론의 각 단계에 맞추어 분석해서 결론과 시사점을 도출하고 토론하는 것이었다. 우리는 모두 8명으로 팀을 짜고 분석대상을 중국의 대표적인 중공업 기업인 SANY(三一重工)로 정해서 발표 준비를 했다. 발표할 내용의 목차부터 먼저 정한 뒤 각자 한 파트씩 맡아 조사하여 발표할 내용을 작성하기로 했고, 최종 취합 및 PPT 작성은 내가 하기로 했다. PPT 작성이라면 다니던 직장에서 하도 많이 해 이골이 나 있던 나였다. PPT는 이 수업의 최종 프레젠테이션에 사용될 것인데다가 나로서는 마케팅 과목에서 좋은 점수를 받고 싶다는 욕심이 있어 며칠 밤을 새워가며 PPT를 만들었다. 빨간색 바탕에 최대한 간단명료하게 내용을 채워 넣었다. 심플하게 만들되 세밀한 부분까지 신경 써서 프레젠테이션의 효과를 극대화하려고 노력했다.

우리 팀의 발표는 9주차에 하는 것으로 정해졌다. 중국의 음료회사인 와하하(娃哈哈)를 분석한 팀도 같은 날 발표를 하게 됐다. 그 팀의 발표가 끝나자 교수님께서는 그다지 만족하지 못하신 듯한 표정으로 이런저런 지적사항을 말씀하셨다. 순간 그 팀의 분위기가 싸해지면서 팀원들의 얼굴이 굳어지는 게 느껴졌다. 그 다음은 우리 팀이 발표할 순서였다. 발표할 때는 보통 팀원 모두가 앞에 나가 기립한 가운데 대표 발표자가 프레젠테이션을 한다. 우리 팀의 발표가 끝났다. 우리는 교수님이 뭐라고 피드백하실까 궁금해 하며 초조하게 교수님 말씀을 기다렸다.

짧은 침묵 후 교수님은 우리에게 PPT를 누가 만들었느냐고 물어보셨다. 팀원들이 나를 가리켰다. 순간 나는 긴장했다. 그런데 예상 외로 교수님은 낮고 침착한 목소리로 칭찬을 해주셨다. "이 팀의 PPT는 마케팅을 아는 전문가가 만들었다는 느낌을 준다. 시각효과가 뛰어나 청중이 프레젠테이션에 몰입하게 한다. 내용과 구성도 알차다." 칭화대의 마케팅 교수님이 나를 칭찬해주시다니! 나는 중국 국가주석이 내 PPT를 칭찬한 것마냥 기분이 날아갈 것 같았다. 마치 중국이라는 나라 전체가 나 김지영을 인정해준 듯한 기분이었다.

교수님은 우리 팀을 칭찬한 뒤 5분간 휴식하고 수업을 계속하자고 하셨다. 그러자 와하하 팀의 발표자인 마리우린과 팀원 짱신 등 몇몇 여학우들이 교수님이 계신 교단으로 몰려가 열렬히 따지기 시작하는 것이 아닌가? 내용인즉슨 자기네들은 결코 그렇게 못하지 않았다, 교수님이 가르쳐 주신대로 분석했는데 어떤 부분이 부족하다는 것이냐는 등 교수님의 지적이 부당하다는 것이었다. 마리우린은 심지어 거의 울먹이기까지 했다. 교수님은 꽤 난처해 하셨다. 조금 뒤 나는 화장실에 가서 볼일을 보고 있었다. 그런데 그때 화장실에 온 마리우린이 큰 목소리로 같이 온 친구들에게 분에 겨워 악담을 쏟아내고 있었다. "도대체 지영이의 PPT가 뭐가 잘했다는 거야? 빨간색 바탕에 보기도 싫게 만들었던데, 우리가 만든 것보다 더 잘 만들었다니 말이 돼?" 화장실 안에서 듣고 있던 나는 너무 황당했다.

좋은 평가를 받지 못해서 기분이 좋지 않은 것은 이해할 수 있었다. 그렇지만 그게 저렇게까지 흥분해서 교수님께 무례를 범하고 여러 사람을 기분 나쁘게 할 만큼 중요한 사안은 아니라고 생각했다. 결과에 깨끗하게 승복하지 않는 태도가 이해되지 않았다. 나는 중국에서 지내면서 중국 여자가 한국 여자보다 훨씬 기가 세고 자기주장이 강하다는 것은 느꼈다. 한국은 남존여비와 같은 전통적인 유교문화의 영향이 많이 남아 있는 반면 중국은 20세기 중반 이후 공산주의 사상과 문화의 영향을 많이 받아 유교문화의 흔적을 많이 지웠기 때문이리라 생각한다. 어느 쪽이 옳다거나 그르다거나 하고 말하기 전에 이런 점이 중국과 한국의 문화적 차이임을 알아야 한다고 생각했다. 또 나도 여성으로서 여권이 한국보다 훨씬 높고 양성평등이 한국보다 잘 실천되는 중국에 대해 부러움을 느꼈다. 그러나 아무리 그래도 마리우린처럼 불쾌감을 일으킬 정도로 도가 넘치게 기가 센 여자들을 보면 정나미가 뚝 떨어지는 건 어쩔 수 없었다. 물론 평균적으로 봐도 중국에 기가 센 여자가 많은데 칭화대에 MBA 공부를 하러 온 중국 여자들은 오죽하겠는가? 하나같이 자기 주관이 엄청나게 뚜렷하고, 자신감이 넘치고, 목소리가 크고, 자신에 대해 무엇 하나 꿀릴 것 없다고 생각하는 친구들이다.

그날 조별 발표는 그렇게 나에게 기쁨과 고통을 동시에 안겨주었다. 이 사건 이후 나는 우리 반의 기가 센 여자친구들과는 서서히 거리를 두게 됐다. 진정으로 친하게 지내보려고 하기에는 그들은 나한테 너무 불편했다. 물론 그들에게도 나와 친하게 지내고 싶은 마음은 별로 없었겠지만.

이 수업을 들으면서 중국 현지 기업들에 대한 스터디를 많이 할 수 있었다. 교수님의 경험담과 각종 사례 소개도 중국시장을 이해하는 데 큰 도움이 됐다. 교수님이 처음에 공약하신대로 수업이 이루어져, 나는 수동적으로 강의를 듣고만 있지 않고 적극적으로 공부하고 사고하는 시간을 가질 수 있었다. 나는 85점이라는 그럭저럭 만족할 만한 점수를 얻고 이 수업을 마무리했다. 과락만 면하게 해달라고 기도하던 1학기에 비하면 2학기에는 장족의 발전을 한 나 자신을 발견했다.

상법

상법(商法) 수업은 강의 내용도 그렇지만 교수님의 카리스마가 너무나 인상이 깊었다. 공산주의의 영향 때문인지 중국에서는 각계각층에서 여성의 파워가 세다. 물론 내가 보고 느낀 것은 전부 한국인의 입장에서 보고 느낀 상대적인 중국의 모습이겠지만, 이런 점을 고려하더라도 여권(女權)에 있어서만큼은 중국이 한국보다 훨씬 선진국이라는 사실을 인정해야 할 것 같다. 집에서 밥하고 빨래하는 등의 가사와 아이를 키우는 육아에서부터 사회에서의 활동에 이르기까지 남녀가 평등하며, 여성의 활동에 대한 사회의 인정과 여성의 사회적 성취도에서 한국은 비교가 되지 않을 정도다. 가끔은 남성보다 여성이 오히려 더 주류이고 대세인 것처럼 느껴지기도 한다. 2012년 세계 여성의 날에 세계 각국의 여권에 대한 조사 결과가 발표된 바 있었다. 사회고위층 중 여성의 비율을 국가별로 비교한 내용이었다. 이 비율이 중국은 25%, 러시아는 40%, 일본은 5% 정도였다. 한국은 그 리스트에 없었다. 그러나 추측해 본다면, 한국은 일본과 비슷한 수준이 아닐까.

이 수업을 담당한 뤼춘옌(呂春燕) 교수님은 칭화대와 큰길 하나를 사이에 둔 바로 옆 학교인 베이징대에서 학부와 대학원 과정을 마친 분이다. 칭화대와 베이징대는 여러 모로 교풍이 상당히 다르고, 각기 자기 학교에 대한 자부심이 대단하다. 그럼에도 불구하고 두 학교 사이에 교류도 많고, 베이징대 출신으로 칭화대에서 교편을 잡고 계신 분들도 적지 않다. 우리 반에도 학부를 베이징대에서 졸업한 주쥔(朱军)이라는 친구가 있었다. 칭화대에 놀러 와서 보니 훌륭한 농구 코트가 있어 너무 부러웠고 그래서 MBA 과정은 칭화대로 지원했다고 농담처럼 말하는 친구였다. 실제로 그는 칭화대 MBA 과정을 밟으면서 공부보다 농구를 더 열심히 하는 것 같았다. 나는 속으로 '그래 너 잘났다', '너는 똑똑해서 좋겠다' 고 생각했다. 뤼춘옌 교수님 얘기로 돌아가면, '상법 교수님은 법을 공부하셨으니 깐깐하고 조용조용한 스타일일 것' 이라는 내 예상과 달리 쩌렁쩌렁한 목소리로 시원시원하고 거침없이 강의를 하는 분이었다. 여자 교수님들 중에서 단연 돋보였다. 존경심이 저절로 우러나오게 하셨다.

교수님은 수업 첫날 우리에게 기업을 하는 사람들이 법률을 이해하고 법률에 대한 기본지식을 갖는 것이 얼마나 중요한지를 실제 사례를 하나하나 들어가며 강조하셨다. 우리는 앞으로 중국에서 비즈니스를 할 사람들이니 한 명 한 명이 다 MBA의 수준에 맞는 법률적 소양을 갖도록 노력해야 한다고 말씀하셨다. 또한 학생들에 대한 자신의 통과기준은 까다롭다며, 우리에게 열심히 공부하지 않으면 과락할 각오를 하라는 으름장도 빼먹지 않으셨다. 그 협박이 결코 농담처럼 들리지 않았다.

교재는 따로 없었고, 주로 실제 판례 위주로 수업이 진행됐다. 교수님은 판례와 참고할 내용을 소책자로 만들어 학생들에게 나누어주셨다. 아마 MBA 과정을 통틀어 우리에게 가장 많은 핸드아웃을 나누어주신 교수님이 아닐까 싶다. 매번 번거로울 텐데도 땀을 뻘뻘 흘리며 무거운 핸드아웃 더미를 들고 강의실에 들어오시던 교수님의 모습이 지금도 떠오른다.

판례는 실제 발생한 상황들에 대한 것이었고, 그 상황들은 우리도 나중에 경영을 하다 보면 부닥칠 수 있는 것이었다. 그렇기에 학생들은 관심을 갖고 엄청나게 집중해가며 수업을 들었다. 질문도 꽤 많았다. 판결이 왜 이렇게 되지 않고 그렇게 됐느냐, 이럴 경우에는 판결이 어떻게 되겠느냐는 등의 질문이 끊이지 않았다. 가끔은 질문하는 친구들이 너무 많아 교수님이 진도를 나가지 못할 정도였다. 교수님은 1초의 머뭇거림도 없이 곧바로 관련 법 규정을 알려주시며 속사포처럼 대답을 해주셨다. 매 수업이 끝난 직후에도 학생들이 교수님 앞으로 벌떼같이 몰려가 질문 공세를 펴거나 개인적인 법률 상담까지 했다. 그때마다 교수님이 수업 직후여서 피곤할 텐데도 그런 기색은 전혀 없이 학생들 한 명 한 명에게 일일이 응대해주셨는데, 그런 교수님의 모습은 참으로 대단해 보였다. 늘 막힘없이 대답해주시고 명확한 논리와 판단력으로 자신의 생각을 말씀하시는 모습도 멋있어 보였다.

지금에 와서 돌이켜 생각해도, 그때 뤼춘옌 교수님이 하신 말씀처럼 중국에서 비즈니스를 하고자 한다면 중국의 법 규정을 잘 아는 것이 정말로 중요한 것 같다. 당시에는 내가 학생 신분이어서 법률에 대한 지식의 중요성과 필요성을 절실하게 느끼지 못했다. 지금에 와서야 그때 조금 더 열심히 공부할 걸 하고 후회하곤 한다. 외국인으로서 중국에서 일을 하면서 부닥치는 제약과 법률 문제가 적지 않음을 자주 느낀다. 최근에는 노동 관련 법규의 변화가 원가상승 요인으로 작용하여 중국에 진출한 한국 기업에 엄청나게 큰 리스크가 되고 있다. 2013년 7월부터는 외국인의 중국 내 체류에 대한 법규도 엄격해지는 등 중국의 법률 환경이 외국인이 들어와 비즈니스를 하기가 점점 더 어렵게 되어가고 있다.

이 수업은 나에게 유익했지만, 사실 중국 상법 자체가 나에게는 너무나 어려웠다. 내가 그렇게 뤼춘옌 교수님을 존경했건만, 나 혼자만의 짝사랑이었던 모양이다. 시험을 치르고 나서 교수님이 학생별로 매긴 성적이 공개됐을 때 내 등에서 한 줄기 식은땀이 흘러내렸다. 62점. 간신히 과락을 면하고 상법 수업을 마쳤다. 미시경제학과 함께 MBA 과정 전 과목 중에서 내가 가장 낮은 성적을 받은 과목이었다.

운영관리

MBA 과정에서 어느 것 하나 쉬운 과목은 없었다. 게다가 상대적으로 좀 더 까다로운 과목들이 있었는데, 운영관리(运营管理)도 그중 하나였다. 정말 배울 것이 많은 과목인데다 실용적인 내용이었는데, 당시 내 머리와 시간의 한계로 인해 더 깊이 공부하여 완전히 내 것으로 만들지 못한 점이 아쉬움으로 남는다.

우리의 인생 전체가 그렇겠지만, MBA 과정에서도 가장 중요한 것은 시간 관리가 아닌가 싶다. MBA 과정이 시작되고 나면 수업과 과제, 동아리 활동, 인맥 쌓기, 인턴십 등 해야 할 일이 엄청나게 많고, 그 수많은 토끼를 다 잡기에는 늘 시간과 에너지가 부족함을 느끼게 된다. 그래서 자기가 중국에까지 와서 MBA 공부를 하는 주된 목적이 무엇인지, 가장 중점을 두고 해야 할 일이 무엇인지를 잘 생각해야 한다. 그렇게 하지 않고 무계획하게 시간을 보내면 해야 하는 수많은 일에 휩쓸려 여기저기로 둥둥 떠다니는 처지가 된다. 나는 시간을 잘 나누어 효과적으로 쓰는 데 최선을 다하려고 했다. 그래서 어떤 과목들은 시간투자를 집중하지 못했는데, 그래도 그렇게 하기로 한 결정에 대해 후회하지는 않는다.

이 과목을 맡은 류리원(刘丽文) 교수님은 일본에서 오랫동안 공부한 운영관리 전문가였다. 일본 생활을 오래 해서 그런지 겉으로 보면 일본인 같은 느낌이 많이 나는 스타일이었다. 어떻게 보면 약간 무서운 시어머니 같은 느낌이 나기도 했다. 어쨌든 교수님은 자기 분야에 정통한 분들이 대개 그렇듯 '운영'에 대해서는 최고의 자부심과 자신감을 드러내며 수업을 진행하셨다. 첫 강의에서부터 기업에서 운영이 얼마나 중요한 위치를 차지하는지를 강조하셨고, 운영의 전략을 어떻게 짜느냐가 기업의 흥망성쇠와 밀접한 관련이 있다는 점을 여러 사례를 들어 설명해주셨다(그런데 사실 기업 경영에서 자신이 담당한 과목이 가장 중요하다고 하시지 않은 교수님은 한 분도 없긴 했다). 평가는 기말고사 40%, 개인과제 20%, 팀별 과제 20%, 출석 등 평소 성적 20%로 하겠다고 하셨고, 강의는 주로 하버드대 MBA 과정에서 다뤄진 사례를 많이 인용하며 진행됐다.

기억에 남는 과제는 '잔디인형(머리 부분에 잔디를 심어 놓아 물을 주면 잔디가 머리카락 자라듯 자라나게 만든 인형)' 공장의 운영관리에 관한 것이다. 교수님이 학생들에게 생산능력, 생산량, 근무인원 등 제품 생산의 프로세스별 정보와 함께 10가지 정도의 해결해야 할 문제를 내주고는 답을 구해 PPT로 리포트를 작성해 내라고 하셨다. 기본적으로 통계학(DMD) 과목을 충실히 이해하고 있어야만 문제를 풀 수 있는 데다 수학적인 계산능력도 요구되어 나에게는 너무나 어려운 과제였다. 그래도 나는 교재를 공부하고 다른 케이스들도 찾아본 뒤 혼자서 끙끙 앓으며 보고서를 완성해 제출했다. 평가 결과는 그리 좋지 않았지만, 그렇게 준비하는 과정을 거친 것 자체가 나로서는 소득이었다고 생각한다.

이 수업에서는 그 밖에 생산관리, 재고관리, 대리상관리 등 운영관리의 가장 기본인 여러 관리 분야의 분석 툴을 배웠다. 당시에는 그렇게 배운 것들을 실제로는 어떻게 활용할 수 있는지를 잘 몰랐지만, MBA 과정을 졸업한 후 들어간 회사에서 당시 운영관리 수업에서 배웠던 내용을 떠올리곤 했다. 졸업 후 나는 밀폐용기를 생산하는 한국 회사의 중국법인에서 일했다. 내가 맡은 B2B 영업의 특성상 대량으로 생산하는 커스터마이즈 제품을 다뤄야 하는 경우가 많았다. 그래서 영업을 할 때 공장에서 실제로 제품이 어떻게 생산되는지에 대한 이해는 필수였다. 공장운영 프로세스를 모르는 채로 고객과 만나 제품의 납기나 품질에 대해 논할 수는 없기 때문이다. 나는 MBA 과정에서 운영관리 수업을 들은 덕분에 다행히 완전한 문외한은 아니었고, 큰 어려움 없이 고객과 공장 사이에서 커뮤니케이션을 할 수 있었다.

나는 잔디인형과 관련된 과제에서 제기된 수많은 문제에 대해 공부하고 분석했어도 다 이해하지는 못했다. 그래도 82점이라는 그리 나쁘지 않은 성적으로 이 수업을 마무리했다.

기업재무

배정된 강의시간과 학점을 보면 기업재무(公司理財)는 MBA 과정에서 매우 비중 있게 다뤄지는 과목임을 알 수 있다. 다른 과목들은 보통 8주 과정인 데 비해 기업재무는 16주 과정이다. 기업재무에 배정된 학점도 3학점으로 상대적으로 많다. 칭화대 MBA 과정에서 기업재무를 이렇게 중요하게 다루는 데는 몇 가지 이유가 있다. 가장 큰 이유는 금융계로 전직하는 것을 주된 목적으로 하여 MBA 과정에 들어오는 학생들이 많은 데 있을 것이다. 한국에서도 금융계로의 경력전환을 목적으로 MBA 과정 지원을 준비하는 사람들이 많은 것으로 알고 있다. 금융계는 MBA 과정 졸업자들 사이에 취업경쟁이 가장 치열한 분야다. 그러나 기업재무는 금융계로 전직하려는 사람에게만 도움이 되는 학문이 아니다. 기업재무는 개인자산 관리나 주식투자 등에 관심을 가진 사람에게도 도움이 되는 실용적인 학문이다. 그런데 나로서는 이과형 머리가 부족한 데다 MBA 공부에서 나름대로 설정한 선택과 집중의 방향상 기업재무는 가까이하기엔 너무 먼 과목이었다.

이 과목을 담당한 주우상(朱武祥) 교수님은 칭화대에서 학사, 석사, 박사를 마친 3칭으로 학계에서 유명한 분이었다. 그렇기에 학생들은 교수님의 수업을 듣게 된 기회를 최대한 활용하려고 매 수업이 끝날 때마다 구름떼처럼 교단 앞으로 몰려가 교수님에게 질문공세를 펴곤 했다. 그런 교수님의 수업을 제대로 소화하지 못한 내가 지금 생각해봐도 정말이지 부끄럽다. 수업의 엑기스만 쪽쪽 빨아들였어도 기업재무에 대한 나의 지식이 훨씬 깊어졌을 것이다. 아무튼 이 과목은 총 16주간에 걸쳐 한 달 단위로 크게 4개 부분으로 나뉘어 진행됐다. 첫째 부분은 금융원리, 둘째 부분은 투자기회 가치분석, 셋째 부분은 투자 리스크 관리, 넷째 부분은 기업 재무계획과 특정 융자방안 설계였다. 그리고 주마다 그 달에 할당된 부분의 하위 세부 내용을 배웠다.

매주 수업에서는 교수님의 강의에 이어 그 강의에서 배운 내용과 관련 있는 연습문제가 과제로 부여됐다. 학생들은 그 과제를 수행한 결과물을 그 다음 주까지 제출해야 했다. 과제는 처음에는 연금의 현재가치와 미래가치와 같이 비교적 쉽고 간단한 내용이었지만, 나중으로 갈수록 나 같은 사람은 보기만 해도 눈이 핑글핑글 돌아가는 내용이었다. 나는 한국어판 교재를 자습하기도 하고 남자친구 류멍의 도움을 받기도 하면서 수업을 따라가고 과제를 해나갔다. 이해가 전혀 안 가는 어려운 내용을 외국어인 중국어로 배우다 보니 더 어렵게 느껴지곤 했다. 같은 반의 한국인 동기생인 문경일 오라버니는 이 과목에 관심도 많고 내가 보기에 정말 대단하게 느껴질 정도로 수업을 잘 따라가고 있었다. 그래서 나는 이 오라버니가 과제용으로 만든 엑셀파일을 건네받아서 공부하기도 하고 모르는 것은 다시 물어보기도 했다. 류멍이 열 번 설명해주는 것보다 한국사람이 한국어로 한 번 가르쳐주는 것이 더 잘 이해됐다. '같은 중문과 출신인데 이 오라버니는 왜 이렇게 잘하는 거야!' 나는 이런 생각을 수도 없이 했다.

사실 이 수업에서 나처럼 마음속으로 반쯤 포기하고 근근이 따라가는 학생은 소수였다. 대부분은 눈으로 레이저 불빛을 쏘아대며 열심히 수업을 들었다. 다른 수업에서는 졸기도 하고 딴 짓도 하던 친구들이 이 수업에서는 기를 쓰고 앞자리에 앉아 교수님의 한 마디 한 마디를 경청했다. 앞에서도 설명했듯이, MBA 과정에 들어온 사람들 중에는 제조업, 출판업, 언론, IT 등에서 금융업으로 전직하려고 그렇게 한 경우가 아주 많기 때문이다.

게다가 교수님이 금융계에서 인지도가 워낙 높은 분이다 보니, 교수님을 논문지도 교수로 신청하거나 개인적으로 찾아가 안면을 트는 등의 방법으로 교수님과 '관시'를 맺은 다음 그를 통해 금융 쪽 기업의 인턴십 기회를 엿보는 친구들도 적지 않았다. 실제로 그렇게 교수님을 통해 인턴십 자리를 얻거나 재취업하는 친구들이 있었다. 우리나라에서도 그렇지만 중국에서도 다른 업종에 비해 금융계의 연봉이 월등히 높다. 이에 더해 중국의 금융계는 실적에 따른 인센티브 제도도 잘 발달돼 있어 인재들이 금융계로 몰리는 현상이 우리나라보다 더 심하게 나타나는 것 같다. 우리 반 친구들만 봐도 나중에 증권회사, 펀드회사, 투자자문회사 등으로 성공적으로 이직한 친구가 적지 않다. 그리고 다들 자리를 잡은 지금은 서로 정보를 교환하기도 하고 좋은 기회가 있으면 다른 친구를 소개해주기도 하면서 동기들끼리 전직에 도움을 주고 있다.

나는 현재 중국의 경제중심인 상하이, 그 안에서도 거의 모든 금융회사가 집중된 금융중심(金融中心)인 루자쭈이(陆家嘴) 근처에 살다 보니 중국 금융계의 부상이 더욱 실감 나게 몸으로 느껴질 때가 많다. 이런 중국 금융의 성장에 우리는 어떻게 준비하고 대응해야 할까?

거시경제

거시경제 과목은 '사회주의 경제이론과 실천(社会主义经济理论与实践)'이라는 강의명에서 알 수 있듯이 중국의 경제체제와 향후 발전방향을 주로 다루었다. 어떻게 보면 MBA 과정에서 가장 중국다운 수업이었고, 그래서 나로서는 이 수업에서 중국사람이 세계를 어떻게 인식하고 있고 세계경제에서 어떤 위치에 서고 싶어 하는지를 몸소 듣고 느낄 수 있었다. 수업을 듣는 내내 이 수업은 우리나라의 정부 고위직에 있는 사람들이 들으면 참 좋겠다는 생각을 했다. 수업시간에 그들이 너무나 솔직하게 그들의 속내를 털어놓기 때문이었다.

베이징은 중국의 행정수도이자 정치수도인 만큼 현직 관료나 관직 출신자가 많이 살고 있다. 베이징에서는 구멍 난 러닝을 입고 길가에 앉아 있는 할아버지도 함부로 대하지 말라는 농담이 있다. 알고 보면 그 할아버지가 퇴역한 장성이나 고관 출신일 수 있다는 것이다. 이 과목을 맡은 류링링(刘玲玲)에 대해서도 비슷한 얘기가 있었다. 교수님의 바깥분이 어느 성(省)의 부(副)성장이라는 소문이 파다했다. 친구들은 그 정도 위치에 있으면 파워가 어느 정도라는 둥, 대단한 남편을 두고 계시니 좋겠다는 둥 교수님에 대해 이러쿵

저러쿵 말이 많았다. 한국에서도 그랬던 적이 있지만, 중국에서도 당시 정부 고위직 인사들의 부정부패가 끊이지 않고 노출되면서 지속적으로 사회이슈가 되고 있었다. 그래서 나는 개인적으로 그런 배경을 가진 류 교수님이 그리 달갑게 보이진 않았다. 다른 비칭화대 출신 교수님들을 보면서는 '얼마나 실력이 좋으시기에 칭화대를 나오지 않고도 칭화대 교수가 되셨을까?' 하는 생각도 했지만, 교수님을 직접 본 뒤로는 '일반인은 접근할 수 없는 관시를 활용하여 칭화대에 오신 것 아닌가?' 하는 생각을 더 많이 했다.

아무튼 류링링 교수님은 마치 중국 공산당 대변인과 같은 자세로 종교를 전파하듯이 수업을 진행하셨다. 같이 수업을 듣는 친구들은 교수님의 그런 태도를 그리 심각하게 여기지 않고, 그저 웃으면서 가볍게, 재미있게 교수님의 강의를 듣는 것으로 보였다. 그러나 나는 교수님의 발언이 너무 심하게 중국 중심적이고 그들의 대국주의 사상을 대변하는 것 같아 듣기가 거북할 때가 한두 번이 아니었다. 한 번은 수업을 듣다가 중간에 밖으로 나간 적도 있었다.

예를 들어, 교수님 본인이 얼마 전에 미국에서 열린 학술회의에 갔는데 거기서 중국사람은 다들 디지털카메라를 들고 다니며 촬영을 하고 노트북으로 자료를 바로바로 전송하는 모습을 보여주었고, 그런 중국사람을 본 미국사람이 중국의 빠른 경제성장에 놀라워하고 부러워하더라는 등, 지금 유럽이건 미국이건 중국사람이 진출하지 않은 데가 없는데 중국의 최대 강점은 막대한 인구이니 중국사람이 앞으로도 세계 각지에서 자손들을 많이 낳아 전 세계를 중국으로 만들어야 한다는 등(이는 상상만 해도 무서운 일인데, 현실을 보면 불가능하기만 한 것은 아니라고 여겨진다), 세계경제에서 중국사람이 큰손으로 부상하여 이제는 아무도 중국을 무시할 수 없으니 중국어가 세계 공용어가 돼야 한다는 등, 수업시간에 이런 얘기들을 끊임없이 하셨다.

칭화대 교수라는 사람이 MBA 과정의 수업에서 이런 얘기들을 버젓이 할 정도로 중국의 파워가 강해진 것은 사실로 인정할 만하다. 그런 발언과 행동은 자기 나라의 파워에 대한 자신감에서 우러나오는 것이기도 하다. 2012년에 중국과 일본 사이에 조어도(釣魚島, 댜오위다오, 센카쿠) 열도 문제가 불거졌을 때에도 중국에서 소(小)일본(중국사람은 일본을 그냥 일본이라고 부르지 않고 소일본이라고 부르는 경우가 많다)에 미사일을 날려야 한다는 등, 한바탕 전쟁이라도 치러야 한다는 등 하고 발언하는 사람들을 심심찮게 볼 수 있었다. 어찌 생각해보면, 나도 바로 이런 중국의 발전을 염두에 두었기에 스스로 선택하여 중국에 MBA 공부를 하러 와서 고생을 한 것이리라. 세계무대에서 중국은 이렇게 급부상하고 있는데 앞으로 한국과 한국인의 역할은 무엇이냐는 걱정을 하지 않을 수 없다.

경제규모로만 보면 중국은 이미 세계 최대 국가다. 분야별 기술수준에 있어서도 중국은 이미 많은 부분에서 한국을 따라잡았거나 한국에 거의 근접했다. 조선업에서는 한국이 잠시 중국에 역전당하기도 했다. 중국의 자동차 산업도 한국의 턱밑까지 따라왔다. 중국에 와서도 중국사람의 비위생적 습관과 낮은 에티켓 수준, 중국의 열악한 인프라와 모조품 장사 등 중국이 한국보다 안 좋은 점에 대한 비판을 입에 달고 사는 한국사람을 나는 많이 봤다. 그런데 그런 식으로 우리가 잘났다고 거들먹거리고 중국사람을 무시하는 태도를 바꾸지 않는다면 큰 문제다. 그런 편견 속에서 변화 없이 이대로 나아간다면 우리나라는 중국에 눌리고 말 것이다. 과거 한반도의 왕조들처럼 우리나라가 앞으로 중국에 조공이나 바치는 속국 비슷한 신세로 전락해버리지나 않을까 하는 생각에 소름이 돋기도 한다.

이 과목의 성적 중 40%는 개인과제, 60%는 기말고사로 평가됐고, 매 강의가 끝나면 관련 연습문제를 푼 결과를 제출해야 했다. 나는 개인과제의 주제를 '중국 환율제도의 과거, 현재 및 미래(中国汇率制度的过去, 现在和未来)'로 잡고 수업 내용과 기타 참고자료를 공부하며 과제를 완성했다. 당시 외환위기로 인해 런민비 대비 원화 환율이 230원까지 치솟은 적이 있었다. 그때 나는 환율이 국가경제와 개인경제에 얼마나 큰 영향을 미치는지를 뼈저리게 느꼈다. 그래서 중국 환율제도에 대해 공부하고 싶어 그렇게 개인과제 주제를 선택했다. 나름대로 재미있고 의미있게 공부할 수 있었던 것 같다. 나는 80점이라는 성적으로 이 과목을 마무리했다.

조직행위학

2학기를 한창 보내고 있던 때 우리 반은 강의실에 대한 불만이 무척 컸다. 경제관리학원(SEM)의 두 건물인 웨이룬관과 순더관의 강의실은 대부분 I반이나 EMBA(최고경영자과정) 차지였고, F반인 우리는 상대적으로 허름하고 시설도 좋지 않은 6강의동에서 수업을 들었기 때문이다. 6강의동은 경제관리학원 소속 건물이 아니었다. I반이나 F반이나 학비는 거의 비슷한데 왜 I반만 삐까뻔쩍한 신식 교실과 최신식 시설의 혜택을 받고 우리 F반은 어두침침하고 고등학교 교실을 연상시키는 곳에서 강의를 들어야 하는가 말이다!

1학기에는 양빈 교수님이 진행한 리더십 과목이 유일하게 순더관에 배정된 수업이었고, 2학기에는 바로 이 조직행위학 과목이 유일하게 순더관에 배정된 수업이었다. 물론 강의실 환경과 수업의 질이 꼭 정비례 관계라고 말할 수는 없다. 그래도 1층에서 여유롭게 테이크아웃 커피를 한 잔 사 들고 올라가 인체공학적으로 디자인된 편안한 시설이 갖춰진 강의실에서 듣는 수업과, 학부생들과 자전거 댈 자리 쟁탈전을 벌여가며 간신히 자전거를 주차해 놓고 (가끔은 수업이 끝나고 나와 보면 자전거를 도둑맞은 사실을 발견하기도 한다) 4층까지 헉헉거리며 걸어 올라가 칠판 글씨가 잘 보이지도 않는 뒷자리

앉아 듣는 수업은 비교할 바가 아니었다. 평소 6강의동에서 수업을 들을 때에는 내가 마치 고등학생인 것 같은데 어쩌다가 순더관에서 수업을 듣게 되면 비로소 내가 MBA 과정 학생임을 실감하곤 했다.

EMBA 과정 수업은 100% 순더관에서 진행됐다. 가끔 EMBA 과정 수업이 있는 날에 순더관에 가보면 주차장에 듣도 보도 못한 외제차가 수십 대 주차돼 있고 그 근처에서 기사들이 떼 지어 담배를 피우는 모습을 볼 수 있었다. EMBA 과정 수업이 있는 강의실의 문 앞에는 거의 뷔페 수준의 다과가 준비돼 있었고, 담당 직원들이 와서 서빙 보조 일을 하기도 했다. 당시 EMBA 과정의 학비가 한국 돈으로 약 7천만 원 정도(2014년에는 1억 3천만 원 정도로 올랐다)였으므로 그런 차별대우가 이해되기도 했지만, 한편으로는 학교가 너무 상업적으로 학위장사를 하는 것 같다는 생각에 씁쓸하기도 했다.

1학기에 순더관에서 수업을 진행한 양빈 교수님이 경제관리학원의 실세였듯이, 2학기에 조직행위학(组织行为学) 과목을 순더관에서 진행하는 천궈취안(陈国权) 교수님도 분명히 그럴 것이라고 우리는 입방정을 떨었다. F반 수업의 대부분이 6강의동에서 진행되는 상황에서 떡하니 순더관에서 수업을 진행하시니 그랬던 것이다. 이런 입방정이 사실인지 여부와는 무관하게 아무튼 순더관에서 수업을 듣게 된 것만으로도 나는 조직행위학 수업을 들으러 가는 것이 기분 좋았다.

그런데 안타깝게도 천궈취안 교수님은 양빈 교수님만큼 나에게 깊은 인상을 남기시진 못했다. 다만 8주간 이어진 이 과목의 수업 가운데 나의 뇌리에 너무도 강력하게 남게 되는 수업이 한 번 있었다. 나한테 그날 수업이 인상이 깊었던 것은 그 수업에서 조직문화와 조직시스템이 얼마나 중요한지를 알게 됐기 때문이다.

그날 수업은 2002년 7월 1일 독일 남부의 위버링겐 상공에서 일어난 비행기 충돌 사고에 관한 내용으로 진행됐다. 나는 잠시 '그 충돌 사고가 일어난 날 나는 뭘 하고 있었지?' 하고 생각했다. 그리 멀지 않은 과거에 그토록 극적이고 영화 같은 사고가 일어났음에도 나는 그 사고와 관련된 신문 보도를 본 기억도 나지 않았다. 아마도 2002년 한일월드컵 폐막식 다음날이라 국내 언론의 관심이 이에 집중된 탓에 국내에 별로 보도되지 않았던 것 같다.

사고는 모스크바에서 바르셀로나로 가던 러시아연방 소속 바시키르항공 2937편 여객기와 이탈리아에서 벨기에로 가던 DHL 611편 화물기가 독일 상공에서 충돌하여 바시키르항공의 승객과 승무원 69명과 DHL 화물기의 조종사 2명 등 71명 전원이 사망한 일이었다.

사고는 독일 상공에서 일어났지만, 관제는 스위스의 민영 항공관제 회사인 스카이가이드의 취리히 관제소에서 담당했다. 2명의 관제사가 일해야 하는 근무규정을 어기고 1명은 휴식 중이었고, 1명의 관제사가 두 자리의 관제 업무를 동시에 수행하고 있었다. 관제사 페터 닐센은 다른 항편의 관제에 집중하느라 문제의 두 비행기가 충돌할 위험에 처한 사실을 뒤늦게야 알아차렸다. 그때 관제소에서 외부로 통하는 전화는 고장 난 상태였고, 레이더도 점검 중이어서 공중충돌 위험 경고도 내지 못했다.

모든 비행기에 TCAS(공중충돌 방지장치)가 장착돼있으므로 그때 두 비행기에서도 TCAS의 작동에 따른 경보가 울렸다. 바시키르항공 여객기의 TCAS는 상승 명령을 내렸고, DHL 화물기의 TCAS는 하강 명령을 내렸다. 두 비행기 모두 이런 TCAS의 명령을 따랐다면 사고를 피할 수 있었다. 그런데 관제사 페터 닐센은 다른 업무를 보느라 바쁜 나머지 두 비행기에 대한 관제 업무를 산만하게 수행했고, 상황의 긴박성을 전혀 인지하지 못했다. 그는 두 비행기의 TCAS가 어떤 명령을 내렸는지는 모르는 채 DHL 화물기에는 아무런 지시도 하지 않고 러시아 여객기에만 하강 명령을 내렸다.

사고 현장의 독일 관제소에서는 이런 상황을 인지하고 취리히 관제소에 계속 연락을 시도했지만, 전화고장으로 인해 연락이 이루어지지 않았다. 페터 닐센은 2개의 자리에서 비행기 4대에 대한 관제 업무를 수행하고 있었지만, 전화 고장으로 인해 다른 관제소에 도움을 요청할 수 없었다. 지상 관제소의 명령과 TCAS의 명령이 일치하지 않을 경우 조종사는 TCAS의 명령을 우선 따르는 것이 일반적인 관례였다. 하지만 안타깝게도 바시키르항공의 러시아 조종사는 군대식 관례에 따라 지상 관제소의 명령을 따르는 쪽을 선택했다. 결국 두 비행기는 상공에서 거의 정면으로 충돌하는 운명을 맞게 된다.

수업시간에 교수님은 이렇게 말씀하셨다. "만일 취리히 관제소에서 근무 규정을 어기지 않고 두 명의 관제사가 다 근무하고 있었다면? 고장 난 전화기의 수리가 이미 완료되어 당일 전화 통화에 문제가 없어 독일 관제소가 스위스 관제소와 연락할 수 있었다면? 레이더가 고장 나지 않아 제때 관제사에게 비행기 공중충돌 위험을 경고해주었다면? 러시아 조종사가 관제소의 명령이 아닌 TCAS의 명령을 따랐다면? 이렇게 한번 가정해보자."

사고가 발생한 뒤에 이런 가정을 해봐야 무슨 소용이 있겠는가. 그러나 어떻게 그렇게 많은 우연이 한꺼번에 일어나 두 비행기가 공중에서 정면으로 충돌하는 사상 초유의 비극을 초래했을까를 생각해보면 이 사고가 우리에게 주는 시사점은 결코 적지 않다. 조직 운영에서 '관례'라는 이름 아래 원칙에 어긋나는 일들이 얼마나 많이 벌어지는가? 비원칙이 하나 둘 허용되면 사람들이 그런 상황에 익숙해져서 비원칙이 원칙이 돼버린다. 그러면서 조금씩 쌓인 '부실'이 한계점에 다다르는 순간 엄청난 사건이 터지게 되는 것이다.

그날 너무 몰입해서 수업을 들어서 그랬는지, 들으면서도 계속 몸에 소름이 돋았다. 앞으로 내가 조직을 이끌게 된다면 늘 경각심을 가지고 원칙에 따라 조직을 운영해야겠다는 생각을 안 할 수 없었다.

소비행위학

칭화대 MBA 과정 전체는 총 54학점 이상을 이수하되 그중 36학점은 필수과목 수강으로, 1학점은 학술활동 리포트 제출로, 나머지 17학점은 선택과목 수강으로 이수하게 돼있었다. 나는 전공을 마케팅으로 정했는데, 소비행위학은 마케팅 분야에서 내가 처음으로 듣게 된 선택과목이었다. 필수과목은 우리 반 53명이 늘 같이 수업을 들었다. 그래서 어려운 과목을 듣게 되더라도 도와줄 친구들이 있다는 생각에 약간은 안심하게 되는 구석이 없지 않았다. 그러나 선택과목은 다른 반 학생들과 같이 듣는 수업이다 보니 낯선 환경이 걱정되기도 했고, 과연 내가 혼자서 잘해낼 수 있을까 하는 생각도 들었다. 또 하나의 새로운 관문에 들어선 기분이었다.

소비행위학(消費行为学)을 강의한 천룽(陈荣) 교수님은 홍콩 중문대에서 박사학위를 받은 분으로 자신감, 전문가다움, 그리고 엄격함이 느껴졌다. 소비행위학은 마케팅에서 가장 기본이 되는 소비자의 제품 선택 패턴에 대해 배우는 과목이다. 소비자의 제품 선택에 작용하는 다양한 원인과 요소에 대해 여러 가지 툴을 이용해 분석하고 그 결과를 마케팅에 활용하는 것이다.

평가는 수업참여 20%, 개인과제 20%, 조별과제 20%, 조별PT 20% 등으로 이루어진다고 했다. 우리 팀은 자동으로 우리 반에서 이 과목을 선택한 친구들끼리 뭉쳐서 만들어졌다. 우리 팀이 맡은 첫 번째 과제는 '세제가 필요 없는 세탁기 선택'에 대한 분석, 두 번째 과제는 '남성 소비자들의 샴푸 선택'에 대한 분석이었다. 내가 관심을 가진 마케팅 분야의 과목이다 보니 그만큼 더 열심히 수업을 듣고 과제를 수행해서 그렇기도 했겠지만, 수업을 들으면서 중국시장에서의 마케팅과 소비 패턴에 대해 많은 생각을 해볼 기회를 가질 수 있었다. 수업에서 중국시장에 대한 인사이트를 여러 가지로 많이 얻었다.

중국시장은 한국시장과 다르다. 한국식에 길든 사고로는 중국시장을 제패할 수 없다는 것이 내 생각이다. 중국에서 짧게만 살든 십수 년을 살든 한국인이 모여 사는 아파트에서 살면서 한국 TV를 시청하고, 한국 슈퍼에서 장을 보고, 한국인 친구들과 모임을 갖고, 오직 몸만 중국에 두고 있는 한국인 주재원이 얼마나 많은가? 중국사람은 어떻게 생활하고, 사고하고, 행동하는지를 제대로 파악하고 이해해야만 중국시장에서 살아남을 수 있고, 성공할 수 있다. 이 과목은 모든 것을 소비자의 관점에서 생각하는 방식을 우리에게 가르쳐 주었다.

중국시장에서 한국 기업이 실패한 사례를 두 가지만 예로 들어보자.

중국에서 고급 진공청소기를 출시하고 대대적인 홍보를 펼친 한국 가전용품 회사가 있었다. 중국사람은 중산층 이상이면 대부분 청소를 직접 하지 않는다. 가정부 인건비가 워낙 싸고 인력시장이 잘 형성돼 있어서 비교적 저렴한 비용으로 사람을 쓸 수 있기 때문이다. 그래서 자기가 직접 사용할 일이 없는 청소용품에는 많은 투자를 하지 않는 편이다. 나도 주재원으로 생활하면서는 일주일에 사흘 아침부터 몇 시간 정도 도우미 아주머니를 썼다. 설거지와 다림질, 그리고 욕실과 부엌 청소 등을 도우미 아주머니의 도움으로 해결했다. 그렇게 해도 한 달 비용이 한국 돈으로 10만 원 정도밖에 들지 않았다. 그런데 중국에서 그런 하이엔드 진공청소기를 출시했으니 시장의 반응은 냉담했고, 해당 제품은 얼마 지나지 않아 시장에서 철수했다.

냉장고 시장에서도 중국은 한국과 정말 다르다. 한국에서는 투도어 냉장고가 이미 보편화됐고, 용량도 크면 클수록 소비자들이 좋아하고 잘 팔린다. 한 집에 투도어 냉장고와 김치냉장고, 그러니까 냉장고 2대는 기본이고, 추가로 한 대 더 있는 집도 많다. 중국은 다르다. 중국사람은 찬 물과 찬 음료수를 거의 마시지 않고, 일반적으로 매일 장을 봐서 요리를 한다. 게다가 끼니 때마다 해 먹고 남은 음식은 버리는 문화가 보편적이다. 그러니 큰 냉장고가 필요하지 않다. 처음 중국에 갔을 때 한여름에도 땀을 뻘뻘 흘리며 뜨거운 차를 마시며 앉아 있는 사람들을 보며 어찌나 이해가 안 되던지……. 그런데 그들은 거꾸로 한겨울에도 얼음맥주를 벌컥벌컥 마시는 나를 마치 외계인 보듯 했다. 이러다 보니 중국에서는 위 칸에 냉장실, 아래 칸에 냉동실이 있는 일자형 세로 냉장고가 많이 사용된다. 그나마 가정에서는 냉장고 안에 넣어 놓고 있는 것이 별로 없다. 이런 중국에서 한국식으로 용량이 크거나 기능이 많은 냉장고를 출시하면 잘 팔리겠는가?

실제로 중국시장에 진출한 글로벌 기업 중에도 성공한 경우도 많지만, 실패한 경우는 더 많다. 한국 기업들도 13억 인구의 중국시장에 기대를 걸고 너나없이 진출했고 지금도 진출하고 있지만, 정말로 성공했다고 말할 수 있을 만한 사례는 드물다. 중국시장에 대한 깊은 이해와 철저한 현지화 없이는 중국 소비자의 마음을 사로잡기가 쉽지 않다. 무엇보다 중국 소비자에 대한 진정과 애정이 있어야 하는데, 적어도 지금까지 나의 경험상 한국 기업 중에 중국 소비자에 대한 진정과 애정을 품고 있는 기업이 얼마나 되는지 의문이다.

이 과목의 수업에서 SPSS 등 소비자행위 분석 툴에 대해 하나하나 배울 수 있었던 것은 소득이었다. 나는 89점이라는 성적으로 이 과목을 마무리했다.

한국어 강의

우리 반은 총 53명이었는데, 그중 50명이 중국인, 3명이 나를 포함한 한국인이었다. 한국인 중에서는 2명이 남자이고, 나만 여자였다. 반에서 내가 유일한 외국인 여학생이다 보니 자연스럽게 많은 반 친구들에게서 과분한 관심과 사랑을 받았다. 친구들은 종종 나한테 한국에 대해 물어보곤 했다. 한국은 이렇다며? 저렇다며? 한국 여자는 대부분 성형을 한다는데 맞아? 한국사람은 전부 국산 자동차만 사는 애국자라며? 한국사람은 남자건 여자건 술을 그렇게 잘 마신다며? 나는 이런 중국인 친구들의 질문이 한편으로는 재미있었고, 다른 한편으로는 한국에 대한 그들의 황당한 오해를 풀려면 내가 어떻게 설명해야 할지 몰라 당황하곤 했다. 친구들은 나를 보면 재미 삼아 "안녕하세요?" 하고 한국말로 말을 걸기도 했고, 내가 한국말을 몇 마디 가르쳐주면 너무 좋아하며 노트에 열심히 필기하는 친구들도 있었다.

　나는 MBA 과정에 입학한 뒤로 반 친구들로부터 너무나 많은 도움을 받았다. 그 고마움을 어떻게 보답할까 생각하다가 4월 중순부터 그들에게 한국어를 가르쳐주기로 했다. 나는 그 전에 한국어를 가르쳐본 경험이 없어 어떻게 가르쳐야 할지 막막했다. 고민 끝에 한국어는 한글 자모와 간단한 상용어구 정도만 가르치고, 대신 한국문화나 친구들이 많이 궁금해 하던 것들을 이야기 형식으로 소개하는 데 강의시간을 더 많이 배정하기로 했다.

나는 서점에 가서 시중에 나와 있는 한국어 교재 가운데 괜찮아 보이는 것으로 한 권을 고른 뒤 반 친구들에게 전체메일을 보내 한국어 수업 개설 계획을 알리고 참가 신청을 받았다. 반응은 기대보다 좋았다. 전체 53명 중 23명이 참가 신청을 했다. 한국인을 빼고 보면 거의 50퍼센트에 달하는 신청률이었다. 우리는 매주 한 번씩 모두 수업이 없는 시간에 웨이룬관의 강의실을 빌려 한 시간 정도의 수업을 진행했다.

한국어 수업을 위해 내 시간을 할애하는 것이야 어차피 그러기로 작정한 일이니 문제 될 게 없었다. 하지만 어떻게 가르쳐야 하는지는 잘 몰라 고민이 되어 강의 준비를 하기가 쉽지는 않았다. 나중에는 가르칠 내용을 준비하는 과정이 오히려 내게 큰 공부가 된다는 사실을 깨달았다. 중국어로 한국어를 가르쳐야 하니 가르칠 내용을 어떻게 중국어로 표현해야 할지 매번 고민하지 않을 수 없었는데, 그러는 과정 자체가 내게는 공부였다. 참여한 학생은 23명으로 처음에는 강의실이 꽉 찼지만 한 주 한 주 지날수록 수업을 들으러 오는 친구들의 수가 줄어들었다. 시작할 때는 관심도 있고 열정도 있었겠지만, 막상 한국어라는 외국 언어를 배우는 과정이 그렇게 재미있지만은 않았을 것이고, 어쩌면 또 지루했을지도 모른다. 그래도 3~5명은 단 한 번도 빠지지 않고 처음부터 끝까지 꾸준히 수업을 들으러 왔다. 나는 그 친구들에게만이라도 조금이나마 도움이 된다면 이렇게 노력하는 보람이 있다는 생각으로 8주 과정을 완주했다. 일대일 과외도 하는데 듣는 사람이 적은들 어떠냐고 생각했다.

수업 틈틈이 한국인 유학생 동기들을 게스트로 초청해 한국에 관한 이런저런 재미있는 이야기를 들려주었다. 그 내용은 한국의 음주문화, 군대문화,

기업문화 등이었다. 중국인 친구들은 한국의 군대문화가 굉장히 신기한지 이에 관련된 질문을 많이 했다. 나로서는 지금 돌이켜 생각해봐도 흐뭇해지는 시간들이었다. 당시에 막 어떤 한국인 여자를 사귀기 시작한 1반의 브라질 친구 '이힉(Ihik)'이 수업에 들어와 아주 열성적으로 내 강의를 들었다. 그 브라질 친구는 결국 사랑을 좇아 연세대에 교환학생으로 갔다.

　　마지막 수업시간에는 그동안 가장 열심히 수업을 들은 친구 세 명에게 우수상 시상을 하고 작은 선물을 주었다. 그리고 책걸이 기념으로 김밥과 떡볶이 등 여러 가지 한국음식을 배달시켜 다 같이 나누어 먹었다. 생각지도 못했는데 친구들이 '선생님 감사합니다'라는 글을 써넣은 케이크를 내게 선물로 주었다. 정말 행복한 순간이었다. '오빠', '사랑해요', '고마워요', '배고파요' 등 내가 가르쳐주는 한국말을 너무나도 열심히 따라 말하며 필기하던 친구들(필기는 내가 가르쳐준 한글 자모를 가지고 하지 않고 각자 자기네들 방식으로 했다). 그들이 '사랑해요'라는 말을 연습할 때 서로 마주보고 부끄러워하면서도 낄낄대던 모습이 지금도 기억난다. 친구들이 그때 배운 한국말을 아직도 기억하고 있을지 궁금하다.

중국에서 생활하다 보면 북한 사람을 접할 기회를 만나게 된다. 다른 나라 사람들이 보면 별것 아닐지 모르지만, 우리 한국인으로서는 신기하고도 새로운 경험이다. 남한과 북한이 중국과 대만처럼 자유로운 왕래가 가능한 것도 아니고, 한국은 지구 상에 유일한 남아 있는 분단국가다. 이로 인해 국내에서는 북한사람을 보지 못하다가 외국에 나가 북한사람을 보게 되면 특이한 감회를 갖게 된다.

정확한 숫자는 확인해봐야 하겠지만, 내가 알기로 북한은 베이징과 상하이에 각각 3~4개 정도의 레스토랑을 운영하고 있다. 레스토랑에 가보면 남남북녀라 했던가, 내가 봐도 정말로 예쁜 복무원 아가씨들이 서빙도 하고 공연도 하는 멀티플레이어로 활약하고 있다. 방금 노래를 부르던 아가씨가 어느새 음식을 서빙하고 있고, 또 어느새 다른 테이블에서 주문을 받고 있다. 그 날쌘 동작은 혀를 내두르게 할 정도다.

솔직히 말하면, 짭짤하고 강한 맛을 좋아하는 나 같은 경상도 사람에게는 북한 요리의 맛이 그다지 감동을 주지는 않는다. 뭔가 하나 빠진 듯 싱겁고 뜨뜻미지근한 느낌이라고 할까. 그 유명한 북한식 냉면과 온면도, 평양식 순대도 먹어 보니 그저 북한 요리는 이런 맛이구나 하는 정도이지 맛을 기대하고 먹었다면 굉장히 실망할 만한 수준이었다.

아무튼 생전 북한사람을 본 적 없는 우리 한국인 유학생이 중국에서 북한사람과 마주치게 되면서 웃지 못할 에피소드도 생겼다. 대표적인 사례로 유학생 기숙사에서 일어난 사건을 들 수 있다. 칭화대 MBA 과정에 입학한 지 얼마 안 된 2008년 9월이었다. 동기 중 한 오라버니가 사는 유학생 기숙사의 같은 층에 북한 학생들이 살고 있었다. 그들이 방문에 인공기를 붙여 놓았더란다. 아마도 '접근 금지'의 뜻으로 붙여 놓았을 이 인공기를 보고 그 오라버니가 너무나 반가운 마음이 들어 노크를 했다. 문 앞에 두근거리는 마음으로 서서, 드디어 북한 동포와 이야기할 수 있게 됐다고 기뻐했다. 잠시 뒤 문이 열리고 두 명의 북한 학생이 보이더란다. 너무나 반가운 나머지 바로 총알같이 말했단다. "안녕하세요! 저는 한국사람인데, 여기 ○○○호에 사는 ○○○이라고 합니다. 우리 이렇게 중국에서 만난 것도 인연인데 다음에 술 한잔 같이 해요!" 얘기를 듣던 북한학생 둘은 얼굴이 사색이 되더니 서로 눈빛을 교환하고는 아무 대꾸도 없이 문을 닫더란다. 실망한 오라버니는 속으로 '아, 자식들, 동포끼리 한잔 하자는데 뭐가 그리 어렵다고 대꾸도 안 해주고……' 라고 생각했단다. 그런데 다음날 그 북한학생 둘이 그 기숙사 방이 빠져나가 그 방은 빈방이 됐다고 한다.

칭화대에는 한국인 유학생도 많지만 듣기로 북한 유학생도 적지 않다고 한다. 그들은 원칙적으로 한국사람과의 접촉이 금지돼있다고 한다. 접촉과 대화는 물론 눈인사를 하거나 미소를 보내거나 하는 표정 교류도 안 된다는 것이다. 그런 북한 유학생들의 기숙사 방을 찾아가 같이 술 한잔 하자고 했으니 그들이 얼마나 대경실색했을지 안 봐도 상상이 간다.

캠퍼스 안에서 같이 숨 쉬고 생활하고 있었을 북한 학생들. 그러나 나는 2년 가까운 기간 중국인들 틈에서 그들의 존재를 인지한 적은 없었다. 아마도 우리는 모르는 그들만의 원칙과 그들만의 세계가 있지 않을까 싶다. 중국에 와보니 중국 내국인을 대상으로 한 북한 여행 상품도 많이 있던데, 우리 남북한은 언제쯤 중국과 대만처럼 자유롭게 넘나들며 여행할 수 있게 될지, 안타까운 마음이 든다.

칭화대 교내 학생식당의 카드는 입학할 때 부여되는 학번을 가지고 지정된 장소에서 발급받고 충전하는 시스템으로 운영되기 때문에 외부인은 사용할 수 없다. 학생식당은 규모로 보나 음식의 종류로 보나 한국 대학의 교내 학생식당은 비교도 되지 않을 만큼 괜찮다. 맛도 괜찮고, 가격도 상당히 저렴한 편이다. 각자가 어떻게 먹느냐에 따라 다르겠지만, 보통 한국 돈으로 1000~2000원 정도면 배부르게 한 끼를 해결할 수 있다. 이는 물론 학생들만 누릴 수 있는 특권이다.

중국의 대학 교내에는 외부인이 이용할 수 없는 학생식당과 달리 외부인도 이용할 수 있는 레스토랑형 식당도 많이 있다. 보통 학생식당이 있는 건물의 2층에 있는 경우가 많고, 귀빈용으로 별도의 단독 건물에 있는 경우도 있다. 맛도 빠지지 않으려니와 학교 밖 음식점과 비교해 가격도 저렴하다. 우리 반은 적극적인 성격을 가진 반장과 부반장의 주도 하에 건수만 생기면 반 회식을 했다. 개강모임, 종강모임, 체육대회, 학예회는 물론 무슨무슨 행사 등 건수는 많았다. 이 외에도 개별적으로 8~10명씩 끼리끼리 갖는 회식도 많았다.

그날도 우리 반 회식이 있는 날이었다. 자전거를 도둑맞은(나는 2년 동안 4대의 자전거를 도둑맞았다) 나는 같이 수업을 듣는 쑹례진(宋烈进)이라는 친구의 자전거 뒤에 타고 같이 회식장소로 향했다. 오리엔테이션 때부터 나와 같은 팀을 한 덩치 좋고 인심 좋은 아저씨 스타일의 중국인 친구였다. 그날은 꽤 추웠다. 쑹이 무거운 나를 태운 탓인지 발에 힘을 넣어 세게 페달을 밟으며 말했다. "지영, 요즘 날씨가 추운데 옷 따뜻하게 입고 감기 조심해야

해." 나는 안 그래도 베이징의 엄동설한을 어떻게 보내야 하나 걱정하던 중이었다. 중국사람들은 남녀노소 할 것 없이 겨울에 내복을 입는 게 당연한 분위기다. 그러나 나는 초등학교 때부터 내복을 입어본 적이 없어서 내복 입는 게 불편했다. 그래도 베이징에서 살아남으려면 내복을 입어야 하는 게 아닐까 생각하고 있던 차였다.

나는 그때 '내복'을 중국어로 어떻게 말하는지를 몰랐다. 지금 생각해보면 왜 말도 안 되는 논리로 그렇게 추측했는지 모르겠지만, 내복은 한자어로 '內服'이니까 중국어로는 '내의(內衣)' 정도일 것이라고 추측하고 대충 때려잡아 쑹에게 말했다. "응. 베이징은 한국보다 훨씬 추운 것 같아. 근데 난 원래 '내의'를 안 입었는데 여기선 입을까 말까 고민 중이야." 내 말을 듣던 쑹은 대꾸는 하지 않고 한동안 침묵했다. 한참 자전거 페달을 밟더니 어렵게 입을 열었다. "지영, 나는 네가 중국어를 잘하지 못한다는 것을 아니까 괜찮아. 하지만 다른 사람들한테는 절대로 그렇게 말하면 안 돼. '내의'가 뭐냐면 말이야, 제일 속에 입는 옷이야. 몸 바로 위에 입는 옷. 뭔지 알겠어? 팬티란 말이야!"

헉, '내의'가 팬티를 뜻하는 말이었다니! 지금 생각하면 '내의'라면 당연히 '속옷'이라는 뜻인데, 그때는 왜 그런 생각을 못했는지, 나는 쑹의 설명을 알아듣고 온몸이 시뻘게지는 기분이었다. '나는 원래 속옷을 안 입는다'고 말한 셈이니, 그걸 들은 쑹이 얼마나 당황했겠는가? 나중에 사전을 찾아보니 내복은 중국어로 '추이(秋衣)'였다. 아마도 이 중국어 단어는 내가 평생 잊지 못할 것 같다.

중국에서 생활하면서 한국에 비해 상대적으로 매우 저렴하면서도 가치가 있다고 생각하게 된 것이 두 개 있다. 그건 바로 '맥주' 와 '발마사지' 이다. 맥주는 종류에 따라 다르겠지만, 600밀리리터짜리 큰 병 하나가 슈퍼에서 사면 한국 돈 약 500원 정도이고 이보다 저 저렴한 것도 있으며, 비싸도 1000원을 넘지 않는다. 식당에서 주문해도 저렴한 곳에서는 한 병에 2000원 정도이고, 비싼 곳에서도 3000원을 넘지 않는다.

칭화대 기숙사에서 살던 때의 생활이 즐거웠고 지금도 그리운 것은 생활하기에 편한 그곳 환경과 아늑한 분위기 때문이기도 하지만, 친한 친구들과 같이 가서 왁자지껄 떠들며 맛있는 음식으로 배를 채우던 식당들이 거기에 있었기 때문이기도 하다. 그중 내가 가장 좋아하던 식당은 칭화대 북문 바로 앞에 있는 츠샹위안(翅香园)이라는 꼬치 집이었다. 처음에는 그런 식당이 있는 줄도 몰랐는데, 반 회식 때 몇 번 거기에 가게 되면서 알게 됐다.

처음 본 그곳의 인상은 한마디로 북새통 시장이었다. 아니, 그 정도를 훨씬 능가하는 소음이 사람의 혼을 쏙 빼놓는 곳이었다. 게다가 플라스틱 컵과 접시, 일회용 나무젓가락을 쓰기 때문에 싸구려 식당이라는 느낌이 팍팍 오는 곳이었다. 바닥은 기름기 많은 음식 찌꺼기가 떨어져 있어 방심하고 걸으면 바로 넘어질 것 같이 미끌미끌했다. 손님은 99.9퍼센트가 칭화대 학생들! 손님이 자리에 앉으면 종업원이 작은 글씨의 메뉴가 잔뜩 적힌, 나 같은 애들은 줘도 무슨 메뉴인지 몰라 못 시켜 먹을 것 같은 종이 한 장과 연필을 가져다준다. 자기가 먹고 싶은 메뉴 옆에 수량을 적어서 종업원에게 전달하면 주문이 완료된다.

그런데 여기 음식 가격이 서프라이즈다. 맥주 한 병이 한국 돈으로 1000원도 안 한다. 게다가 주메뉴인 양꼬치, 닭날개, 닭꼬치, 닭똥집, 야채꼬치가 어찌나 싸고 맛도 기가 막힌지. 매운 양념이 살살 뿌려진 양꼬치와 함께 맥주 한 잔 들이켜면, 캬아, 그 맛은 정말 일품이다!

보통 꼬치는 직사각형의 양은 쟁반에 담겨 나오는데, 여러 명이 함께 가면 꼬치가 산처럼 쌓여 나오는 모습이 장관이다. 이걸 언제 다 먹나 싶지만, 대개 이런저런 수다를 떨면서(목소리가 소음에 묻히지 않도록 아주 큰 소리로 말해야 한다) 맥주나 음료수와 함께 먹다 보면 나도 모르는 사이에 몇 시간이 훌쩍 지나 있고, 우리 앞에는 빈 꼬치만 수북이 남아 있다.

워낙 손님이 많아 금요일 저녁에는 일찍 가야 자리를 잡을 수 있다. 학생들이 모두 자전거로 이동하니 식당 앞에는 자전거가 빽빽하게 주차돼있다. 가끔은 자전거 댈 곳이 없을 때도 있다. 중국은 밤 열 시 정도면 대부분의 식당이 문을 닫지만, 여기는 새벽 늦게까지 영업을 하고 위치도 학교 북문 바로 앞이니 나에겐 베스트 장소였다. 나는 이 꼬치집을 너무 좋아해서 틈만 나면 류멍에게 여기에 가자고 했다. 여름에도 좋지만, 한겨울에 꼬치와 함께 먹는, 머리가 띵해질 만큼 차가운 맥주는 정말로 맛있다.

내가 좋아하던 북문 앞 꼬치집 츠샹위안. 아직도 잘 있는지 한번 가보고 싶다.

한국만큼 술을 사랑하는 나라가 있을까? 한국에는 애주가가 워낙 많다. 대학 때부터 주도와 주량을 단련할 기회가 많다 보니 남녀노소를 불문하고 음주의 탄탄한 기본기를 갖춘 사람들이 아주 많다. 여성의 흡연에 대한 사회적 편견은 아직 존재하지만, 여성의 음주에 대해서는 편견이 거의 없어진 것도 사실이다. "여자는 집 밖에서 술을 마시면 안 된다"거나 "집 밖에서는 술을 못 마신다고 말하라"고 딸에게 얘기하는 부모도 거의 없다.

그런데 중국은 한국보다 여권이 훨씬 발달했음에도 불구하고 여성의 음주나 흡연에 대해서만큼은 한국보다 보수적이라는 느낌이 들 때가 많다. 개인적인 식사 자리가 아니고 회사나 단체의 회식 자리에서는 술을 마시는 여성을 거의 볼 수 없다. 남자들이 맥주를 시켜 마셔도 여성들은 과일주스나 건강음료를 시켜 마신다. 처음에는 술을 못 마셔서 그런 걸 시켜 마시는 줄 알았다. 그런데 알고 보니 그게 아니었다.

중국 여성들이 집 밖에서 술을 마시지 않는 이유에 대해 나는 나름대로 몇 가지 이유를 찾았다. 우선, 여자가 공개적인 자리에서 술을 마시는 것은 좋지 않은 행실이라는 보수적인 인식이 중국사람들에게는 있다. 그래서 술을 마실 줄 아는 여자도 집 밖에서는 술을 마실 줄 모른다고 말한다. 술을 마실 줄 안다고 말하면 상대방이 술을 권하게 되고, 그러면 술을 마셔야 하니 처음부터 아예 술을 마실 줄 모른다고 말하라고 부모가 딸에게 가르친다. 둘째 이유는, 술을 마실 줄 아는 여성은 많지만 한국에서처럼 술을 즐기는 여성은 거의 없다는 것이다. 물론 술을 정말로 즐기는 여자라면 공개적인 자리에서도 당당하게 "저도 맥주요!"라고 주문할 테지만, 그 정도로 술을 즐기는 여성은 매우 드물다. 셋째 이유는, 중국 여성들은 소위 양생(养生) 즉 건강에 대한 관심이 높아서 가급적이면 술자리를 피하고, 가능하면 술을 마시지 않으려고 노력한다.

그래도 친한 친구들과 함께하는 개인적인 자리에서나 정말로 기분이 좋은 날에는 중국 여성들도 술을 마신다. 한국 여성들은 저리 가라 할 정도로 주량이 상당한 여성들도 많다. 흡연도 마찬가지다.

한번은 MBA 과정 입학 직후에 우리 반(F2반)과 F1반이 같이 회식을 한 적이 있다. 내 옆자리에 앉은 친구가 나에게 주량이 어떻게 되느냐고 물었다. 나는 '최대한 겸손하게' 맥주 3병이라고 했다. 그러자 이 친구, 아주 깜짝 놀라며 "한국 여자들은 술을 잘 마신다더니 역시 대단하다"고 호들갑을 떠는 것이었다. 그런 뒤에 내가 맥주를 두 잔 마셨는데(참고로, 중국 식당의 맥주잔은 정말 초미니 사이즈다. 한국에서 사용하는 보통 맥주잔의 3분의 2 크기로 보면 된다) 옆에서 "진짜 술 잘 마신다"고 계속 추임새를 넣으면서 다른 친구들에게도 "지영이 좀 봐라" 하며 난리도 아니었다. 나는 순간 너무 열이 받아서(아직 입가심도 안 했는데 그러니 열 받지 않겠는가) 그 친구를 똑바로 바라보며 한 번만 더 그렇게 말하면 가만두지 않겠다고 했다.

처음에는 중국과 한국의 음주문화에 별 차이가 없고, 다만 중국사람들은 한국 술보다 훨씬 도수가 높은 바이주(白酒)를 마시니 한국사람들보다 술을 잘 마실 것이라고 생각했다. 그런데 직접 겪어보니 두 나라의 음주문화에 아주 많은 차이가 있다는 사실을 알 수 있었다. 사람이 평생 마실 수 있는 술의 양은 정해져 있다고 한다. 중국에 있는 동안 음주량을 최대한 절약해 두었다가 나중에 나이가 들어서도 오래오래 음주를 즐겨야겠다는 생각도 해본다.

4장

3학기

3학기의 시작

1학기는 전체적으로 숨쉬기가 버거울 정도로 힘들고 24시간 잔뜩 긴장한 상태로 보냈다. 2학기는 그에 비하면 훨씬 적응되고 조금은 안정된 느낌이었다. 그리고 3학기는 처음부터 졸업을 준비해야 하는 시점에 들어선 느낌이 들었다. 그냥 내 주관대로 스트레스 지수를 100점 만점으로 표현하자면 1학기는 120점 정도(100점이 최고점이지만 나는 거의 내 한계치를 넘는 스트레스를 받는 기분이었다), 2학기는 80점 정도, 3학기는 60점 정도였다고 할 수 있다. 1학기와 2학기는 필수과목 수업을 듣고, 토론과 과제를 하고, 여러 가지 행사에 참여하는 것만으로도 시간이 부족하다. 반면 3학기는 상대적으로 시간적 여유가 있지만 대신 앞으로 살 길을 찾아야 한다는 점이 부담으로 다가온다. 그래서 항상 뭉쳐 다니던 친구들도 3학기에는 슬슬 개인적인 일로 바빠진다.

방학 동안 대부분의 중국 친구들은 인턴십을 한다. 방학이 끝난 뒤 학기 중에도 인턴십을 계속하여 학업과 병행하는 친구들도 적지 않다. 그런데 나와 같은 외국인 유학생이 중국 현지에서 참여할 만한 인턴십의 기회는 거의 없다. 방학이 끝나고 3학기가 되면 교환학생으로 뽑힌 친구들이 해당 학교로 떠나는 대신 다른 학교의 교환학생들이 우리 학교로 온다. 그래서 3학기에는 수업을 듣는 학생들의 인적 구성이 많이 달라진다. 수업도 대부분 전공선택 과목이어서 파트타임으로 공부하는 P반 학생들과 함께 저녁에 수업이 배정되는 경우가 많다.

3학기에는 나도 인터넷에서 내가 가고 싶은 회사에 관한 정보를 검색하고, 이력서를 내보고, 각종 리크루팅 행사에 참여하고, CDC(직업발전중심)에 가서 구직 관련 상담도 했다. 낮에는 중국어 과외를 일대일로 따로 받고, 중국어 학원도 추가로 다녔다. 언어는 정말 해도 해도 끝이 없었다. 이제까지 열심히 공부했는데도 졸업하고 나면 과연 내가 가고 싶은 회사에 들어가서 일할 수 있게 될까 하는 걱정과 두려움이 늘 어깨를 짓누르는 듯했다. 스트레스를 조금 덜 받으며 행복하게 하루하루를 즐기면서 학생생활을 계속 즐겨야 했는데, 지금 돌아보면 그렇게 하지 못한 것 같아 아쉬운 느낌이 든다.

3학기는 후배들이 들어오는 학기이기도 하다. 뉴페이스들을 보니 그동안 1년밖에 지나지 않았는데도 우리도 저런 때가 있었나 싶기도 했고, 이제 막 MBA 과정을 시작한 그들이 부럽기도 했다. 물론 다시 처음부터 하라고 하면 무조건 거절하고 싶을 만큼 나는 일 년 동안 나름대로 최선을 다해 그럴 힘이 남아있지 않았다. 방학 때 학생회에서 09학번 신입생들의 오리엔테이션을 위한 조직위원회 위원과 코치 지원자를 뽑았다. 사실 나는 오리엔테이션 코치를 하겠다는 의욕이 없었고, 버벅거리는 내 중국어로 어떻게 신입생을 '코치'까지 할까 싶어 자신도 없었다. 그런데 허원(何雯)이 "이것도 경험이니 같이 한번 해보자"고 했다. 자기랑 같이 한 팀을 맡아 코치를 하게 되면 자기가 나를 많이 도와줄 수 있으니 괜찮을 것이라고 했다. 그의 설득에 나는 결국 코치에 지원했다. 이렇게 해서 3학기는 09학번 오리엔테이션과 함께 시작됐다.

신입생 오리엔테이션 코치

1년 전의 우리와 마찬가지로 09학번들도 오리엔테이션으로 학교생활을 시작했다. 2009년 8월 말에 열린 09학번 오리엔테이션의 프로그램은 전년도와 대동소이했다. 아이스 브레이킹, 팀 빌딩, 청소부 활동, AV(동영상) 경연대회, PT 경연대회 등등. 다만 1년 전에는 흰색 티를 입고 있었던 내가 이번에는 코치가 되어 검은색 티를 입은 것만 바뀌었다고나 할까? 관찰자의 입장이 되어 신입생들을 지켜보는 기분이 색달랐다.

오리엔테이션 기간에 잊지 못할 사건이 발생했다. 여러 가지로 내게 많은 시사점을 남긴 경험이었다. 오리엔테이션 과정은 MBA 성적과는 전혀 상관이 없지만, 폐막식 때 우수 팀에게 개별 시상이 있고 성적이 좋으면 해당 팀에게 크나큰 성취감을 주기 때문에 모두 열과 성을 다해 프로그램에 참여한다. 다들 각자의 꿈을 가지고 입학한 MBA 과정이니, 누군들 그 첫 프로그램에서 좋은 결과를 바라지 않으랴.

신입생의 입장에서 팀 빌딩 과제와 프레젠테이션이나 AV 과제가 겹치면 준비할 시간도 부족하고 작업량도 많아 밤을 새워야 할 경우도 있다. 코치는 보통 중요한 행사나 발표회가 있을 때만 함께한다. 저녁 시간에는 신입생들이 팀별로 자유롭게 배정받은 교실에서 과제를 수행한다. 하루는 신입생 팀들이 과제를 하는 모습을 보려고 교실로 찾아갔더니 몇몇 친구들이 보이지 않는 것이었다. 이유를 물어보니, 누구는 회사에 일이 있어서, 누구는 몸이 아파서 오지 못했단다. 남은 인원들은 모여서 PT 과제를 하고 있었다. 다들 얼굴에 생기도 없고 기운도 없어 보였다. 나는 속으로 '신입생이라면 가장 적극적으로 참여해야 할 오리엔테이션인데 이런저런 핑계로 빠지는 걸 보니 얘들이 별 의욕이 없나 보네' 하고 생각하며 실망하긴 했지만 대수롭지 않게 넘겼다.

그 다음날 다시 그 교실을 찾아갔다. 어제 보이지 않던 신입생들은 여전히 보이지 않는 게 아닌가? 대신 핑계를 대는 팀원들의 표정이 너무 어색했다. 난 뭔가 수상하여 팀장에게 직접 말했다. "사실대로 얘기해줘." 그랬더니 팀장이 하는 말이 가관이었다. 과제 수행의 효율을 높이기 위해 분업을 해서 각자 맡은 부분을 하기로 했단다. 그래서 누구누구는 기숙사에서 팀 소개 보드를 만들고 있고, 누구누구는 집에서 동영상을 만들고 있고, 누구누구는 무슨 과제를 하고 있고, 그 나머지는 교실에서 PT 준비를 한다는 것이었다. 나는 그 말을 듣고 너무 어이가 없고 황당했다. 팀 과제를 팀으로 수행하지 않고 개인별로 나눠 수행하는 게 무슨 의미가 있단 말인가? 이들은 학교에서 오리엔테이션을 시행하는 기본 의도와 목표조차 이해하지 못하고 있었다. 그건 누구의 결정이냐고 물었더니 모두의 결정이란다. 모두의 결정이라는데 왜 팀원들의 표정이 어둡단 말인가.

지금은 내가 3년간의 중국 현지 직장생활을 통해 중국어로 말하는 것에 많이 단련됐지만, 그때만 해도 그런 상황에서 내가 하고 싶은 말을 중국어로 어떻게 표현해야 할지 몰라 난감한 경우가 많았다. 같은 중국어라고 해도 일상대화를 하는 요령, 프레젠테이션을 하는 요령, 그리고 이럴 때 선배나 상사로서 조언을 하는 요령이 같지는 않다. 더구나 내 중국어 어휘력도 부족한 상태였으니 오죽했겠는가! 한국에서였다면 하고 싶은 말을 따발총 쏘듯 두두두두 쏟아냈겠지만, 중국어 실력이 모자란 탓에 잔뜩 화난 마음을 겨우 다스리면서 일단 알겠다고만 하고 돌아설 수밖에 없었다.

기숙사로 돌아온 후에도 생각할수록 어이가 없고 화가 났다. 그래서 허원에게 전화를 걸어 방금 이런 일이 있었다고 상황을 설명했다. 그러고는 코치를 맡은 이상 잘못된 점은 잘못됐다고 말해주고 올바른 방향을 알려주는 게 내 소임인 것 같아 노트북을 켜고 팀원들에게 보낼 메일을 쓰기 시작했다. "오리엔테이션을 하는 목적은 과제 수행의 결과를 만들어내는 데 있는 게 아니라 과제를 수행하는 과정에서 팀원들끼리 교류하고 협심해서 하나의 생각과 팀워크를 만들어내는 데 있다. 너희가 지금 이런 식으로 과제를 수행하는 것은 굉장히 잘못된 태도다. 나 개인적으로는 과제를 처음부터 전부 다시 하는 게 옳고 바람직하다고 생각한다." 대충 이런 내용의 그리 길지 않은 메일을 쓰는 데 장장 2시간이나 걸렸다. 메일을 보내고 시계를 보니 어느덧 새벽 2시가 넘은 시간이었다. 나는 일단 내 소임을 다 했으니 후배들이 어떻게 반응할지는 그들의 판단에 맡기자고 생각하며 잠에 들었다.

이틀 뒤 AV 과제 발표회 겸 오리엔테이션 폐막식이 열렸다. 나와 허원은 거의 마음을 비우고 모든 걸 포기한 상태로 후배들이 발표하는 동영상을 볼 준비를 했다. 우리가 맡은 팀이 발표할 순서가 왔다. 그런데 놀랍게도 팀원 중 한 명이 혼자서 만든 동영상이 아니라 완전히 새로 구상해서 팀원 모두가 함께 만든 동영상이 화면에 나왔다. 한눈에 봐도 첫새벽에 캠퍼스를 돌아다니며 촬영을 했음을 알 수 있었다. 애벌레가 여러 가지 고난을 거쳐 나비로 변하는 과정을 코믹하게 꾸민 동영상 작품이었다. 시간이 굉장히 촉박했을 텐데도 용케 테마가 살아 있고 구성도 재미나게 된 동영상을 제작한 것이었다.

후배들이 대견하다는 생각에 내 마음이 뿌듯했다.

　폐막식 행사에서 우리 팀이 AV 최우수상을 받았다. 사회자가 최우수상 수상팀으로 우리 팀을 호명했을 때 팀원 전원이 환호성을 지르며 앞으로 나가 껑충껑충 뛰면서 좋아했다. 솔직히 말하면 동영상을 보고 나서도 최우수상까지는 생각하지 못한 나는 예상 밖의 결과에 흐뭇한 느낌이 들었다. 허원과 나는 의미심장한 눈빛을 교환하며 손을 맞잡았다. 감독을 맡았던 친구가 앞에서 수상소감을 얘기하면서 나와 허원 두 코치 때문에 새로 찍은 작품이라며 우리에게 고맙다고 말했다. 그 한마디만으로도 우리 둘은 너무나 기분이 좋았다. 그렇게 09학번 후배들의 오리엔테이션이 마무리되고 우리의 3학기가 시작됐다.

시장 마케팅 시뮬레이션

위춘링(于春玲) 교수님의 시장 마케팅 시뮬레이션(市场营销模拟) 과목은 기업운영 시뮬레이션 프로그램을 이용하는 수업이었다. 기업을 실전에서 운영하듯이 팀별로 회사를 구성하고, 전략을 정하고, 여러 가지 경영 문제에 대한 결정을 내리고, 최종 결과를 도출해서 리포트로 작성해 제출하는 식으로 진행됐다.

나는 2004년에 들어간 첫 직장의 신입생 입문교육에서도 이와 비슷한 교육을 받았던 기억이 났다. 그때에도 이 수업에서 이용한 것과 비슷한 시뮬레이션 프로그램을 이용하여 기업운영에 관한 교육을 받았다. 팀원들끼리 역할을 정하고 각 회차별로 의사결정을 위한 미팅을 하고 거기서 결정된 내용을 입력하면 팀별로 시장에서의 매출, 시장점유율(M/S), 이익 등의 결과가 나온다. 이 결과에 따라 잘한 팀과 못한 팀이 정해지고, 최우수팀이 뽑혔다. 그때 우리 팀은 잘못된 의사결정으로 인해 회사가 부도가 나서 CEO 역할을 맡았던 동기가 교육장 한편에 마련된 감옥에 몇 차례 감금됐다. 감옥에 갇힌 그 동기의 모습을 보니 웃기기는 했지만, 차마 웃을 수는 없는 상황이었다. 칭화대 MBA 과정의 시장 마케팅 시뮬레이션 수업은 신입사원 입문교육과 콘셉트는 비슷하지만, 자세히 들여다보면 강도와 깊이가 확연히 달라 수준은 훨씬 더 높은 교육과정이라 할 수 있다.

수업은 순더관 3층에 있는 컴퓨터실에서 진행됐다. 팀별로 각각 한 테이블에 앉아서 수업을 받았다. 수업 전반부에는 교수님이 이론적인 내용을 설명했고, 후반부에는 조별 토론을 통해 전략을 결정하고 우선 한 회차를 운영한 뒤 그 결과를 공개하고 서로 토론했다.

설정된 제품은 휴대전화였다. 우리는 전체 인원을 8개 팀으로 나누어 각 팀마다 회사를 설립하고, 팀원들 사이에 역할을 분담하고, 회사 이름과 비전, 임무 등을 정하고, 경영전략을 수립했다. 회차마다 제품 가격, 마케팅 비용, R&D 비용, 신기술 출시 시점 등을 정해야 했다. 기업운영과 관련된 이런 주요 인수들을 입력하면 8개 팀 각각의 전략에 따른 프로그램의 결과로 매출액, 시장점유율(M/S), 주식가격 등이 도출된다. 뒤로 갈수록 내용이 점점 더 복잡해져서, 미국이나 유럽에 진출해야 하는 경우도 생기고, 대륙마다 투자비용을 따로 설정하고 마케팅 비용도 나누어야 하는 경우도 생겼다.

나는 우리 팀이 설정한 회사 '레몬'의 CEO를 맡았다. 우리 팀에는 그다지 열심히 할 것 같지 않은 친구들이 많았다. 그러다 보니 아니나 다를까, 내가 우려한 대로 몇몇은 전략 결정을 위한 토론이나 수업에 자주 빠졌고, 나머지 팀원들도 그다지 성의있게 수업에 참여하지 않았다. 매주 전략을 정하여 수치를 입력하는 작업이나 중간중간 제출해야 하는 리포트를 작성하는 일은 고스란히 내 차지가 됐다.

회차마다 수치를 입력하고 결과가 공개되면 여기저기서 환호나 탄성이 터져 나왔다. 별것 아닌 것처럼 생각되는 몇 가지 인수를 입력했는데도 매출액부터 이윤, 주가, 대륙별 시장점유율까지 다 결과물로 나온다는 것이 신통하기도 했고, 기업을 운영한다는 것 자체가 실제로도 의사결정이 대부분인 시뮬레이션 게임과 비슷한 게 아닐까 하는 생각도 했다. 처음에는 잘 나가던 회사가 회차를 거듭할수록 계속 하락세를 걷기도 했고, 처음에는 그저 그랬던 회사가 갈수록 경쟁력을 갖추어 앞 순위로 치고 나오기도 했다. 우리 팀은 처음에는 중간 정도였는데, 명확한 전략 부재로 시장에서 이리 부딪히고 저리 부딪히다가 결국 뒤에서 2등을 했다. 부끄러운 성적이었지만, 손발이 맞지 않는 팀원들과 회사를 운영했으니 필연적인 결과라는 생각도 들었다.

나는 최종 결과에 따라 성적을 받을 거라고 예상하고 낙담하고 있었는데, 위춘링 교수님의 생각은 달랐다. 마지막에 팀이 아닌 개인별로 리포트를 따로 작성해 제출하라고 하셨다. 수업을 듣고 자신이 얻은 경험과 교훈에 대해 쓰라는 것이었다. 나는 솔직한 내 심정을 리포트에 썼다. 기업을 운영하는 데 있어서 정말로 중요한 것은 과학적인 판단에 의한 의사결정이 아니라 사람들과의 팀워크라고. 수업을 들으면서 가장 힘들었던 점도, 최종 결과에 가장 큰 영향을 미친 것도 분석력이나 판단력과 관련된 것이 아니라 팀워크와 커뮤니케이션의 문제였다고.

사실 명확한 전략이 있었고 팀 안에 잡음 없이 한 방향으로만 '레몬'을 운영했다면 전략이 얼마나 우수했는가와 상관없이 우리 팀은 적어도 중간 정도는 했을 것이라고 나는 생각했다. 그런데 팀원들 대부분이 성의 없이 듣는 둥 마는 둥 수업에 참여했고, 그냥 방관만 했으면 차라리 나았을 텐데 자기는 참여하지도 않은 토론의 결과에 대해 자기 마음에 안 든다고 태클을 거는 팀원들도 있었다. 나는 CEO로서 이런 난관을 원만하게 해결하지 못했고, 계속 친구들의 의견에 끌려 다녔다. 싫은 소리 하지 않고, 좋은 게 좋다고 서로 얼굴 붉히지 않는 것이 최고라고 생각했다.

물론 시뮬레이션 상황이 실제 기업 상황과 완전히 같지는 않을 것이다. 시뮬레이션에서는 팀원들이 같은 반의 동기 관계이기 때문에 강제성과 상하 개

넘이 없다. 그러나 기업에서는 상하 개념은 물론이고 보상과 처벌이 당근과 채찍으로 작용하므로 이런 실재하는 요소들을 활용할 수 있다. 그리고 시뮬레이션은 그냥 수업의 한 과정일 뿐인 반면에 기업 운영은 생계를 걸고 주업으로 하는 일이니 사람들이 좀 더 시간을 많이 투자하고 노력할 것이다.

어쨌든 리더십의 측면에서건 기업운영의 측면에서건 배운 것이 많은 수업이었다. 그리고 전에는 접해보지 못했던 프로그램을 이용하며 진행된 수업이라서 나로서는 새로운 마음으로 흥미를 느끼며 수업에 참여할 수 있었다. 우리 팀의 회사 '레몬'의 실적이 부진했기에 좋은 성적은 포기하고 있었는데, 웬걸, 나는 이 과목에서 91점이라는 놀라운 점수를 받았다.

비즈니스 협상론

스융형(石永恒) 교수님의 협상론(商务谈判) 수업은 비즈니스를 하면서 부딪히게 되는 각종 협상의 상황에서 어떻게 하면 가장 효율적으로 내가 원하는 결과를 이끌어낼 수 있는지를 가르쳐주는 과목이었다. 스 교수님도 칭화대에서 학사, 석사, 박사 학위를 취득한 3칭이셨다. 강의할 때 재치와 입담이 보통이 아니셨다. 그래서 나는 늘 어떻게 시간이 지났는지 모를 정도로 집중해서 수업을 들었다. 수업 초반부에는 교수님이 이론적인 설명을 해주셨고, 후반부에는 학생들이 팀을 나누어 모의협상을 했다. 시간을 정해 모의협상을 하고 그 결과를 평가해 가장 우수한 팀부터 가장 떨어지는 팀까지 순위를 매기는 방식으로 수업이 진행됐다.

모의협상을 위해 교수님께서는 두 개의 회사가 현재 직면한 상황에 대한 설명이 적힌 프린트물을 나누어주셨다(이때 상대방 회사에 대한 정보는 알 수 없다). 그 프린트물에는 협상을 통해 어떤 결과를 도출해야 하는지에 대한 지침도 씌어 있었다. 예를 들어 A 회사는 빌딩을 팔아야 하고 B 회사는 빌딩을 사야 하는데, 자금사정에 비추어 A는 어떤 가격과 어떤 조건으로 팔아야 하고 B는 어떤 가격과 어떤 조건으로 사야 한다는 식이다. 협상에 들어가기 전에 팀별로 전략을 정하여 누가 주가 되고 누가 보조가 되어 협상을 진행할지, 예기치 못한 상황이 발생하면 어떻게 대응할지 등도 정한다.

모의협상이 시작되니 교실은 그야말로 아수라장이었다. 옆에서 협상하는 소리가 하도 커서 우리 조도 서로 목소리를 높이지 않으면 말하는 게 들리지 않을 정도였다. 모의협상인데도 불구하고 얼굴을 붉히고 씩씩거리며 다투다가 싸우기 직전까지 가는 팀들도 있었다. 한 여자 학우는 전략으로 그랬는지는 모르겠으나 진짜 눈물을 흘리기까지 했다. 그런가 하면 실제 협상이 아니다보니 리스크가 실감나지 않아서 그랬는지, 싫으면 말아라 식의 막가파 협상을 하는 팀들도 있었다.

나는 처음에는 중국어에 자신이 없어서 주로 우리 팀이 다른 팀과 협상하는 것을 지켜보는 관찰자의 태도를 취했다. 그러나 수업 후반부로 갈수록 나도 점점 더 적극적으로 협상에 참여하게 됐다. 당시에는 몰랐지만, 그때 모의협상을 하면서 단련한 여러 가지 협상 요령이나 입심이 나중에 직장에서 실제 영업 업무를 할 때 나에게 많은 도움이 됐다. 협상이 끝나면 서로 상대방 팀원들의 협상 스킬에 대해 피드백을 해주었다. 하루는 현직 경찰인 P반 친구가 우리 팀과의 협상이 끝난 뒤 피드백에 '김지영 협상태도 비이성적' 이라고 써줬던 기억이 난다. 그날 내가 상대 팀을 잔뜩 약올렸던 것이다. 그것은 비판이었지만 나로서는 중국어로 비이성적으로나마 협상을 해서 상대방으로 하여금 그 정도로 열 받게 했다는 것만으로도 왠지 한 걸음 발전한 기분이었다.

협상론 수업에서는 이런 모의협상 외에도 내가 그전에는 전혀 몰랐던 중국 내 지역감정과 각 지역인에 대한 중국사람의 일반적인 견해에 대해 알게 되는 소득이 있었다. 이 수업은 정말로 재미있고 흥미롭게 들었고, 이 수업에서 배운 것은 중국에서 MBA 공부를 하면서만 배울 수 있는 내용이 아닐까 하는 생각을 했다. 한국에도 지역감정과 지역차별이 아직 존재한다. 하지만 그런 사실을 외국인이 인지하거나 깊이 이해하기는 힘들 것이다. 중국에 어떤 지역감정이 있는지, 어떤 지역에 대해 어떤 편견이 있는지를 외국인이 직접 알 기회가 드물다. 그런데 그런 내용을 교수님께서 강의시간에 공개적으로 설명해주셨다. 이는 쉽게 얻을 수 있는 경험이 아니라고 생각했다. 실제로 그 뒤로 지금까지 5년 이상 중국에 살면서도 누군가가 중국 내 지역감정이나 특정 지방에 대한 편견에 관해 얘기하는 것을 들을 기회는 다시 없었다.

하루는 교수님께서 '상하이 사람'에 대해 이야기하셨다. 교수님은 먼저 상하이 사람이 있으면 손을 들어보라고 하셨다. 아무도 손을 들지 않았지만, 나는 내 옆에 앉은 웨이자(韦佳)가 상하이 사람이라는 사실을 알고 있었다. 웨이자는 내가 신경 쓰였는지 작은 목소리로 나에게 "괜찮아. 우리 아빠는 상하이 사람이고 엄마는 상하이 사람이 아니니까 난 50%만 상하이 사람이야"라고 말했다. 교수님은 상하이 사람들과 비즈니스를 할 때 주의할 점에 대해 알려주시면서 그들의 짠돌이 기질, 외지 사람을 배척하는 태도, 오만함 등에 대해 언급하셨다. 그때만 해도 내가 졸업 후에 상하이에서 일하게 될 줄은 꿈에도 몰랐다.

상하이에서 일하고 생활하면서 더 잘 알게 됐지만, 외지 사람들은 대부분 상하이 사람을 좋아하지 않는다. 상하이 사람들 역시 외지 사람을 낮추어 보는 경향이 강하다. 일단 상하이 말로 말을 걸었는데 대화가 잘 안 되면 외지 사람으로 치부하고 대놓고 한 수 낮춰 보기 시작한다. 이에는 상하이가 중국에서 경제적으로 가장 발전한 도시라는 자부심의 영향이 크다. 또 기본적으로 상하이에서는 남자는 남자답지 못하고 여자는 기가 세서 남자가 항상 여자에게 잡혀 산다는 인식이 강하다. 나 역시 그런 편견에 영향을 받아서 그런지 상하이 사람을 그다지 좋아하지 않게 됐다. 특히 어디에서나 싸우듯이 시끄럽게 대화하는가 하면 적은 양이라도 물건을 살 때면 한푼이라도 더 깎으려고 기를 쓰는 그들을 보면 고개가 절레절레 저어질 때가 많다.

이 수업을 들으면서 이처럼 중국에도 출신 지역에 따른 지역감정이나 편견이 존재한다는 것을 알게 됐다. 나중에 중국의 지역별 사람들의 특성과 지역감정에 대해 따로 스터디한 적이 있는데, 그래서 알게 된 것들이 지금까지 참 많은 도움이 됐다. 물론 고정관념이나 편견을 가지고 다른 사람을 대하면 안 되겠지만, 중국사람이 서로를 어떻게 생각하는지, 그리고 출신지역별로 어떤 기질이 있는지를 알고 중국사람을 대하는 것과 전혀 모르고 그러는 것은 큰 차이가 있다고 생각한다.

이 수업의 평가는 평소점수 30%와 개인과제 70%로 이루어졌는데, 나는 90점으로 마무리했다. 생각보다 높은 점수였다.

인터넷 마케팅

3학기는 본격적으로 선택과목을 듣는 학기였다. 나는 마케팅 쪽으로 전공 방향을 정하고, 그중에서도 인터넷 마케팅에 집중하여 공부하고 논문을 쓰기로 마음을 정한 상태였다. 장쉬핑(姜旭平) 교수님은 3학기에 두 개의 과목을 맡으셨는데 그중 하나는 인터넷 마케팅(网络营销), 다른 하나는 신매체 마케팅이었다. 수업은 전반 8주와 후반 8주로 나누어 진행하셨다. 나는 두 과목 모두 선택해 수강했다.

장 교수님은 내가 수업을 들은 교수님들 가운데 가장 멋스러운 분이셨다. 연세가 있으신데도 불구하고 180cm가 넘는 큰 키에 언제나 말끔한 정장을 입고 강의하러 오셔서 다른 교수님에게서는 느껴지지 않던 부드러운 카리스마가 팍팍 풍겼다. 다른 교수님들 중에는 자다가 일어나 바로 나오신 것처럼 뒷머리가 눌린 상태로 강의에 들어오시는 분들도 있었는데, 장 교수님은 그런 교수님들과는 하늘과 땅 차이였다.

평가 배분은 80%가 개인과제, 20%가 출석 등 평소 성적이었다. 매 수업마다 과제가 있는 건 아니어서 비교적 편한 마음으로 수업을 들을 수 있었지만, 개인과제 비중이 워낙 크다 보니 수업 후반부로 갈수록 어떤 과제를 어떻게 해야 하나 하는 걱정에 부담이 커졌다.

수업은 인터넷 마케팅의 정의와 추세, 인터넷 마케팅과 전통 마케팅의 차이점, 전자상거래(E-commerce) 사이트의 운영 등에 대한 개괄적인 설명과 구체적인 사례 해설 위주로 진행됐다. 당시 타오바오, 알리바바, 아마존 등의 인터넷 기업들이 유례없는 성공 가도를 달리고 있었다. 그런 상황의 영향으로 인터넷 마케팅에 대한 학생들의 관심이 대단히 커서 이 수업을 들으러 온 학생들로 강의실이 항상 만원이었다. 타오바오의 창업자 마윈(马云)은 당시 비즈니스계에서 거의 중국의 빌 게이츠 수준으로 추앙받고 있었다.

중국의 인터넷 비즈니스 환경은 한국과 상당히 다르다. 일단 인구가 13억 명으로 한국의 5천만 명보다 훨씬 많고, 이런 인구수 차이만큼이나 인터넷 사용자 수가 많으며, 이로 인해 중국의 인터넷 비즈니스는 그 규모 자체가 한국과는 비교되지 않을 정도로 크다. 중국의 소매업체들은 매년 11월 11일에 연중 최대 규모의 판촉 프로모션 행사를 벌인다. 2013년 11월 11일 하루에 중국의 온라인 마켓 'Tmall'에서는 350억 위안(약 7조 원)의 매출을 올렸다. 중국의 포털 시장도 한국과 많이 다르다. 네이버나 다음 같은 토종 포털사이트가 검색 시장을 독식하고 있는 한국과 달리 중국에서는 바이두(百度)가 선전하고는 있으나 독식하지는 못하고 있으며, 외국 업체를 포함한 다수의 업체들이 검색 시장을 분점한 가운데 치열하게 경쟁하고 있다. 인터넷 비즈니스 시장에서도 로컬 업체들이 현지 상황에 따라 각 업종에서 그야말로 춘추전국시대를 펼치고 있다.

나는 그전에는 몰랐던 마케팅 분야의 이론적인 부분들을 이 수업을 들으며 배울 수 있었다. 수업을 듣는 동안 교재 예습, 복습과 그 밖의 자습도 꾸준히 병행했다. 특히 중국 현지의 마케팅 케이스들에 대한 교수님의 생생한 설명은 내게 큰 도움이 됐다.

도중에 한국에서 어느 교수님이 방문교수로 와서 이 수업을 참관하신 적이 있었다. 장 교수님은 나를 부르시더니 그 한국 교수님이 그곳에 체류하는 동안 학교에서 생활하시기에 불편하지 않도록 통역을 비롯한 이런저런 도움을 줄 수 있겠느냐고 물으셨다. 나는 당연히 좋은 기회라고 생각하고 흔쾌히 그러겠다고 대답했다. 이 일을 계기로 나는 개인적으로 장 교수님의 연구실을 드나들며 교수님이 연구하시는 과정을 옆에서 볼 수 있었다. 그리고 이것이 인연이 되어 나중에 내 논문지도 교수로 장 교수님을 모실 수 있었다. 한번은 장 교수님이 한국을 방문한 경험을 얘기해주시며 "솔직히 경복궁과 덕수궁을 보고 규모가 너무 작아 실망했다"거나 "유적지나 유물을 보면 한국도 한자문화권인데 중국문화와 어떤 차이가 있는지 잘 모르겠다"거나 하는 말씀을 하셨다. 이런 말씀에 대해 나는 당시에는 따로 생각해보지 않았지만, 그 후 시간이 지날수록 한 사람의 한국인으로서 중국인에게서 그런 지적을 받으면 어떻게 설명해야 하는지를 종종 생각하게 됐다.

나는 개인과제로는 한국의 대표적인 블로그 마케팅 사례를 소개하고 그 과정을 구체적으로 설명하는 내용의 리포트를 작성해 제출했다. 교수님께서 그 리포트 내용에 관심을 보이셨고, 그래서 나는 나중에 이것을 더 발전시켜 논문으로 작성했다. 인터넷 마케팅 과목에서 나는 MBA 과정의 전 과목 중 가장 높은 점수인 95점을 받았다. 단일 성적으로 MBA 과정의 전체 학생 중에서도 거의 1등이나 2등에 해당하는 점수였다. 처음 입학해서 얼마 안 됐을 때에는 수업에 들어가면 숨도 제대로 못 쉬던 내가 이런 좋은 성적을 받는 날이 오다니! 믿어지지 않았다.

마케팅 리서치

마케팅 리서치(营销研究)는 내가 제목만 보고 마케팅 전문가가 돼 보겠다며 야심차게 신청한 과목이었다. 그런데 안타깝게도 이 과목의 수업에 대한 기억은 거의 남아 있지 않다. 이 과목을 맡은 셰짠(谢赞) 교수님은 베이징대 학부를 나와 칭화대에서 박사를 취득한 분으로, 한눈에 봐도 천재로 보이는 분이었다. 그런데 아쉽게도 학생들에게 지식을 전달하는 과정인 강의에서는 그렇게 흡인력 있는 스타일이 아니었다.

3학기에는 필수과목 수업을 주로 듣는 1~2학기와 달리 선택과목 위주로 수업을 듣기 때문에 학생들의 열기가 1~2학기에 비해 많이 떨어진다. 이런저런 핑계를 대고 수업에 빠지거나 과제를 할 때 슬쩍 무임승차하는 친구들이 늘어난다. 또 대리출석을 부탁하는 친구들도 많아진다. 출석 체크는 대부분 수업이 시작되기 직전이나 쉬는 시간에 조교가 있는 곳에 가서 학번과 이름을 쓰게 하는 방식으로 이루어졌다. 그런데 가끔 어느 한 학생이 대리출석을 부탁받은 건수가 너무 많아 무리하게 학번과 이름을 많이 쓰다가 조교에게 들키거나 교수님이 호명할 때 제대로 대답하지 못해 들키는 등 각종 '위기상황'이 연출되곤 했다. 요즘은 지문으로 출석 체크를 하는 시스템이 점점 더 많이 도입되고 있다고 한다. 그런데 지문 출석 시스템에도 대리출석을 위한 새로운 대응방법이 개발됐다고 하니, 역시 중국이구나 싶다.

중국에서 MBA 공부를 하면서 나로서는 놀랍기도 하고 감동적이기까지 한 것 중 하나는 적어도 우리 F2반은 운명공동체라는 인식이 정말 강한 점이었다. 뺀질이 같이 수업에 빠지거나 과제에 무임승차하려는 친구들도 웬만하면 다 포용해주었고, 대리출석이건 대리과제제출이건 늘 서로 진심으로 도와주려고 했다. 이렇게 우리 반에는 서로 믿고 의지하고, 서로 낙오하지 않도록 밀어주고 끌어주는 시스템이 굳건히 형성돼있었다. 그런 공동체 의식이 있었기에 나는 지금까지도 당시의 우리 반 친구들과 사심이나 어떤 목적성을 갖고 네트워킹하는 게 아니라 그저 만나면 반갑고, 즐겁고, 서로 도와주지 못해 안달인 관계를 유지하고 있는 것 같다.

마케팅 리서치 과목의 수업은 마케팅 리서치의 여러 방법들과 그 각각의 기본 프로세스에 대한 소개, 설문조사 방법을 이용한 실습과 그 결과에 대한 통계 처리 및 결론 도출, 최종 리포트 제출로 이루어졌다. 우리 팀은 노트북을 목표 제품으로 정하여 각 노트북 브랜드에 대한 소비자 설문조사를 실시한 뒤 SPSS 프로그램을 돌려 얻어낸 결과를 보고서로 작성해 팀 과제로 제출했다. 나는 이 팀 과제는 다행히 가장 쉬운 부분을 맡아 '몸으로 때우고' 무사히 통과했다. 그런데 문제는 개인과제였다.

처음에는 나도 열과 성을 다해 열심히 수업을 들었다. 다른 건 몰라도 적어도 내 사전에 결석이란 없었다. MBA 과정 전 과목 개근상이 있었으면 그건 바로 내가 받아야 했다. 그런데 수업에 출석하는 것과 수업을 따라가는 것은 전혀 다른 일이었다. 처음에는 관심 있게 듣기 시작한 수업이 뒤로 갈수록 어려워지기 시작하더니 급기야 SPSS 프로그램을 돌리고, 샘플을 추출하고, 인수를 분석하기 시작하게 되면서 나는 뇌 기능 마비 상태로 빠져들었다. 이건 마케팅 과목이 아니라 거의 통계나 수학 과목이었다. 은행에 대한 설문조사를 가지고 개인과제를 완수해야 하는 나로서는 피가 바짝바짝 마를 일이었다.

부끄럽지만 솔직히 고백하건대, 그때 나는 어쩔 수 없이 지금의 남편 류명에게 도움을 요청했다. 기댈 데라곤 수학과 출신인 이 남자친구밖에 없었다. 류명은 파이낸스 쪽으로 전공 방향을 정했기 때문에 마케팅에 관한 수업은 들을 필요도 없었다. 그러나 나는 이 수업을 듣고 그 내용을 류명에게 말로 설명해줄 능력을 갖고 있지 않았다. 그래서 나는 수업 중반부터는 수강신청도 안 한 류명으로 하여금 직접 출석하여 수업을 듣게 했다. 아침잠도 많은 친구에게 그것도 토요일 아침에 직접 출석해 수업을 듣게 했다. 내가 하도 울고 불며 사정을 하니 '저러다가 진짜 과락할지도 모르겠다' 는 걱정에서 류명이 자기 한몸 희생하기로 결심했던 것 같다. 그런데 류명은 집중해서 수업을 듣지는 않는 듯했다. 아무튼 그는 과제를 해야 할 때가 되자 통계 프로그램을 대충 돌리더니 나름 논리가 있는 분석을 해서 내 과제를 대신 해주었다. 그것도 모자라 오지랖 넓게도 다른 친구들의 과제까지 도와주었다. 생각지도 못한 '잉여인력' 의 출현에 우리 반 친구들은 아주 신이 났다. 여기저기서 류명에게 대리출석 부탁을 했다.

내 머릿속에 이 과목에 대한 기억이 별로 남아있지 않은 데는 다 이유가 있다. 스스로 떳떳하지 않으니 내 잠재의식 스스로도 별로 기억하고 싶지 않을 수밖에. 어쨌든 결과적으로는 나는 86점이라는 점수로 이 과목을 무사히 마무리했다.

세일즈 매니지먼트

세일즈 매니지먼트(销售管理)는 사실 처음에는 그다지 선택하고 싶은 과목이 아니었다. 학점은 채워야 하는데 내가 들을 만한 수업이 없다보니 마지못해 선택한 과목이었다. 내가 MBA 과정을 졸업한 뒤 3년간 중국에서 B2B 영업 업무를 하게 될 줄을 그때 어떻게 알았겠는가? 그렇게 될 줄 알았더라면 의욕적으로 이 과목을 선택해서 좀 더 열심히 수업을 들었을 것이다. 졸업하고 난 뒤에는 이 과목뿐 아니라 영업 분야의 다른 관련 과목들도 선택해서 들었으면 좋았을 걸 하는 후회를 하곤 했다.

이 과목을 맡은 쑹쉐바오(宋学宝) 교수님은 세일즈 과목을 가르치는 교수답게 항상 긍정적 에너지와 열정으로 가득 찬 분이셨다. 영업을 하는 사람에게는 적극적이고 낙관적인 태도가 필요하다고 늘 강조하셨고, 스스로도 온몸으로 그런 태도를 보여주셨다. 이 과목의 수업은 영업의 이론 전반에 대한 강의와 팀별 발표 위주로 진행됐고, 평가는 팀과제 40%, 개인과제 40%, 평소성적 20%로 이루어졌다.

수업 전반부의 교수님 강의 내용에는 데일 카네기의 《인간관계론》이 많이 인용됐다. 그 외에는 일반적인 내용이 대부분이어서 기억에 남을 만한 특별한 것은 없었다. 부교재는 당시 중국에서 한창 인기가 있었던 《쮀단(做单, Make it mine)》이라는 세일즈 관련 소설이었다. 팀과제는 바로 이 《쮀단》의 각 챕터를 읽고 그 내용을 분석하는 것이었다. 당시 나는 중국어로 쓰인 책만 보면 숨이 턱 막히면서 이걸 언제 다 읽나 싶어 한숨부터 나오곤 했다. 그런데 어쩐 일인지 《쮀단》은 상당히 집중하며 재미있게 읽어 스스로 독파했다.

《쮀단》은 컴퓨터회사에서 영업 업무를 하는 주인공의 성장과정을 그린 소설이었다. 사실 그때까지 책상에 앉아서 이론만 배우고 있던 나는 가상의 내용이긴 하지만 중국의 현실을 사실적으로 반영한 이 소설을 통해 중국 기업의 영업 환경과 그 속내를 들여다 볼 수 있어서 참 좋았다. 이 소설은 실명을 약간씩만 비틀어 회사, 지역, 점포의 진짜 이름을 독자로 하여금 유추할 수 있게 해준 점이 특이했다. 예를 들어 베이징에서 가장 유명한 아가씨들이 나오는 주점이 어디인데 그곳의 하루 저녁 비용은 어느 정도이고, 그 주점이 손님들과 어떻게 네트워킹돼 있는지 등 지하세계에 관한 내용은 나로서는 흥미롭기 그지없었다. 그 밖에 중국의 직장문화, 내가 아직 가보지 못한 베이징의 구석구석, 밤 문화로 유명한 창사(长沙) 등에 관한 이야기도 흥미로웠다. 소설이라는 형식의 특성상 조금은 과장된 내용이 없지 않아 보였지만, 무엇보다 중국인들은 어떻게 영업을 하는지, 중국식 영업 문화는 어떠한지 등에 대한 답을 어느 정도는 얻을 수 있게 해준 책이었다.

개인과제는 각자 자신의 휴대전화 구매 경험에 대해 진술하고, 왜 그 휴대전화를 샀는지, 판매사원의 태도는 어땠는지, 무엇이 구매에 결정적인 영향을 미쳤는지 등에 대해 분석하는 것이었다. 나는 막 베이징에 도착했을 때 중관춘에서 노키아 휴대전화를 산 경험을 되짚어보며 리포트를 작성했다.

한번은 구체적인 상황은 잘 기억나지 않지만, 수업시간에 교수님께서 무턱대고 나를 호명하신 뒤 어떤 주제에 대한 발언을 요구한 적이 있었다. 아마도 내가 한국인이란 걸 아시고 자신감을 키워주려고 그랬던 것 같다. 교수님의 의도는 좋았지만, 예상치도 못한 지명을 당한 나는 순간 심장이 쿵쾅쿵쾅 뛰면서 피가 거꾸로 솟는 기분이었다. 무슨 말을 했는지도 모르게 몇 마디 대충 말하고 자리로 돌아왔다. 교수님은 매우 흡족해 하시며 박수를 쳐 주셨다. 외국인 유학생으로 F반 수업을 듣는 것은 친구들의 보호를 받는다는 장점도 있지만, 자신의 존재를 숨길 수 없고 늘 관심과 호기심의 대상이 된다는 단점도 있다는 사실을 알아야 한다.

현업으로 영업을 하기 전에는 간접부서나 지원부서의 일이 더 높은 레벨의 업무라고 생각했다. 그러나 직접 영업을 해보고 나니 정말로 실질적인 가치를 만들어내는 살아있는 업무는 필드 영업이라고 생각하게 됐다. 영업도 마케팅의 일부분이다. 아니, 마케팅의 가장 기본이 영업이라고 할 수 있다. 어떻게 보면 사람의 인생 자체가 영업이라고 할 수 있고, 모든 사람이 매 순간 다른 사람들과 가치를 교환하고 그 속에서 이익을 주고받는 영업사원이라고 할 수 있다. 그 가치가 우정일 수도 있고, 사랑일 수도 있고, 눈에 보이는 물질일 수도 있다는 것만 다를 뿐……. 세일즈 매니지먼트를 배우면서 이런 보편 가치로서의 영업에 대해 많은 것을 배울 수 있었다. 그러나 구체적인 영업의 스킬이나 세부적인 영업의 실무에 관한 것은 교수님의 강의 내용에 들어있지 않아 조금은 아쉬운 느낌이 들었다.

내 입장에서는 애써 중국에까지 가서 MBA 공부를 하는 보람도 없이, 교수님이 주야장천 하버드 경영대학원(HBS)에서 펴낸 케이스 모음집만 가지고 강의하시는 수업도 많았다. 하버드에서 연구하고 분석한 사례를 가지고 강의한다고 해서 수업이 하버드 수준이 되는 것은 아닌데……. 내가 볼 때는 이미 현실에서 한참 벗어난 구시대의 유물 같이 된 사례들이 많았다. 그런데도 무슨 대단한 기밀이라고 항상 '수업 외 용도로 사용 금지' 나 '외부유출 금지' 라는 딱지를 대문짝만하게 붙인 자료를 학생들에게 나눠주곤 했다. 내가 왜 중국 MBA 과정에 와서 미국 사례를 공부해야 하는지 이해가 가지 않을 때가 많았다. 지금은 이런 MBA 과정 수업용 스터디 자료의 제작과 유통도 하나의 비즈니스 분야가 돼있다.

그래도 이 과목은 전체적으로 보아 중국 현지 기업의 사례들 위주로 진행됐다. 이 때문에 내가 졸업한 뒤 현업에서 일하는 동안에 가끔 이 과목의 수업을 받던 때가 생각났고, 그때 배운 내용이 실제로 많은 도움이 됐다. 나는 80점이라는 점수로 세일즈 매니지먼트 과목을 마무리했다.

신매체 통합 마케팅

신매체 통합 마케팅(新媒体整合营销)은 3학기의 전반 8주 동안 진행된 인터넷 마케팅 수업의 연장선에서 후반 8주 동안 진행된 수업이었다. 인터넷 마케팅 수업이 주로 기업의 홈페이지와 인터넷 플랫폼에 국한된 내용을 다루었다면, 신매체 통합 마케팅은 BBS와 SNS을 비롯한 기타 인터넷 매체까지로 확장된 내용을 다루었다.

이 과목을 맡은 장쉬핑(姜旭平) 교수님은 인터넷 마케팅 과목에서와 마찬가지로 평가의 구성을 평소성적 20%, 개인별 과제 80%로 정하셨다. 과제로 내는 리포트는 7000~8000자 분량으로 작성해야 했다. 이런 평가 방식은 매주 과제가 있는 게 아니라는 점에서 어떻게 보면 편할 것 같지만, 혼자서 만만치 않은 분량의 리포트를 써서 내야 하기 때문에 성적에 대해 나 자신이 100% 책임을 져야 하니 부담스러운 것이었다. 더군다나 중국어는 띄어쓰기도 없고 매우 압축적인 언어여서 중국어로 쓰인 글을 한국어로 번역하면 그 양이 최소 3배가 넘는다는 사실을 고려하면, 7000~8000자라는 분량은 거의 소논문 수준이라고 할 수 있다. 어떻게 그렇게 쓰고 쓰고 해도 글의 양이 늘어나지 않는지……. 몇 자 입력하고는 글자 수를 확인하고, 또 몇 자 쓰고는 글자 수를 확인하는 과정은 내게는 그야말로 고통 그 자체였다.

첫날 수업에서 교수님은 평가과제의 주제와 요구사항을 학생들에게 공지하셨다. 학생들은 수업을 들으면서 각자 자기에게 적합한 주제가 무엇인지를 생각해서 수업이 진행되는 동안 알아서 리포트 작성을 시작해야 한다. 멍하니 수업만 듣고 있다가 8주차가 끝나갈 무렵부터 허겁지겁 리포트 작성을 시작하면 내용은 내용대로 부실해지고, 결국 성적도 엉망이 되는 경우가 많다. 교수님은 일곱 가지 리포트 주제 후보를 내주시면서 인터넷에서 내용을 카피하거나 출처도 분명치 않은 근거 없는 내용으로 리포트를 써서 냈다가 들키면 무조건 과락이라고 엄포를 놓으셨다.

수업은 전통적인 마케팅으로는 성공하지 못했을 열악한 환경을 인터넷 마케팅으로 극복한 싼푸후와이(三夫戶外)의 성공, 인터넷상 소비자 불만을 잘 해결하지 못해 결국 중국시장에서 물러난 SK-II의 위기대응 실패, 중국 소비자들의 여론을 잘 수렴하지 못한 코카콜라의 후이위안(匯源) 인수 실패 등의 케이스들을 분석하고 시사점에 관해 토론하는 식으로 진행됐다.

교수님은 특히 싼푸후와이 케이스에 시간을 많이 할애하고 그 내용을 아주 자세히 강의해주셨다. 싼푸후와이는 중국 현지의 아웃도어용품 전문 브랜드다. 이름에 들어있는 '싼푸(三夫, 세 명의 남자)'라는 말처럼 베이징대 출신의 청년 세 명이 같이 시작한 작은 규모의 등산용품점에서 발전하여 규모가 커졌다. 처음에는 점포의 입지가 좋지 않아 매출이 부진했으나 홈페이지를 잘 활용하고 동호회 활동 등을 적극적으로 후원해 지리적 열세를 극복하고 전국적인 체인으로 발전했다. 미래의 CEO가 꿈인 우리는 귀를 쫑긋 세우고 아주 열심히 수업을 들었다.

이 수업을 들으면서 중국은 진입하기도 만만치 않지만 진입해서 유지관리하기가 더 어려운 시장이라는 생각이 들었다. 특히 외자기업에 대한 배척과 적대감은 생각보다 심하다. 단지 일본 기업에 대해서만 그런 것이 아니라고 나는 생각한다. 철저히 현지화하고 현지인의 문화와 정서에 맞추어 기업을 운영하지 않으면 생각하지도 못한 지점에서 한 번에 우르르 무너질 수 있는 것이 바로 중국에 진출하는 외자기업이 공통으로 직면하는 현실이다. 핀란드의 노키아처럼 제품 경쟁력의 문제에서든, 일본의 도요타처럼 민족감정의 문제에서든 중국에 진출하는 외자 기업은 중국 현지인들이 요구하는 바를 잘 파악하고 대응해야 한다. 중국은 아직 드러내놓고 한국 기업에 대한 적대감을 표현하지는 않지만, 우리가 만약 중국을 진정성 있게 대하지 않고 과거처럼 낮추어 보고 무시하는 태도를 버리지 않고 유지한다면 어느 민감한 시점에 큰 문제가 생기리라는 것은 불을 보듯 뻔하다.

인터넷 마케팅과 같이 시시각각 빠르게 변화하는 것에 대해 학문적으로 배워 봐야 시류보다 늦는 것이 아닌가 하는 생각이 들기도 했다. 교재가 나오고 강의가 진행되는 순간에도 세상은 엄청난 속도로 변화하고 있기 때문이었다. 한때 중국식 트위터인 웨이보(微博)가 엄청난 인기를 누리면서 '웨이보 마케팅' 이 인터넷 마케팅의 주류를 이루었지만, 최근 몇 년 사이에 중국식 카카오톡이라고 할 수 있는 웨이신(微信)의 등장으로 '웨이보 마케팅' 이 '웨이신 마케팅' 에 현저히 밀리는 상황이 됐다. 한국에서건 중국에서건 인터넷 마케팅의 세계에는 절대 강자도, 영원한 강자도 없다는 사실을 또 다시 보여주는 상황이다. 경험을 답습하기보다는 경험을 통해 얻은 인사이트로 새로운 것을 창조해 나가는 것이 인터넷 마케팅을 하는 사람이 해야 할 일이 아닐까 생각해보았다.

이 수업에서 나는 리포트 주제를 위기관리로 정하고 한국의 아이리버와 해태음료의 어린이음료 '헬로 팬돌이' 의 사례를 분석하고 결론을 도출해 리포트를 작성했다. 85점이라는 성적으로 이 과목을 마무리했다.

기업윤리와 기업문화

기업윤리와 기업문화(企業伦理与文化)는 시안(西安) 출신인 장몐(张勉) 교수님의 수업이었다. 여담이지만, 교수님의 외모는 너무나 전형적인 산시(陕西)성 스타일이었다. 시안은 산시성의 도시 중 하나다. 산시성 사람들은 대개 턱이 발달한 사각형 얼굴에 뼈대가 굵고 키가 큰 편에 속한다. 교수님의 얼굴을 뵐 때마다 왜 그렇게 시안의 병마용이 떠오르던지…….

교수님은 기업의 윤리와 문화란 무엇인지, 그리고 기업문화가 왜 중요한지, 기업의 영속을 위해 기업가가 해야 할 일은 무엇인지 등의 문제에 대해 이론적 설명을 하시고 학생들과 함께 실제 사례를 들어 분석하고 그 시사점에 대해 토론하는 과정으로 수업을 진행하셨다. 평가는 시험 40%, 개인과제 30%, 팀과제 30%로 이루어졌다.

팀과제는 제트블루와 사우스웨스트항공의 기업문화를 비교해보고 교수님께서 제시하신 문제들에 대해 하나하나 구체적인 결론을 도출하는 것이었다. 제트블루와 사우스웨스트항공의 기업문화는 각각 어떤 특징을 가지고 있는지, 두 회사 기업문화의 공통점은 무엇이고 차이점은 무엇인지, 직원들에 대한 두 회사의 기본적인 가정은 무엇인지 등이 문제로 제시됐다.

개인과제는 자신이 몸담고 있거나 몸담았던 회사의 기업문화에 대해 리포트를 제출하는 것이었다. 약 3000자 정도의 분량으로 리포트를 작성해야 했다. 나는 한국의 대표 기업이라 할 수 있는, 내가 다니던 회사의 기업문화에 대해 비교적 상세한 내용으로 리포트를 작성해 제출했다. 교수님은 한국의 기업문화에 관심이 많아서 수업시간에 자주 나를 호명해 이런저런 질문을 던지곤 하셨다. 현재 중국에는 한국 기업의 성공전략을 분석한 내용의 책이 많이 출판돼있다.

수업의 내용도, 교수님께서 수업을 진행하신 방식도 특이한 점 없이 평범했다. 기업의 윤리와 문화를 다루는 수업이 너무 미국 기업 케이스 위주로 진행된 점은 조금 아쉬웠다.

한국 기업을 미국식으로 운영한다고 성공하는 것이 아니듯이 중국 기업도 미국 기업을 벤치마킹한다고 잘 운영할 수 있는 것이 아니다. 중국에서는 중국식으로 기업을 운영해야 하고, 중국 나름의 기업문화를 만들어가야 한다. 중국에서 성공한 외자기업들은 대부분 현지의 문화에 잘 적응하고 현지화에 많은 노력을 기울였기 때문에 성공할 수 있었다. 현지화에 성공한 외자기업 중 가장 대표적인 곳이 KFC다. 한국 기업 중에는 중국에서 완전히 성공했다고 할 만한 사례가 아직은 거의 없는 것 같다. 한국 기업들은 겉으로는 잘하고 있는 것 같지만 속으로는 여전히 한국식 사고방식과 중국에 대한 우월의식에 젖어있는 탓에 많은 리스크를 안고 있는 경우가 대부분이다.

중국에도 오래된 기업들이 많고, 막 떠오르는 신흥기업들도 많다. 이 과목을 통해 중국의 기업문화에 대해 좀 더 자세히 공부하고 들여다 볼 기회가 있었다면 좋았을 것이라는 생각이 든다. 중국 현지의 기업들에 대한 학계의 연구가 아직은 부족한 데다 실제 업계가 발전하고 변화하는 속도를 따라잡지 못한 탓에 이 분야에 대한 중국 MBA 과정의 교육 내용이 미흡했던 게 아닌가 싶다.

그렇더라도 나는 기업을 관찰할 때 제품이나 기술보다 기업문화와 같이 눈에 보이지 않는 자산을 더 중요하게 여겨야 한다고 생각하기 때문에 이 수업을 매우 진지하게 들었다. 나중에 내가 직접 창업을 하거나 기업을 운영할 때 가장 신경을 쓰고 중점을 두어야 할 부분도 바로 기업문화가 아닐까 생각해보았다. 나는 이 과목을 92점으로 마무리했다.

사람이 행복하다는 것은 과연 어떤 상태를 말하는 것일까? 그것은 아마도 내적 평화, 건강, 자아실현을 통한 자기만족, 자기에 대한 사랑 등이 합쳐진 상태가 아닐까? 머릿속으로는 이렇게 잘 알고 있지만, 막상 하루하루를 살아가면서 '정말 행복하다'는 느낌을 받을 때보다는 이런저런 고민과 걱정, 주위 사람들과의 시시콜콜한 갈등으로 행복은커녕 불행을 느끼는 때가 더 많은 게 사실이다. 나는 아직 수양이 더 필요한 것 같다.

내게는 콤플렉스의 결과이자 원인인 동시에 나를 지금까지 이끌어온 원동력이 있다. 그것은 바로 남들보다 우수해지고 싶다는 열망이다. 경제적으로 넉넉하지 못했던 어린 시절에 대한 보상심리 때문이 아닐까 생각한다. 나는 이런 열망 때문에 MBA 공부를 하러 중국에까지 왔지만, 다른 한편으로는 바로 이런 열망으로 인해 항상 나 자신에게 만족하지 못하고 나 스스로를 피곤하게 만든다는 것도 부인할 수 없다. 특히 나는 나보다 월등하게 뛰어난 사람을 보면 이내 상대적 열등감과 패배의식이 일어나 금세 불행을 느낀다. 이는 스스로 생각해봐도 지양해야 할 점이다. 경쟁에서 이기는 것과 나 자신의 행복이 정비례 관계는 결코 아니기 때문이다.

MBA 과정을 밟으면서 얻을 수 있는 소득 중 가장 큰 것은 다양한 배경을 가진 우수한 사람들을 한꺼번에 많이 만나게 되는 것이다. 그런 사람들을 보면서 자신을 돌아보기도 하고, 긍정적인 에너지를 많이 얻을 수도 있으니 정말 감사한 일이다. 그런데 칭화대 MBA 과정에서 내가 만난 사람들 가운데 너무나 우수한 인재여서 나에게 긍정적인 에너지를 주기보다는 엄청난 열등감을 더 많이 심어준 분이 있었으니, 그분은 바로 I반의 김경식 오라버니였다.

김경식 오라버니는 사실 개인적으로 이야기를 나누어 본 것도 몇 번 안 되고, 나와 그렇게 친하게 지낸 분도 아니었다. 이분은 기본 스펙만 봐도 엄친아 포스가 팍팍 느껴지는 분이었다. 일단 미국 하버드대를 나왔고, 마이크로소프트에 재직 중이었다. 세계에서 제일 좋은 대학과 직장을 배경으로 가진 분이니 처음 자기소개를 하실 때 다들 입이 쩍 벌어질 수밖에. 이런 대단한 분이다 보니, 08학번의 중국인 친구들이 모두 김경식 오라버니와 얘기를 나누고 친분을 쌓고 싶어 했다. 같은 한국사람이니 친분이 있는 줄 알고 나더러 그와 친하냐고 물어보는 중국인 친구들도 정말 많았다.

스펙도 스펙이지만, 그분은 늘 긍정적인 에너지가 넘쳤고, 생각이 자유롭고 여유로워 보였다. 어느 것에도 매인 데 없는 도사 같은 분위기 같은 것이 풍겼다. 한국사람들이 흔히 하는 지연과 학벌 내세우기, 그것도 안 되면 나이로 누르기, 남과 비교하기, 잘난 체하기와는 완전히 동떨어진 사람이었다. 이런 엄친아 오라버니를 보면서 나는 부럽기도 하고 또 어쩔 수 없이 배가 아프기도 했다.

나는 한국인 몇 사람과 함께 식사를 할 자리가 있어서 갔다가 그 자리에서 김경식 오라버니를 만났다. 그는 내게 중국어를 어떻게 공부했느냐고 물어보았다. 자기도 지금 학원에 다니면서 열심히 공부하고 있지만, 사실 어떻게 공부를 하는 게 좋은지를 잘 모르겠다고 했다. 나는 영어 공부를 어떻게 하셨는지를 돌이켜 생각해보시라고, 언어는 어느 나라 말이든 공부하는 방식이야 다 똑같지 않느냐고 했다. 그러자 오라버니는 자기에게 영어는 외국어가 아니라서 그렇게 해봐야 외국어인 중국어를 어떻게 공부해야 하는지를 알 수 없을 거라셨다, 헐! 이분, 영어 콤플렉스가 심한 나를 완전 자극하신다.

그래도 나는 속으로 이렇게 생각하고 그 상황을 넘겼다. '괜찮아, 괜찮아. 난 아직 어리잖아. 나에겐 아직 남은 시간이 더 많아.' 부족한 점이 많은 나도 매일 꿈을 향해 나아가는 노력을 한다면 언젠가는 조금 더 멋진 사람, 조금 더 성숙한 사람이 되고, 내가 원하는 나만의 포스를 가진 사람이 될 수 있으리라고 믿었고, 지금도 그렇게 믿는다.

교실 밖 에피소드 14_우린 F6예요!

대만에 F4(유명 4인조 뮤직 그룹)가 있다면 칭화대 MBA 과정에는 F6가 있다! F6란 F반의 한국인 유학생 여섯 명이 스스로 지어 부른 그룹 이름이다. F1반의 정대인, 박규석, 손재영과 우리 반인 F2반의 정성원, 문경일 등 다섯 오라버니와 나, 이렇게 6명으로 구성된 그룹은 중국어로 진행되는 F반에서 공부하면서 힘들고 어려울 때 서로 의지하고 위로하며 고난을 이겨낸 동지다.

사실 모든 과정이 중국어로 진행되는 F반을 외국인이 이수하는 것은 결코 쉽지 않다. 칭화대 MBA 과정의 역사상 우리 08학번에 이르기까지 F반에 들어온 외국인 유학생은 한국인뿐이었다고 한다. 다른 외국인에 비하면 한국인의 중국어 습득 능력이 훨씬 뛰어난 편이기 때문이다. 그러다가 09학번 때 F반에 드디어 노랑머리 외국인 유학생이 처음으로 들어왔다. 내가 들어봐도 그의 유창한 중국어 실력은 혀가 내둘릴 정도였다. 한국인은 중국인과 같은 아시아인이어서 어떻게 보면 중국인과 혼동되거나 중국 변방의 소수민족처럼 보이기도 한다. 그래서 한국인은 중국어를 아무리 잘해도 중국인에게 별다른 인상도, 감동도 주지 못한다. 이와 달리 노랑머리에 파란 눈을 가진, 게다가 키도 크고 핸섬한 외국인이 유창하게 중국어를 하면 중국인에게는 상대적으로 중국어를 아주 잘하는 것으로 느껴진다. 실제로 영어권 사람이 중국어를 배우는 것은 중국과 같은 한자 문화권에 속하는 우리나라 사람보다 더 힘든 것이 사실이니, 영어권 사람이 중국어를 잘하면 그만큼 더 돋보일 수 있다. 그래서 매년 설날 즈음에 열리는 외국인 대상 중국어 경연대회를 보면 참가자 중에 한국인이 많긴 하지만 최종 수상자는 비아시아권에서 온 외국인이 되는 경우가 많다. 보는 사람의 입장에서도 한국인이나 일본인이 중국어를 잘하는 것은 흥미도가 많이 떨어지고, 아프리카계나 미국계 외국인이 중국어를 잘하는 것이 더 재미있으니 이런 점이 참작되어 최종 수상자가 결정되는 게 아닌가 싶다. 동양인인 우리보다는 서양인에게 중국어를 잘하는 것이 훨씬 큰 장점이 된다.

어쨌든 우리 F6 여섯 명을 살펴보면 그 구성이 이렇다. 정대인, 정성원 두 명은 회사를 스폰서로 해서 왔고, 나머지 네 명은 자비로 왔다. 회사를 스폰서로 해서 온 두 명은 비중문과 출신이고, 나머지 네 명은 중문과 출신이다. 나이는 2008년 당시를 기준으로 20대 1명, 30대 4명, 40대 1명이었고, 결혼 여부는 미혼 2명, 기혼 4명이었다.

F6가 없었다면 나의 MBA 과정 생활은 훨씬 더 힘들었을 것이다. 숨도 못 쉴 정도로 수업을 따라가기가 어렵고 교수님께 지명 당할까봐 잔뜩 긴장하고 지내던 그때, 우리는 서로 의미심장한 눈빛을 교환하며 위로하곤 했다. '괜찮아, 힘내. 화이팅!' 그냥 서로의 존재만으로도 나 혼자만 힘든 건 아니라는 생각이 들어 위로가 됐다.

정신없는 1학기 초반이 지나자 우리 여섯 명은 공부하는 동안 학교 수업 듣는 것 외에도 뭔가 스스로에게 의미 있는 일을 해야 하지 않겠느냐고 의기투합하게 되어 정기적인 스터디 모임을 갖기로 했다. 중국의 경제, 사회, 문화 전반에 관한 것에서 매주 주제를 정해 한 명씩 돌아가며 발표를 하고 토론하는 식으로 모임을 진행했다. 각자 다른 배경을 가지고 있고 관심사도 다르다 보니 나에게는 이 모임이 그전에는 생각하지도 못했던 이야기를 들을 기회가 됐다. 특히 정대인 오라버니는 자기가 직접 발표를 준비하기보다 인맥을 활용하여 업계 전문가를 초빙해 특강을 듣는 자리를 마련하곤 했다. 한국계 금융회사의 중국지사에서 일하는 분이 와서 중국시장의 투자 현황을 설명해주시기도 했고, 전직 국회의원이 와서 중국의 정치에 대한 이런저런 관점에 대해 얘기해주시기도 했다. 또 우리는 중국에서 사업을 하고 있는 한국인의 근무 현장에 찾아가 그곳의 실제 현황에 대한 설명을 듣기도 했다.

우리가 스터디 모임을 시작했다는 소식에 I반의 한국인 동기들도 참여하고 싶어 했다. 그래서 가끔은 I반에서도 몇 명이 와서 모임을 같이 하기도 했다. 하지만 꾸준히 끝까지 스터디 모임을 계속한 것은 우리 6명뿐이었다. 돌아보면 참으로 뿌듯하고 의미 있는 시간들이었다. 지금은 다들 현업으로 돌아가 다시 열심히 일하고 있는 F6! 오랫동안 못 본 얼굴들이 그립다.

교실 밖 에피소드 15_생리기간엔 찬물도 금지

중국과 한국은 같은 동양 문화권에 속하는 데다 한국은 역사적으로 중국의 영향을 많이 받았으니 두 나라 사이에 문화적 차이가 크지 않을 것이라고 생각하는 한국사람이 많다. 그러나 막상 중국 현지에서 살아보면 소소한 점에서 문화적 차이를 느낄 때가 아주 많다. 그중 대표적인 것 중 하나로 여성의 생리와 관련된 문화를 들 수 있다.

중국 여성들은, 적어도 내가 만난 중국 여성들은 99%가 생리기간에는 찬 음식을 먹지 않는다(99%라고 한 것은 예외인 1%를 본 적이 있기 때문이다). 찬물은 물론 아이스크림이나 음료수도 마시지 않고, 맥주 등 술은 당연히 더 금기시된다. 심지어 과일을 안 먹거나 매운 음식을 안 먹는 친구들도 있다. 대신 따뜻한 물을 자주 마시고, 온수를 넣은 팩으로 배를 따뜻하게 하는 등 보온에 특별히 신경을 쓴다. 가만히 있어도 땀이 줄줄 흐르는 한여름에도 마찬가지다.

한번은 내가 생리기간 중에 있는 것을 아는 중국인 친구와 같이 밥을 먹었다. 날씨가 너무 더워서 맥주를 한 잔 시켜 시원하게 들이켰다. 그런데 그 친구, 마치 야만인 보는 듯한 눈으로 나를 쳐다보며 한 소리 했다. "너 생리기간에 이렇게 찬 거 마시다가 몸 다 상하면 어쩌려고 그러는 거야! 도대체 생각이 있는 애니 없는 애니?" 예상치 못한 공격을 받고 나는 멍해졌다.

내가 이상한 건가? 우리 엄마만 나에게 이런 것을 안 가르쳐줬나? 나는 생전 그런 교육은 받아본 적이 없었다. 그러니 생리기간에는 찬 음식을 먹으면 안 된다는 관념이 나에게 있을 턱이 없었다. 그런 나에게 중국 여성들의 그러한 습관은 신기하기도 했고, 가끔은 너무 유난을 떠는 것 같아 얄밉기도 했다.

한국 여성들은 생리기간에 오히려 단 것이 먹고 싶어서 차가운 아이스크림을 찾기도 하는데…….

그런데 알고 보니, 중국에서는 그런 여성들의 습관을 사회가 인정해주는 것이었다. 여러 사람이 같이 회식을 할 때 어느 여성이 "저는 오늘 찬 것 먹기가 좀 그런 날이에요"하면 다들 두말 않고 그 여성에게는 찬 것을 권하지 않는다. 당연히 술도 권하지 않는다. 그 여성이 진짜 생리기간 중에 있는지 아닌지는 알 수 없다. 어쨌든 중국 여성들의 그런 습관은 술 마시기 싫은 날 회식 자리에 갔을 때 술을 피하기에 좋은 핑계가 되는 것만은 확실하다.

좀 다른 이야기이지만, 중국의 남방 출신 중에는 매운 음식은 입에 대지도 못하는 사람들이 많다. 그들은 고추가 조금만 들어간 음식을 먹어도 몸에 반응이 오고, 심지어 피부가 뒤집어지기도 한다. 이런 사람과는 같이 식사하기가 부담스럽다. 바나나를 터부로 하던 원시부족 이야기가 있다. 그 원시부족에는 바나나를 먹으면 죽는다는 속설이 있었다. 그 원시부족에서 어느 사람이 음식을 요리해 먹은 뒤에 음식이 담겨 있었던 냄비를 보니 거기에 바나나가 묻어 있었다. 그 사람은 그걸 보더니 바로 급사했다고 한다. 오랜 세월 생리기간에 찬 것을 먹지 않는 습관을 당연한 것으로 여겨온 중국 여성 중에는 실제로 찬 것을 먹으면 바로 탈이 나는 경우가 많다고 한다. 자기암시와 믿음이라는 게 얼마나 무서운 것인지를 새삼 느끼게 된다. 물론 오랜 세월에 걸쳐 굳어진 습관이라면 그것은 그들의 문화이니 존중해줘야 한다. 그러나 사람들이 진실이라고 믿는 원칙과 습관들이 사실은 다 사람들의 마음이 만들어낸 환상이 아닐까 하는 생각도 해보게 된다.

교실 밖 에피소드 16_밴쿠버 동계올림픽 관전기

3학기가 끝나고 방학을 보내고 있던 2010년 2월에 캐나다 밴쿠버에서 동계올림픽이 열렸다. 한국에 있었으면 텔레비전에서 하루 종일 중계하는 우리 선수들의 경기를 봤을 텐데, 중국에 있는 관계로 경기를 보는 게 쉽지 않았다. 마침 여자 쇼트트랙 3000m 계주가 있는 날이었다. 중국 선수들도 함께 출전해서 그런지 점심 무렵에 중국 CCTV에서 그 경기를 중계했다. 나는 기숙사에서 남자친구 류멍과 함께 그 경기를 봤다.

예선을 볼 때는 그냥 가벼운 마음으로 봤다. 우리나라야 워낙 쇼트트랙 강국이니 예선이야 당연히 통과하겠지 하는 느긋한 마음으로 시청했다. 그러나 경기가 결승에 가까워질수록 나도 모르게 점점 긴장됐다. 게다가 중국 선수들이 우리나라 선수들을 견제하는 모습이 눈에 거슬리기 시작했다.

결승전이 시작됐다. 나는 너무 긴장되어 쿠션을 꽉 안고 주먹을 꼭 쥔 채 경기를 지켜보았다. 좀 널널하게 다른 나라 선수들을 제치고 한국 선수들이 이겨주면 좋을 텐데 한 바퀴 한 바퀴 돌 때마다 어찌나 아슬아슬하게만 선두를 유지하는지, 그걸 보는 나는 침이 바짝바짝 말랐다.

남자친구는 그런 나를 보고 무슨 올림픽 경기를 그렇게 몰입해서 보느냐고 한소리 했다. 아무렴 어떠랴, 나는 남자친구의 말은 아랑곳하지 않고 혼자서 '대~한민국'을 크게 외치면서 열심히 우리 선수들을 응원했다. 드디어 마지막 한 바퀴. 치열한 견제와 경쟁을 뚫고 마침내 우리 선수들이 1위로 결승선에 들어왔다.

"와!" 나는 제자리에서 펄쩍펄쩍 뛰고 구르고 난리를 쳤다. 남자친구는 옆에서 내 어깨를 두드려주면서 "축하해, 축하해!" 하며 웃었다.

그런데 승리의 쾌감도 잠시, 이게 웬일인가! 우리 선수들이 중국 선수들의 진로를 방해했다는 이유로 실격 판정을 받았고, 금메달은 중국으로 넘어갔다. 중국 CCTV의 해설자들은 다 포기했던 금메달이 다시 굴러들어오자 흥분해서 서로 기쁨의 멘트들을 나누고 있었다.

난 너무 화가 나서 쿠션을 텔레비전에 던졌다. 그러고는 남자친구도 중국인이니 그들과 한통속인 것 같아 한 번 휙 째려보고는 "이런 게 어딨어!" 하고 엉엉 울었다. 남자친구는 나더러 자기는 한국이 금메달이라고 했을 때 축하해줬는데, 중국이 금메달이라고 이렇게 우는 게 어딨느냐고 했다. 그 말을 듣고 보니 내가 소인배가 된 것 같고 남자친구한테 어린아이 같은 모습을 보인 게 부끄러워서 더 많이 울었다. 그러고도 분한 마음을 삭일 수가 없었다. 이 모든 것이 우리나라가 힘이 약해서 벌어진 일 같았다.

중국이 좋아서 중국에 와서 중국인과 결혼해 같이 사는 나이지만, 스포츠 경기를 볼 때는 어쩔 수 없이 나는 대한민국 사람임을 다시 한 번 확인하곤 한다. 나는 밴쿠버 동계올림픽 이후에는 웬만해서는 중국 방송으로는 한국 선수의 경기를 보지 않는다.

4학기

2011毕业典礼
Commencement 2011
2011.6.27
清华大学经济管理学院
Tsinghua University School of Economics and Management
国际MBA
International MBA
I1

4학기를 시작하며

2010년 새해가 됐다. 나로서는 중국에서 맞는 두 번째 새해였다. 2010년은 나에게 정말로 많은 변화가 있는 해였다. 우선 삼십대가 됐다. 중고등학교 학창 시절에는 대학교에만 들어가면 곧 스무 살이니 어른이 되는 줄 알았다. 그런데 막상 대학생이 되고 보니 스무 살은 어른이 되려면 한참 먼 나이라는 것을 깨달을 수 있었다. 스무 살에도 나는 경제적으로나 정신적으로나 독립하지 못했다. 대학생 시절과 새내기 직장인 시절에는 삼십대만 되면 어른이 되는 줄 알았다. 그러나 막상 2010년이 되어 내 물리적인 나이가 서른이 되는 순간 나는 여전히 어른이 되지 못한 나를 발견했다. 나는 여전히 미래에 대한 두려움과 불안에 떠는, 정신적으로 다섯 살짜리 어린아이나 마찬가지인 상태였다. 그러나 그럼에도 불구하고 서른 살이 된 기분은 굉장히 묘하고 이상했다. 2010년 새해에 서른 살이 된 나는 그 서른 살을 인생의 전환점으로 삼아 나의 미래를 확실하게 개척해야겠다는 결심을 굳게 했다.

　나와 남자친구 류밍은 결혼을 더 미룰 수 없다고 생각하고 방학기간에 같이 한국행 비행기에 올랐다. 류밍이 부모님께 인사드리고 정식으로 나와의 교제를 허락받기 위해서였다. 예상한 대로 전형적인 경상도 분인 아버지는 입을 굳게 다문 채 우리를 쳐다보지도 않으셨다. 어머니는 우리 편이 되어 이해해주려고 하셨지만, 큰딸이 중국인 남자친구를 데리고 등장한, 생각지도 못한 사건에 적잖이 당황하신 상태였다. 온 집안이 마치 살얼음판에 폭탄이 떨어진 것 같았고, 나는 일주일 동안 매일 온종일 울기만 했다. 한국말을 못하는 류멍은 우리 가족이 무슨 말을 하는지 알아들을 수 없으니 종일 내 입만 쳐다보았다. 하지만 나는 우느라 정신이 없어 별로 통역을 해주지 못했다. 당시 우리 가족의 상황은 굳이 언어로 전달하지 않아도 류멍이 짐작하고도 남는 분위기였다. 아마도 류멍에게 첫 한국 체류기간은 힘들고, 불편하고, 마음 아프기 그지없는 시간이었을 것이다.

나에게 또 하나 큰 변화가 있었다. 바로 새 직장을 찾은 것이었다. 나는 칭화대 MBA 과정에 들어가기 전과 들어간 후 초기에는 졸업 후 취업 목표를 '외국계 회사에서 마케팅 업무를 하는 것' 으로 잡고 있었다. 꼭 미국계 회사나 유럽계 회사가 아니어도 좋았다. 중국 현지 기업이라도 좋으니 한국사람이 아닌 중국사람과 함께 중국 고객을 대상으로 그들의 기업문화에 따라 그들 식으로 일해보고 싶었다. 그러나 현실을 알아갈수록 한국인인 내가 중국에서 현지 기업이나 외국계 회사에 들어가는 것이 거의 불가능하다는 것을 알 수 있었다. 그들은 관련 경력도 없고, 중국인도 아니고, 영어 네이티브 스피커도 아닌 나를 채용할 이유가 없었다. 나 역시 그런 회사에 들어가서 내 장점을 발휘하기가 힘든 것이 사실이었다. 물론 극소수이긴 하지만 중국에서 외국계 회사에 들어가 뛰어난 능력을 발휘하는 선후배 동기들도 있다. 그러나 그들은 대부분 모두가 인정할 만한 해당 업무 관련 경력을 가지고 있고, 영어로 의사소통 하는 데 전혀 문제가 없으며, 추가로 일정 수준의 중국어 능력을 갖추고 있는 사람들이다.

나는 목표를 수정하기로 했다. 우선 '중국에서 근무하는 것' 을 최우선 목표로 중국에 진출해 있는 한국 기업들을 대상으로 구직을 시작했다. 많은 한국 기업들이 너나할 것 없이 중국 진출을 외치고 마지막으로 살 길은 중국시장밖에 없다고 말하고 있었지만, 중국에서 어느 정도 규모를 갖추고 제대로 사업을 하는 기업은 사실 손꼽을 정도에 불과했다. 그래서 내가 지원해 볼 만한 한국 기업도 몇 개 안 되는 상황이었다. 졸업까지는 아직 반년이 남아 있었기 때문에 조금은 여유로운 마음으로 구직 활동을 하던 중 갑자기 뜻하지 않게 상하이에서 주재원으로 일할 기회를 얻게 됐다. 그런데 졸업도 하기 전인 3월부터 근무하는 조건이었다. 모든 것이 갑작스럽긴 했지만 우선 중국에서 근무할 수 있다는 점, 그리고 그 회사가 중국에서 고속으로 성장하고 있어 거기서 일을 한다면 배울 게 많을 것이라는 점, 이 두 가지만 보고 일을 시작하기로 했다. 생활무대가 베이징에서 상하이로 바뀌는 순간이었다.

아직 논문이라는 큰 산이 남아 있는데 갑자기 일을 시작하게 되자 나는 마음이 바빠졌다. 마지막 학기는 좀 느긋하게 남은 학생생활을 즐기게 될 줄 알았는데, 아마도 나는 편하게 쉬며 살아갈 팔자는 아닌 것 같았다. 대학을 졸업할 때도 기말고사도 치기 전에 신입사원 입문교육에 들어갔던 기억이 났다. 2월 말에 나는 부산에서 비행기를 타고 베이징에 온 그날처럼 배낭 하나를 메고 캐리어 두 개를 끌며 상하이에 입성했다. 나의 MBA 과정 4학기는 그렇게 시작됐다.

4학기 일정 및 논문 가이드라인

규정대로 학점을 채우고 논문을 예정된 일정대로 작성해 제출하는 것은 졸업의 조건으로 매우 중요한 사항이다. 그래서 MBA 과정 사무실에서 특별히 시간을 할애하여 학생들을 대상으로 관련 설명회를 열고 이메일로 공지도 여러 번 보낸다. 그럼에도 불구하고 한 학년에 몇 명씩은 졸업과 관련된 규정을 잘못 알고 있다가 졸업하지 못하는 경우가 있다고 했다. 실제로 우리 반 친구 중 한 명이 3학기 때 한 과목의 시험 일정을 잘 몰랐던 탓에 시험 날 오지 못했다. 이로 인해 그 친구가 졸업을 할 수 있는가 없는가가 우리 반의 핫이슈로 떠오른 적이 있다. 그 친구가 1~2학기 때처럼 기숙사에서 살았다면 그런 실수를 저지르지 않았을 텐데, 3학기부터 학교 밖으로 나가 살다 보니 그런 실수를 저지르게 된 것이었다. 우리는 설명회에서 졸업 조건에 관한 설명을 듣고 긴장하지 않을 수 없었다. 혹시 나도 마지막 학기에 나도 모르게 살짝 긴장을 풀고 있다가 예상치 못한 실수나 착오를 저지르는 건 아닌가 걱정이 됐다. 그래서 나는 늘 졸업까지의 일정을 재차삼차 확인했고, 친구들은 물론 MBA 과정 사무실과도 수시로 연락을 취해 내가 놓치고 있는 것이 없나 살폈다.

우선 2010년 4월까지 졸업학점인 54학점을 모두 이수해야 했다. 그중 17

학점은 선택과목으로, 나머지는 공통과목으로 채워야 했다. 동기들은 대부분 3학기가 끝나는 2010년 1월까지 졸업학점을 이수하고 4학기부터 논문을 쓰기 시작했다. 그 직전인 2010년 1월 초, 그러니까 3학기가 끝나기 전에는 논문 지도교수를 지정해야 한다. 대부분 자신의 전공 방향과 관련된 선택과목을 들으면서 지도교수가 되어달라고 부탁할 만한 교수님을 만나게 된다. 그러면 수업시간을 전후로 교수님과 교류하거나 이메일을 통해 교수님께 자신을 소개하고 지도교수가 되어줄 것을 요청한다. 대부분은 무난하게 자신이 원하는 교수를 지도교수로 정하게 된다. 하지만 일부 인기가 많은 교수님의 경우에는 지도교수 요청을 하는 학생 수가 너무 많아 학생들 사이에 치열한 경쟁이 벌어지기도 한다. 학생별로 지도교수가 다 정해지면 교수님들이 학생들에게 메일을 보내 이후 일정에 대해 안내해주시고, 전체 면담이나 개인 면담을 하기도 한다.

지도교수가 정해지면 1월 중순까지 논문 개요를 작성해 제출해야 한다. 논문 개요는 약 1000자 분량으로 논문의 주제에 대한 간략한 설명과 그 내용의 사전 요약으로 구성된다. 그러면 교수님께서 그것을 검토한 후 코멘트를 해주시는데, 이때 방향 수정을 요구하시는 경우도 있다. 나의 경우는 교수님께서 별다른 지적 없이 논문 개요에 동의해주신 편이었다. 교수님의 동의를 받은 학생은 MBA 과정 사무실에서 정한 양식에 정식으로 논문 개요를 써넣은 뒤 교수님의 친필 사인을 받아 사무실에 제출한다.

다음 단계로 4월 초까지는 MBA 과정 인트라넷에 졸업 관련 신청을 해야 한다. 자신에 관한 기본정보와 자신의 학점이수 상황, 그리고 작성하는 논문의 개괄적인 내용 등을 입력하고 졸업신청을 하면 전산시스템상의 정식 졸업 프로세스에 들어가게 된다. 그 다음에는 4월 말까지 논문 완성, 5월 중 논문답변 신청 및 졸업 관련 사진 촬영, 5월 말~6월 초 논문답변, 7월 중 졸업식의 순서로 졸업 과정이 진행된다.

　MBA 과정 졸업논문의 조건은 사실 다른 석사학위 과정 졸업논문에 비하면 간단한 편이다. 하지만 MBA도 석사학위인 만큼 경제관리학원(SEM)과 MBA 과정 사무실에서는 학생별로 졸업기준 충족 여부를 매우 엄격하게 확인하고, 학생들에게 수차례 논문 작성과 관련된 윤리규정을 강조한다. 논문이 완성되면 반드시 소프트 카피를 인트라넷에 업로드해야 한다. 그러면 MBA 과정 사무실에서 전산 프로그램을 이용해 그 소프트 카피를 점검해서 표절이나 규정 이상의 과도한 인용 여부를 확인한다. 요구되는 총 분량은 약 2만 자다. 외국인 학생은 영어로 논문을 작성할 수 있지만, 약 3천 자 분량의 개요는 반드시 중국어로 작성해야 한다. 글씨체나 글씨 크기, 서식, 목차 형식 등 논문의 기술적인 세부사항에 대한 구체적인 기준은 가이드라인 문서파일로 학생들에게 공유된다.

　MBA 과정 사무실로부터 논문이나 졸업에 관한 공지와 경고 메일을 하도 많이 받다 보니 나도 잔뜩 긴장이 됐다. 그 모든 관문을 다 지나고 졸업을 하면 정말 후련할 것 같았다. 그래도 하나하나 스텝 바이 스텝으로 진행할 수밖에 없었다. 몸은 상하이에 있는데 학교 일은 본인이 직접 가야 하는 경우가 많아 머리가 더 복잡하고 마음이 더 바쁜 나날이었다.

논문 준비

마케팅으로 전공 방향을 정한 나는 선택과목으로 장쉬핑(姜旭平) 교수님의 인터넷 마케팅 수업과 신매체 통합 마케팅 수업을 잇달아 들으면서 인터넷 마케팅을 주제로 논문을 쓰겠다고 일찌감치 마음먹고 있었다.

3학기에 인터넷마케팅 수업을 들을 때 나는 개인과제로 한국의 블로그 마케팅 사례에 대한 분석을 리포트로 썼다. 나는 크게 흥미를 느끼며 이 리포트를 썼고, 교수님께서도 매우 관심 있게 봐주셨다. 그러다 보니 결과적으로 성적도 좋았다. 3학기 말에 장 교수님을 논문지도 교수로 정한 뒤 논문 주제에 관해 교수님과 의논할 때 나는 이 리포트를 발전시키고 싶다고 말씀드렸다. 교수님께서도 좋은 아이디어라며 격려해주셨다. 이로써 논문 주제는 '한국의 블로그 마케팅과 그 사례 분석'으로 정해졌다. 그때 내가 리포트에서 다룬 블로그 마케팅 사례는 동생이 재직하고 있었던 H사의 사례였다. 동생은 마케팅팀에서 인터넷 마케팅 일을 하고 있었고, 블로그 마케팅 실무담당자였다. 나는 동생으로부터 생생한 현장의 이야기를 들을 수 있었다. 별로 이름이 알려지지 않았던 H사는 블로그 마케팅 덕분에 전국적으로 붐을 일으키며 빠른 속도로 성장했다. 나는 그 과정을 관찰했다. 나는 동생의 도움을 받아 H사의 사례를 가지고 논문을 쓰기 시작했다. 논문의 목차는 '블로그란 무엇인가', '블로그 마케팅이란 무엇인가', '한국의 블로그 마케팅 현황', '블로그 마케팅 플랫폼으로서의 네이버', 'H사의 사례 분석', '결론' 등으로 구성했다.

처음에는 한국과 중국의 블로그를 두루 살피고 블로그 관련 서적도 구해 읽으면서 블로그 마케팅을 다시 공부하기 시작했다. H사의 사례 하나만 가지고 논문을 쓸 수는 없었고, 블로그 마케팅에 관련된 정보와 자료를 더 많이 구해야 했다. 그러나 막상 찾아보니 참고할 만한 블로그 관련 서적은 그리 많지 않았다. 관련 논문도 별로 없기는 마찬가지였다. 늘 생각하던 문제점이지만, 현실 세계의 변화 속도를 학문과 책이 따라잡지 못하고 있었다. 어쨌든 그나마 출판된 관련 책들을 한 권씩 읽어가며 사고의 틀을 만들어갔다. 그래도 조금씩 방향이 잡히는 기분이 들었다.

이와 동시에 인터넷에서 블로그 마케팅 관련 콘텐츠를 검색하면서 다양한 사례들을 수집하기 시작했다. 인터넷상의 정보는 책에서 얻을 수 있는 정보보다 훨씬 더 다양하고 풍부했고, 보다 업데이트된 것들이었다. 그러나 역시 인터넷은 깊이 있고 정확한 정보를 구하는 데는 한계가 있었다.

한편으로 동생에게 H사의 기업개요, 연혁, 블로그 마케팅의 진행 과정과 결과 및 효과 등에 관한의 자료를 모아 보내달라고 부탁했다. 자기 일 하기에도 바쁜 동생이 언니의 졸업 여부가 달린 중요한 논문을 준비하기 위한 것이라고 하니 시간을 쪼개어가며 적극적으로 도와주었다. 막판에는 내가 추가 질문을 보내고 추가 자료를 요구하자 '아주 조금' 짜증을 내긴 했지만……

나는 스스로 공부한 내용, 여기저기서 얻은 조사자료, H사의 사례 등을 종합적으로 분석하여 결론을 얻고 그 내용으로 논문을 썼다. 3월 1일부터 새로 회사에 출근하기 시작한 터라 저녁시간을 쪼개어 논문을 쓸 수밖에 없었다. 모든 것이 낯설고 새로운 환경에서 논문 작성이라는 큰 숙제를 해내려니 여간 힘든 게 아니었다. 나에게는 회사에 적응하는 것도 중요했지만, 그보다 논문을 완성하는 것이 더 중요했다. 글을 쓰는 순간만큼은 최대한 집중력을 발휘하며 매일 조금씩 진도를 나갈 수밖에 없었다. 3월 말경에 논문 초안을 만들어 교수님께 보냈다. 다행히 큰 지적사항은 없었고, 다만 일부 내용에 대해서는 더 구체적인 통계자료로 보완하는 게 필요하다는 말씀을 해주셨다. 나는 해당 사항을 보충한 다음 최종본을 제출했다.

논문지도 교수님으로부터 최종본에 대해 승인을 받으면 그 소프트 카피를 MBA 과정 인트라넷에 등록해서 내용이나 격식에 문제가 없는지 심사를 받아야 한다. 소프트 카피에 문제가 없다면 논문답변용 하드 카피를 만들어 MBA 과정 사무실에 제출하고 논문답변을 신청해야 한다. 그 과정에서는 여러 모로 발품이 많이 들었다.

MBA 과정 사무실에서 항상 적극적으로 학생들의 문의나 도움 요청에 응하던 모습이 인상 깊게 남아있다. 나를 포함한 유학생들은 이것저것 놓치거나 실수하는 일이 많았다. 나는 잘 모르면 그냥 무조건 사무실로 찾아가 얼굴을 맞대고 물어보는 것이 제일 편했다. 그럴 때마다 담당 선생님들은 조금도 귀찮아하지 않고 늘 친절하게 문제를 어떻게 해결해야 하는지를 알려주었다. 논문과 관련해서도 나는 불안한 마음에 전화나 이메일로, 또는 직접 사무실로 찾아가 뭔가 질문을 한 적이 많았는데, 그때마다 담당 선생님들에게서 내가 실수하지 않도록 최대한 조언을 해주고 배려해주는 마음이 느껴졌다. 이런 그들의 태도가 특별히 고맙게 느껴진 것은 서비스의 불모지인 중국에서는 상점 직원들의 무뚝뚝한 태도, 심지어는 고객을 화나게까지 하는 그들의 어이없는 태도를 자주 접하게 되는데 나 또한 그런 경험이 많기 때문이었을 것이다. 역시 칭화대 경제관리학원에서 운영하는 MBA 과정 사무실답다는 생각이 들었다. 어쨌든 그렇게 해서 나는 논문까지 잘 마무리했다.

논문 답변

3월 말까지 논문 작성과 제출을 끝내고 나니 어느 정도는 홀가분한 기분이 들었다. 아직 졸업이라는 관문을 완전히 통과한 것은 아니지만, 그래도 넘어야 할 제일 큰 산을 넘은 것 같아 기분이 좋았다. 4월에는 딱히 MBA 과정과 관련해 해야 할 일이 없었다. 그렇게 일찍 새 직장을 확정짓지 않았다면 여행도 다니고 쉬기도 하면서 자유롭게 지내는 시간이었을 텐데, 나는 논문을 제출한 뒤 숨도 고르기 전에 새 직장에 적응하느라 그 시간을 다시 바쁘게 보냈다. 학생 신분이었던 게 언제였던가 싶을 정도로 나는 완전히 직장인 모드로 전환된 상태였다.

그렇게 4월이 지나고 5월이 되니 MBA 과정 사무실로부터 논문답변 신청을 하라는 공지 메일이 왔다. 조금은 멀게만 느껴지던 논문답변 시점이 어느새 성큼 다가온 것이었다. 5월 19일경 MBA 과정 인트라넷에 답변 신청을 해서 6월 1일을 답변 날짜로 받았다. 나는 답변 때 쓸 프레젠테이션을 준비하는 일에 착수했다.

나는 파워포인트 자료를 만드는 일에는 MBA 과정을 시작하기 전에도 어느 정도 자신감이 있었지만, MBA 과정을 밟는 동안 더 큰 자신감을 갖게 됐다. 프레젠테이션을 파워포인트로 준비해야 하는 경우가 많아 경험이 누적되면서 내 절대적인 실력이 늘기도 했지만, 내가 중국인 친구들보다는 상대적으로 디자인이나 색에 대한 감각이 훨씬 뛰어나다는 것을 확인할 기회가 여러 번 있었기 때문이었다.

논문답변은 MBA 과정에서 가장 중요한 프레젠테이션인 동시에 마지막 프레젠테이션이었다. 나는 그동안 쌓은 실력을 몽땅 쏟아 부으며 정성을 다해 파워포인트 자료를 만들어나갔다. 논문 내용을 요약하여 표지를 포함해 모두 16장의 파워포인트 자료를 만들었다. 그러는 동안 계속하여 머릿속으로 어떻게 전체의 흐름을 말과 제스처로 자연스럽게 표현할지를 생각하면서 내용을 거듭 수정하고 보완했다.

파워포인트 자료는 멋지게 만들었지만, 진짜 문제는 프레젠테이션이었다. 한국말로 해도 긴장하고 실수할 수밖에 없는 논문답변을 중국어로 해야 했다. 만약 지금 나에게 같은 내용으로 논문답변을 하라고 하면 당시만큼 걱정하고 긴장하지 않겠지만, 그때만 해도 나는 그런 '큰 무대'에서 프레젠테이션을 해본 경험이 없었기에 혹시나 발표 도중에 머릿속이 백지처럼 하얗게 비어버리는 것은 아닐까 하고 심하게 걱정했다. 나는 프레젠테이션의 전체 내용에 대해 시나리오를 짜고 대본을 만들어 달달 외우기 시작했지만 그게 그렇게 쉽지 않았다.

답변 날인 6월 1일은 화요일이었다. 회사에는 5월 31일과 6월 1일 양일간 휴가를 내고 주말에 베이징행 비행기에 몸을 실었다. 손에는 프린트한 파워포인트 자료와 대본을 들고, 머릿속으로는 교수님들 앞에 선 나를 상상하며 연습에 연습을 계속했다. 베이징에 도착했지만, 나는 이미 기숙사에서 나온 뒤였기 때문에 머무를 곳이 없었다. 허원과 왕칭을 비롯해 베이징에 사는 친한 친구들이 꽤 있었지만, 친구네 집에 묵으면 그 친구와 이야기를 하고 같이 밥을 먹는 데 시간을 써야 하니 답변 준비에 집중하지 못할 것 같다는 생각이 들었다. 그래서 학교 근처에 있는 이코노미 호텔에 방을 잡았다. 오랜만에 베이징에 왔으니 보고 싶은 친구들이 많았다. 그들을 만나 나 그동안 상하이에서 이렇게 살았다, 새로운 회사는 어떻다 하고 수다를 떨고 싶은 마음이 태산 같았다. 그렇지만 나는 내가 베이징에 온 가장 중요한 목적은 논문답변에 있음을 나 스스로에게 상기시켰다. 눈물을 머금고 호텔 방에 콕 처박혀 컵라면을 먹으면서 답변 연습을 계속했다. 친구고 뭐고, 답변이 무사히 끝나야 우선 내가 살 수 있을 것 같았다.

드디어 답변 당일, 경제관리학원(SEM)에서는 논문답변도 하나의 커다란 행사라고 선언이라도 하려는 듯이 곳곳의 건물에 빨간색 플래카드를 걸어놓았다. 거기에는 답변하러 온 우리의 선전을 기원하는 문구가 가득 적혀 있었다. 우리는 8명 정도씩 한 조가 되어 조별로 같이 논문답변에 나섰다. 우리는 답변이 시작되기 전에 우선 대기실에 모여 MBA 과정 사무실에서 나온 진행 요원으로부터 주의사항을 듣고 발표순서를 정했다. 다행히 내 순서는 중간보다 뒤쪽이었다. 우리는 답변 장소로 들어가 교수님들에게 인사를 하고 각자 자리에 앉아 자기 차례를 기다리며 다른 친구들의 답변을 듣기 시작했다. 나뿐만 아니라 다들 많이 긴장하고 있음을 느낄 수 있었다. 프레젠테이션을 하는 동안 땀을 삘삘 흘리는 친구도 있었고, 말실수를 하는 친구도 있었으며, 교수님의 날카로운 질문에 제대로 대답하지 못하고 헤매는 친구도 있었다. 나는 그런 친구들을 보며 '나만 긴장하고 있는 게 아니구나' 하는 생각이 들면서 큰 위안을 얻었다.

내 순서가 됐다. 나는 먼저 한국인 유학생으로서 지난 2년간 MBA 과정의 F반 수업을 따라가는 것이 얼마나 힘든 도전이었는지, 그리고 여러 모로 부족한 탓에 매 과목마다 과락하지는 않을까 하고 얼마나 걱정을 해왔는지를 말했다. 그리고 졸업을 앞두고 마지막 관문인 논문답변에 임하여 최선을 다하겠다는 각오를 피력했다.

다행히 파워포인트 자료에 시각화한 자료를 최대한 많이 넣어 말로 표현해야 하는 부분을 최소화한다는 내 전략이 적중했다. 지도교수님을 제외하고 마케팅 전공의 다른 교수님들은 처음 접하는 한국의 블로그 마케팅 사례에 눈을 반짝이며 지대한 관심을 보이셨다. 교수님들끼리 내 자료를 보면서 잠시 토론을 하기도 했고, 내 자료를 보고도 내용 파악이 잘 안 된다는 교수님에게 다른 교수님이 그게 아니라 이런 뜻이라고 설명해주기도 했다. 나에게 구체적인 질문도 많이 던지셨다.

발표가 끝나자 한 교수님께서 "김지영 학우는 타고난 마케터 같다"고 말씀해주셨다. 프레젠테이션 도입부에서 내가 답변에 대한 평가를 잘해달라는 암시를 담아 스토리텔링을 한 것을 두고 하신 말씀이었다. 나는 꼼수가 들킨 것 같아 부끄럽긴 했지만, 어쨌든 칭찬받은 것으로 생각하기로 했다. 그 교수님은 나에게 "그동안 공부하느라 수고 많았다"며 "졸업을 미리 축하한다"고 말씀해주셨다. 아! 순간 울컥하여 눈물이 나올 뻔했다.

그렇게 무사히 논문답변이 끝났다. 나는 친구들과 만날 엄두도 내지 못하고 곧바로 상하이로 복귀하기 위해 허겁지겁 베이징 서우두 공항으로 가는 리무진에 몸을 실었다. 어느새 해가 뉘엿뉘엿 지고 베이징의 러시아워가 시작되고 있었다.

졸업식(1)

칭화대 본관 건물 앞에 줄줄이 걸상을 가져다 놓고 입학식에 참석했던 때에는 '과연 내가 졸업하는 날이 오기는 할까?' 하고 생각했는데, 2년이라는 세월이 쏜살같이 흘러 어느새 졸업식 날이 왔다. 내게는 대학 학부 졸업식 사진이 없다. 4학년 마지막 학기의 기말고사도 치기 전인 12월 중순에 첫 직장에 입사하게 된 점도 하나의 이유였다. 하지만 그보다는 부모님을 친척이나 친구도 하나 없는 서울까지 올라오시게 해서 같이 사진을 찍고 맛있는 것을 먹고 축하를 받고 할 형편이 안 되는 것을 스스로 잘 알기에 그냥 졸업식 참석을 포기해버렸다고 말하는 것이 정확하다. 돌이켜 생각해보면 내 인생에 몇 안 되는 중요한 행사였고, 온 가족이 그동안 고생해 얻은 결과를 자축하는 중요한 날이었는데 기념사진 하나 남기지 않고 그냥 흘려보낸 것은 좀 아쉬운 선택이 아니었나 싶다. 지금은 입학식, 졸업식, 결혼식 등 인생에서 큰 행사는 어느 정도 챙기는 것이 살아가는 도리라고 생각한다.

어쨌든 7월 19일, MBA 과정 졸업식 날이 다가왔다. 부모님은 동생을 가족 대표로 상하이에 파견하셨다. 동생은 직장에 주말을 포함해 5일간 휴가를 내고 상하이로 왔다. 동생은 베이징은 나와 함께 몇 번 가보았지만, 상하이에는 이때 처음 왔다. 나는 주말에 동생과 함께 와이탄(外滩), 위위안(豫园) 등 주요 관광지 몇 군데를 둘러본 뒤 베이징으로 향했다. 그래도 동생과 함께 있으니 혼자인 것보다는 마음이 든든했다. 늦은 저녁에 베이징에 도착했다. 칭화대 교내에 있는 기숙사 한 동을 외빈용으로 개조한 숙소에 들어가 짐을 풀고 잠에 들었다.

졸업식은 단과대인 경제관리학원(SEM)의 졸업식과 대학원 전체의 졸업식, 두 번으로 나뉘어 진행됐다. 우리 MBA 과정 졸업생 대부분은 첫째 날 열린 경제관리학원 졸업식에만 참여했다. 다음날 아침 일찍부터 체육관에서 경제관리학원 졸업식이 거행됐다. 우리는 체육관 앞에 반별로 줄을 서서 입장 순서가 오기를 기다렸다. 다들 입장하기 전부터 졸업가운을 입고, 석사모를 쓰고, 친구들과 사진을 찍느라 정신이 없었다. 우리 동기 중에는 취업이나 호구(户口, 중국은 호구제도를 가지고 인구를 통제한다. 거주지와 호구가 불일치하면 교육, 취업 등 생활하는 데 불이익이 따른다. 베이징이나 상하이 등 대도시에서 다른 지역 출신이 호구를 취득하기는 매우 까다롭다) 등과 관련된 문제로 졸업을 1년 연기한 친구들이 꽤 있었고, 남편 류밍도 그런 케이스여서 함께 졸업가운을 입지 못했다. 덕분에 나는 한 번은 내 졸업식, 한 번은 남편 졸업식, 즉 2년 연속 졸업식에 참석했다. I반의 한국인 동기들을 포함한 한국인 졸업생들은 대부분 한국으로 이미 복귀한 상태였고, 일부 아직 복귀하지 않은 경우에도 대체로 졸업장만 받고 졸업식에는 참석하지 않았다.

체육관에 들어가 반별로 배정된 자리에 앉았다. 가족이나 친구 등 외빈은 2층에 앉아 졸업식을 참관했다. 드디어 졸업식이 시작됐다. 학사 졸업생 대표, 석사 졸업생 대표, 박사 졸업생 대표가 잇달아 나와 졸업 소감을 발표했다. 한국인의 입장에서 중국인들의 프레젠테이션, 강연, 소감 발표 등을 들을 때마다 느끼는 거지만, 마치 어디서 스피킹 훈련을 받은 것처럼 하나같이 어찌나 말을 청산유수같이 잘하는지 그저 신기할 따름이다. 특히 졸업생 대표들의 연설은 중국 최고의 학부(学府)가 배출한 대표 인재들답게 그 내용이 훌륭했다.

자오상쥐 그룹(China Merchant Group)의 대표이사인 친샤오(秦晓)가 단상에 올라 졸업축하 연설을 시작했다. 거물급 인사의 등장에 장내가 잠시 웅성웅성했다. 연설의 주제는 '오늘날 지식인의 사명'이었다. 연설을 들으면서 지식인들이 중국사회의 발전을 위해 어떤 역할을 해야 하는지에 대한 그의 깊은 고민을 엿볼 수 있었다. 사실 개인적으로는 연설 내용이 상당히 진보적이어서 조금 놀랐다. '자오상쥐 그룹이라는 국유기업의 대표이사가 저런 내용의 발언을 칭화대 경제관리학원 졸업식에서 할 수 있다니!' 어찌 보면 우리나라보다 중국에서 의사표현이 더 자유로운 게 아닌가 하는 생각이 들 정도였다. 그 내용을 간략히 소개하면 아래와 같다.

"앞으로 중국이 발전함에 있어서 중요한 세 가지 문제가 있다. 첫째는 정부의 역할 문제다. 정부는 앞으로 발전주의 정부가 돼야 할 것인가, 봉사형 정부가 돼야 할 것인가? 둘째는 국유자본 문제다. 국유자본은 앞으로 정부의 것이 돼야 하는가, 사회의 것이 되어야 하는가? 셋째는 도시화 문제다. 지금의 도시화와 도시 정부의 발전은 대부분 토지에서 나온 수입으로 이루어지고 있다. 그러나 토지에서 수익을 얻어야 할 자는 농민들이다. 이 세 가지 문제는 경제문제처럼 보이지만 사실은 보편가치에 관한 문제다. 정부는 인민에게 봉사해야 하고, 자산은 사회 대중의 것이 돼야 하고, 도시화는 인간의 행복을 위한 것이 돼야 한다. 그런데 중국의 실상은 이와 정반대다. 인민은 정부에 복종해야 하고, 정부는 자산을 관리감독하려 하고, 백성의 이익은 지방건설에 양보돼야 하는 것이 현실이다. 지식인들은 이런 현실에 맞서 자신의 양심에 따라 행동하고, 시대의 사명에 부응해야 한다. 칭화대는 역사상 중국에 가장 큰 영향을 끼친 대학으로서 중국의 현대화와 발전에 크나큰 공헌을 해왔다. 오늘날 이 자리에 앉아 있는 새로운 세대의 칭화인들이 앞으로 중국의 현대화 과정에서 보편가치가 계승되도록 각자 책임을 다해주기를 기대한다."

정부 비판의 색채가 매우 강한 연설이었다. 그래서 놀라웠다. 사실 중국이 급속도로 성장하는 과정에서 불거진 빈부격차, 고위 공무원들의 부정부패, 정부의 대국민 서비스 기능 부족 등의 문제가 날로 심각해지고 있다. 하지만 권력과 자본의 수혜를 받으며 아쉬울 것 없이 살아가는 중국사회 최고지도층에 속하는 사람이 사회에 대한 사명감을 가지고 이런 연설을 할 수 있다는 사실에서 나는 지금보다는 밝은 중국의 미래를 볼 수 있었다.

졸업식이 끝나고 그날 저녁 남문 앞 원진 호텔에서 우리 반의 마지막 회식이 있었다. 역시나 반장, 부반장 등 반 위원들이 공을 들여 준비한 회식이었다. 다들 2년간의 학업을 마치고 드디어 졸업이라는 관문을 통과해 기쁘기도 하고, 또 그동안 정들었던 반 친구들과 헤어져 각자의 길로 가야 하는 상황이 서운하기도 한 모양이었다. 반장을 비롯하여 참석한 모든 사람이 마이크를 잡고 한 마디씩 소감을 말했다. 우리는 많이 웃고, 또 많이 울었다. 누구라 할 것 없이 서로 안아주고, 토닥여주고, 앞날을 축복해주었다.

내 차례가 되어 졸업 소감을 발표하게 됐다. 나는 진심으로 우리 반 친구들 한 사람 한 사람에게 감사의 마음을 전한다고 했다. 막 입학해 정신 하나 없이 지내며 너무 힘들었을 때, 말하지도 듣지도 읽지도 못하는 3중 장애인의 기분을 느끼며 생활하고 있을 때 특정한 몇 명의 친구들이 아니라 반 친구들 모두가 너 나 할 것 없이 진심으로 나를 도와줬고, 그래서 힘들기는 했지만 모든 것을 잘 이겨낼 수 있었다. 내가 졸업하게 된 것은 내 능력의 결과가 아니라 우리 반 친구들의 도움 덕분이었다. 이런 말을 한 뒤 끝으로 가장 가까운 데서 나를 지켜준 류밍에게 고맙다고, 사랑한다고 했다. 친구들은 박수를 치고 신나게 휘파람을 부르더니 류멍더러 앞에 나가서 둘이 포옹하라고 난리였다. 류멍이 친구들의 성화에 마지못해 나와 우리 둘이 쑥스럽게 포옹했다. 나는 다음 발언자로 류멍을 지명하고 그에게 마이크를 넘긴 뒤 내 자리로 돌아왔다.

웃고, 떠들고, 울고, 엄청나게 사진을 찍어대고……. 그렇게 졸업식 날 밤이 깊어갔다.

졸업식(2)

졸업식은 끝났지만 정말 중요한 일이 남았다. 바로 졸업장 수령이다. 그런데 졸업장을 받는 과정에서 생각지도 못한 돌발 상황이 발생했다. 역시 중국에서는 마지막 순간까지 긴장을 놓으면 안 된다는 것을 다시 깨닫는 순간이었다. 이제 모든 게 다 끝났다고 생각한 순간 이런 일이 일어나다니!

아침 일찍 일어난 나와 동생은 이제 칭화대 캠퍼스도 마지막일지 모른다는 생각으로 졸업가운을 반납하기 전에 캠퍼스 곳곳을 배경으로 사진을 찍기로 했다. 학교를 상징하는 주요 건물들 앞에서도 찍고, 나처럼 아침 일찍부터 캠퍼스에 나와 사진을 찍고 있는 친구들을 길에서 만나 함께 찍기도 했다. 또 학생슈퍼에 가서 내가 좋아하던 추억의 전병도 사 먹기도 했다. 그렇게 천천히 나와 동생은 기숙사 유학생 사무실로 갔다. 외국인 유학생은 그곳에서 졸업장을 받아야 하기 때문이었다. 그런데 이게 웬일인가! 졸업장을 받아들고 보니 영어 졸업장에 학교장 직인이 누락된 것이다(중국인에게는 중국어 졸업장만 나오지만, 유학생에게는 영어 졸업장도 함께 나온다). 그런 사실을 그제야 발견한 담당 직원은 나에게 5강의동에서 근무하는 대학원 졸업장 직인 담당자를 찾아가서 직인을 날인받은 다음 다시 유학생 사무실로 와서 사인을 하고 영어 졸업장을 가져가라고 했다.

　나는 순간, 말 그대로 꼭지가 돌았다. 옛날 같으면 이런 억울한 일에도 말 한마디 못 하고 시키는 대로 했겠지만, 이제는 달랐다. 나는 따지기 시작했다. "지금 업무 실수는 누가 해놓고 누구더러 발품을 팔라는 겁니까?" 앞에서도 설명한 적이 있지만, 칭화대 캠퍼스는 와보지 않은 사람은 상상하기 힘들 정도로 정말 넓다. 유학생 사무실에서 5강의동까지는 걸어서 왕복 1시간은 족히 걸릴 거리였고, 밖은 가만히 서 있기만 해도 땀이 주룩주룩 흐르는 불볕더위의 날씨였다. 게다가 나는 오후 2시 비행기를 타고 상하이로 복귀해야 했다. 자동차나 자전거라도 있다면 직접 다녀올 만한 거리였겠지만, 나는 둘 다 없는 상황이었다.

　나는 쩌렁쩌렁한 목소리로 계속 따져 물었다. "학교에서 졸업장 직인을 누락했는데 그 책임을 누구에게 전가하는 거예요? 아무 조치도 취해주지 않고 나더러 거기까지 가서 직인을 찍어 다시 오라니 말이 됩니까?" 너무 열을 받은 나는 MBA 과정 사무실에 전화를 걸어 유학생 사무실 직원들은 들으라는 식으로 크게 말했다. "지금 내게 졸업장 직인 누락 문제가 발생했는데, 나는 2시 비행기로 상하이에 돌아가야 합니다. 이 일로 비행기를 놓치면 당신들이 티켓값을 배상해줄 겁니까?" 동생은 별안간 발생한 상황에 영문도 모르는 채 눈만 껌뻑거리며 내 눈치를 살피고 있었다. 엄청나게 큰일이 벌어진 것 같은데 언니가 너무 열을 받아 있으니 물어보지도 못하고 그냥 입만 꾹 다물고 있었다.

　유학생 사무실에서는 그제야 상황의 심각성을 조금 느낀 것 같았다. 아무 일 아니라는 듯 나더러 직인 담당자를 찾아가 날인을 받아오라던 직원이 직접 직인 담당자에게 전화를 걸어 상황을 설명했다. 아니나 다를까, 그 담당자는 사무실에 있지 않고 대학원 전체 졸업식에 참석하고 있다는 것이었다. 나는 어이가 없었다. 내가 만약 찍소리하지 않고 시키는 대로 5강의동으로 갔다면 담당자가 언제 돌아올지도 모르는 채 졸업식이 끝날 때까지 거기서 기다렸어야 했다. 전화를 받은 담당자는 지금 사무실로 돌아갈 테니 나더러 5강의동으로 오라고 했다. 나는 동생에게 설명할 힘도 없고 이 더운 날에 혼자 갔다 오는 게 더 빠를 것 같아 동생에게는 기다리라고 하고 혼자 5강의동으로 향했다.

혼자 씩씩거리며 걸어가면서도 정말 어이가 없었다. 하늘도 무심하시지, 어찌 졸업장을 받는 마지막 순간에 이런 대형사고를 준비하셨단 말인가. 비행기 출발시각이 가까워오자 나는 말 그대로 똥줄이 타는 것 같았다. 날은 덥지, 땀은 주룩주룩 흐르지, 스트레스로 배까지 살살 아프기 시작했다. 내가 5강의동에 도착하고 얼마 되지 않아 담당자가 왔다. 그는 별로 미안한 기색도 없이 뚜벅뚜벅 자기 자리로 걸어가 앉더니 열쇠로 책상서랍을 열었다. 이어 학교장 직인을 꺼내더니 내 졸업장 위에 파란색 직인을 꾸욱 눌러 찍었다. 그러곤 무표정한 얼굴로 내게 졸업장을 돌려주는 것이었다. 아유, 진짜 마음 같으면 한 대 날려주고 싶었지만, 침을 꿀꺽 삼키고 참고 말았다. 내가 이 졸업장을 받으려고 그동안 그렇게 고생했는데 마지막 순간에 무너질 순 없었다. 정말 마지막 인내심을 발휘해 이를 악물고는 졸업장을 챙겨 들고 5강의동을 나섰다. 다행히 지나가는 택시가 있어 그 택시를 잡아타고 유학생 사무실로 돌아왔다.

이때부터 나와 동생은 줄곧 뛰었다. 경제관리학원에 가서 졸업가운을 반납한 뒤 정신없이 짐을 챙겨 택시를 타고 베이징 서우두 공항으로 향했다. 택시 좌석에 앉자마자 온몸의 긴장이 풀렸다. 눈물이 터질 것만 같았다. 몇 시간 사이에 천국과 지옥을 오가는 경험을 했다. 택시 안에서 나는 졸업장을 꺼내 보고 또 보았다. 이제야 겨우 졸업했다는 실감이 났다.

칭화대 MBA 과정을 졸업하기 전의 나에 비하면 졸업하고 난 뒤의 나는 무엇이 변했을까? 겉으로는 아무런 변화도 없었다. 다른 사람에게 나를 소개할 때도 내가 학력을 이마에 써 붙이고 다니는 것도 아니니 내가 먼저 말하지 않으면 내 길어진 가방끈을 다른 사람이 알아줄 리도 없다. 그러나 분명 변화가 있었다. 가장 중요한 것은 내가 나 자신을 바라보는 눈이 바뀐 것이다. 그동안 내가 어떻게 공부했는지, 얼마나 노력했고 얼마나 힘들었는지, 얼마나 많은 밤을 지새웠는지, 그리고 얼마나 발전했는지는 나 자신이 잘 알고 있었다. 가장 가까이에서 가장 오랜 시간 나를 지켜본 사람은 다름 아닌 바로 나 자신이었다. 내가 생각해도 칭화대 MBA 과정의 어려움을 모두 이겨낸 나 자신이 자랑스럽고 대견했다. 내가 나를 인정하게 됐고, 내가 나를 더 사랑하게 됐다. 그래서 이 세상을 향해 더 자신 있고 당당한 내가 된 것, 이것이야말로 내가 칭화대 MBA 과정을 졸업함으로써 나에게 일어난 변화 중 가장 큰 것이 아닌가 생각한다.

상하이로 가는 비행기가 하늘로 날아올랐다. '앞으로 내 앞에 어떤 미래가 펼쳐질까?' 두근거리는 마음으로 나는 가만히 눈을 감았다.

교실 밖 에피소드 17_안녕 위안훙빈!

칭화대 MBA 과정 2년의 기간은 거기서 만난 친구들 모두에게 인생의 전환점이 됐다. 각자가 여러 가지 큰 변화를 겪었다. 연령대가 그래선지 특히 우리 반에는 엄마, 아빠가 된 친구들이 많았다. 돌아서면 누가 아빠가 됐다, 돌아서면 누가 임신을 했다 하는 소식이 들렸다. 어느 여학우는 임신과 출산 때문에 학업을 1년간 쉬었다. 새로운 짝을 찾거나 결혼을 한 친구들도 많았다. 나도 공부를 하면서 인생의 반려자를 만난 경우이지만, 캠퍼스 커플이 여럿 더 있었다. I반의 한 한국인 오라버니는 학교 앞 중국어 학원에서 자기보다 훨씬 어린 연하의 여자친구를 사귀어 결혼에 골인했다. 이직이나 전직을 통해 일하는 업종을 완전히 바꾸거나 생활의 무대를 바꾼 친구들도 많았다. 이렇게 모두가 미래를 향한 새로운 변화를 겪고 있을 때 안타깝게도 젊은 나이에 운명한 친구가 있었으니 바로 1반의 위안훙빈(袁红斌)이다.

사실 훙빈의 이야기를 하면 우리 동기들은 모두 마음이 아프다. 그리고 각자의 인생에 감사하고 숙연한 마음을 갖게 된다. 후난성(湖南省) 출신인 훙빈은 1982년생으로 칭화대 법학과에서 학사학위를 받은 수재였다. 당시 그가 칭화대에 합격했다는 소식이 고향 지역의 언론에 뉴스로 보도됐다고 했다. 1반 소속이었지만 내 남자친구인 류명과 같은 기숙사 방을 썼기에 나와도 이래저래 자주 부딪히고 식사자리 등에서 자주 만나는 친구였다. 솔직히 나는 훙빈을 그다지 좋아하지 않았다. 내가 자기보다 나이가 많은데도 나를 마치 자기보다 어린 동생 대하듯 했고(사실 중국인들은 우리와 비교하면 나이 개념이 약하다), 가끔 내게 던지는 말이 내가 느끼기에는 뭔가 핀트가 안 맞거나 엉뚱한 말인 경우가 많았다. 친하게 지내기에는 나와 뭔가 잘 안 맞는 친구라고 생각했다. 지금 생각해 보면 친화력이 조금 부족하고 특히 여자친구와 소통하는 능력이 떨어지는 거였는데, 내가 너무 마음의 벽을 쌓고 그 친구를 대했던 것 같다.

홍빈은 매일 열심히 운동을 했고, 내가 가끔 남자 기숙사에 놀러가서 보면 늘 책상에서 뭔가 열심히 공부하고 있었다. 그러던 중 3학기인 2009년의 어느 날 류멍에게서 믿을 수 없는 소식을 들었다. 홍빈이 배가 너무 아파 병원에 가서 검진을 받았는데, 의사로부터 희소성 악성종양 진단을 받았다는 것이었다. 그 악성종양은 전 세계에서 환자가 몇백 명 정도밖에 안 되는 정말로 희소한 질병이라고 했다. 그런 희소병이다 보니 관련된 연구자료도 거의 없었고, 그래서 치료법도 확실치 않은 상황이라고 했다. 뿐만 아니라 병이 진전되는 속도가 빨라서 그에게 남아있는 시간이 얼마 되지 않는다는 것이었다. 그는 이런 상황을 자기 입으로 담담하게 두 룸메이트에게 말해주었다고 했다.

게다가 우리는 홍빈이 발병한 뒤에야 겉으로 늘 활달하던 그의 집안 형편이 사실은 매우 어렵다는 것을 알게 됐다. 부모님은 모두 시골에서 사시는데, 한 분은 의료사고로 몸져누워 계셨고 다른 한 분도 지병을 앓고 계셨다. 누나가 있었지만 역시 경제적으로 넉넉한 형편이 아니었다. 그런 홍빈에게 치료비는 감당할 수 없는 천문학적 금액이었다.

이런 사실을 알게 된 1반 친구들은 곧바로 '위안홍빈 돕기 모금운동'을 시작했다. 나는 홍빈의 투병과 죽음이 안타깝기도 했지만, 모금운동 과정에서 1반 친구들이 보여준 모습에 많이 감동했다. 1반 친구들은 반장인 장보를 중심으로 모금조직을 만들고 각자 역할을 구체적으로 나누어 학교 안팎에서 전방위로 모금운동을 펼쳤다. 홍빈이 병원에 가는 날에는 그를 병원까지 태워 데려다줄 차량을 준비했고, 병문안 일정을 계획적으로 짜서 돌아가며 병원에 갔다. 거의 1년에 가까운 기간 동안 학업은 물론이고 각자 개인적인 일들도 있어 힘들었을 테고 지칠 만도 했지만, 정말로 꾸준히 모금운동을 해서 실질적인 성과를 올렸다. 그들은 처음에 예상한 수준을 훨씬 뛰어넘는 수준의 금액인, 한국 돈으로 몇억 원가량의 돈을 모금해 홍빈의 치료비로 지출했다. 회계를 담당한 친구들은 정기적으로 학우들에게 메일로 상황을 보고했고, 기금 운영도 투명하게 했다.

홍빈은 졸업을 1년 연기하고 기숙사와 병원을 오가며 투병생활을 하다가 병세가 악화되자 병원에 입원했다. 홍빈의 누나가 시골에서 올라와 병간호를 했다. 한때 홍빈의 병세가 호전됐다는 소식이 들려왔고, 그 기간 그는 건강이 많이 좋아졌다면서 그동안 자기를 도와준 친구들에게 고마운 마음을 전한다는 내용의 메일을 써서 보내기도 했다. 우리 모두는 그동안 바라고 기도한 대로 홍빈이 이제 병을 떨쳐내고 다시 일어서겠구나 하고 기뻐했다. 그런데 그것도 잠깐이었다. 우리는 졸업 후 1년도 지나지 않아 갑작스럽게 홍빈의 부고를 듣게 됐다.

앞길이 창창했던 젊은 친구의 너무나도 갑작스러운 발병과 죽음 앞에 우리 모두 할 말을 잃었다. 2011년 7월에 09학번과 졸업을 1년 연기한 우리 동기들의 졸업식이 있었다. 그날 1반 친구들은 자기들이 직접 만든 동영상을 다른 졸업생들과 함께 보았다. 우리와 졸업의 기쁨을 함께 나누어야 했을 홍빈과의 추억이 담긴 동영상이었다, 갑작스럽게 발병하지 않았다면 그 자리에서 우리와 함께 환하게 웃으며 졸업사진을 찍고 인생의 다음 단계로 힘차게 나아갔을 위안홍빈! 다시 한번 그의 명복을 빈다.

교실 밖 에피소드 18_나의 중국어 정복기

내가 중국어를 정복했다고 할 수 있을까? 나는 올해로 중국어 공부를 시작한 지 햇수로 14년, 중국에 온 지는 5년이 됐지만, 아직도 내 중국어가 많이 부족하다는 것을 느낀다. 이것은 겸손한 척하는 게 아니라 내 진심이다. 아직도 중국 드라마나 영화를 볼 때 잘 모르는 단어들이 툭툭 튀어나오고, 그럴 때마다 곧장 남편에게 뜻을 물어보거나 사전을 찾아보곤 한다. 일상회화나 의사 표현은 문제가 없는 수준이 됐지만, 글짓기를 할 때는 내가 쓴 게 맞는지 틀리는지 헷갈리는 경우가 많고, 네이티브 중국인에게 교정을 받아보면 그야말로 빨간 줄투성이다. 그러니 내 중국어 작문 수준은 아직도 저 밑에 있다고 할 수 있다. 그럼에도 불구하고 여기서 '나의 중국어 정복기'를 쓰려고 하는 것은 중국어 공부를 정말로 열심히 했다고 나 스스로 평가하고 있고, 이제 막 중국어 공부를 시작한 입문자들에게는 내 경험이 어느 정도는 도움이 되리라는 믿음 때문이다.

언어 공부는 마치 큰 그릇을 채우는 것과 같다. 처음에는 엄청나게 굵은 돌멩이로 그릇을 대충 채운다. 겉으로 보기에는 꽉 찬 것 같지만, 중간중간은 여전히 숭숭 비어 있다. 다시 그것보다 작은 돌멩이를 부으면 끝도 없이 들어간다. 이런 과정을 계속하다가 이제는 그릇이 다 채워졌다는 생각이 들었을 때 모래를 부으면 또 끝도 없이 들어간다. 이렇게 수준을 높여가며 꾸준한 노력과 연마가 필요한 것이 어학 공부라고 나는 생각한다.

기초단계에서는 어휘량이 필수다. 그래서 어느 정도의 수준에 다다를 때까지는 모르는 단어가 나오면 그때그때 사전을 찾아보면서 의미를 익히고 마음속에 각인시키는 노력이 필요하다. 처음에는 문장을 보거나 공부를 할 때

진도를 나갈 수가 없다. 모르는 단어가 너무 많기 때문이다. 나는 과제를 할 때 단 한 단락을 해석하는 데도 밤을 꼬박 새운 적이 있다. 너무나 느려터진 내 진도에 정말 화가 날 지경이었다. 하지만 어휘력이 쌓이면서 같은 양의 내용을 공부하더라도 사전을 찾아야 할 단어의 숫자는 점점 더 줄어든다. 물론 이런 정도의 기초를 다지려면 초반에 많은 시간과 노력을 들여야 한다.

나는 기초를 어느 정도 다진 뒤에 MBA 공부를 하면서 중국어 실력이 갑자기 확 늘어나는 것을 느꼈다. 그 이유는 여러 가지가 있지만 첫째는 언어환경, 둘째는 친구, 셋째는 과외 등 개인 스터디였다고 생각한다. 이 세 가지 측면에서 나의 경험을 돌이켜보면 다음과 같다.

첫째, 언어환경. 나는 MBA 공부를 하는 동안에는 사전을 찾을 시간도 없었다. 내가 듣거나, 읽거나, 쓰거나, 말해야 하는 것은 중국어 정보량으로 실시간으로 수백만 비트를 초과하는데 내가 반응할 수 있거나 아는 내용은 수십 비트도 안 되는 꼴이었다. 그러니 바로바로 듣고, 대답하고, 읽고, 토론해야 하는 상황에서 사전이 무슨 소용이란 말인가. 대신 나는 그 수백만 비트의 정보 중에서 내가 포착할 수 있는 부분은 최대한 포착해서 옆에 친구가 있으면 그에게 물어보고, 혼자 있을 때면 사전을 찾아서 알게 된 내용을 마음속에 각인시키곤 했다. 이런 과정이 내 중국어 실력을 빠른 속도로 키워주었다. 여건만 된다면 중국어 언어환경 속에서 살 수 있는 곳으로 잠깐이라도 어학연수나 유학을 가는 것이 가장 빨리 중국어를 공부하는 방법인 것 같다.

둘째, 친구. 사람들은 흔히 외국어를 배우려면 그 언어가 모국어인 외국인 이성 친구를 사귀어야 한다고 농담처럼 말하는데, 사실 이것은 어느 정도 일리가 있는 말이라고 생각한다. 꼭 이성 친구가 아니어도 되지만 상대적으로 이성 친구가 낫다고 말하고 싶은데, 이는 동성 친구보다는 이성 친구와 사귀면 함께하는 시간이 더 길고 정서적 교감도 더 깊다고 생각하기 때문이다. 동성 친구든 이성 친구든 둘이 같이 있을 때 눈빛으로만 말할 수는 없으니 어쨌든 의사표현을 위해 입을 열고 말을 해야 할 것이다. 그러다 보면 돌아오는 피드백에 다시 피드백을 주게 되고, 그러는 동안 다음번에는 이런 상황에서는 이렇게 말해야겠다는 개념이 자연스럽게 잡힌다. 그래서 적어도 배우고 싶은 외국어를 모국어로 하는 친구 한 명쯤은 친하게 사귀는 것이 나의 외국어 실력을 기르는 데 꼭 필요하다고 할 수 있다. 아무리 중국에 유학을 간들 학원에 가서 다른 한국인들이나 중국어를 할 줄 모르는 외국인들과 함께 수업을 듣기만 한다면 중국어 실력이 빨리 늘기를 기대하기 어렵다.

셋째, 개인 스터디, 즉 자기 노력이다. 나는 MBA 공부를 하면서도 중국어 학습에 많이 집착했던 것 같다. 언어 공부라는 것은 어떻게 보면 한다 해도 별로 표가 안 나고, 내 실력의 변화를 매일매일 느낄 수 있는 것도 아니다. 그래서 꾸준히 공부를 지속하기가 그리 쉽지는 않다. 그래도 나는 노력이 쌓이다 보면 어느 순간 점핑 포인트가 온다고 믿었다. 그래서 학교수업과 별도로 학교 밖에 있는 중국어 학원에 다녔고, 개인과외도 2명에게 번갈아 가며 거의 매일 받았다. 경제적으로 전혀 부담이 없는 것은 아니었지만, 그래도 한국에서 드는 학원비나 개인교습비에 비하면 저렴한 수준이었기에 '중국에 있는 동안 최대한 뽕을 뽑자'는 생각으로 학원수업과 개인과외를 계속했다. 개인과외는 시간이 갈수록 말하기보다 작문 위주로 공부했다. 개인적인 편지나 학교 수업에서 내준 과제 등 실제 생활에서 써야 할 글을 내가 일단 써서 과외 선생님에게 보이고 잘못된 부분을 교정받는 방식이었다. 돌아보면 이런 방식의 공부는 내 중국어 실력 향상에 큰 도움이 된 것 같다.

지금은 따로 시간을 할애해 중국어 공부를 하지는 않는다. 생활 속에서 잘 모르는 단어를 만나면 즉시 사전을 찾아보고 뜻을 알려고 노력하는 정도에 그치고 있다. 텔레비전을 보거나, 노래를 듣거나, 영화를 볼 때면 아직도 잘 모르는 단어들과 자주 만난다. 역시 외국어는 모래로 평생을 채워도 다 차지 않는 큰 그릇인 것 같다.

교실 밖 에피소드 19_그 많은 자전거는 어디로 갔을까?

칭화대에서 생활하려면 자전거는 필수 교통수단이다. 그런데 상하이에서 살게 된 뒤로는 자전거의 필요성을 거의 못 느꼈다. 길에서 자전거를 타는 사람들도 베이징보다 훨씬 적은 느낌이다. 아마도 내가 베이징에서는 학생 신분으로 살았고 상하이에서는 직장인 신분으로 살았기 때문에 보고 느끼는 것에 차이가 있기 때문이라고 생각한다.

대학 캠퍼스에서는 자전거가 없으면 생활이 거의 불가능하다. 나는 초등학교 때 집 근처 공원에서 동생과 함께 대여 자전거를 빌려 몇 번 신나게 탄 것 말고는 자전거를 탈 일이 없었다. 중국에 와서 자전거를 타보니 그래도 다행히 몸에 자전거용 세포가 남아 있었는지 금세 익숙하게 탈 수 있었다. 나는 새 자전거를 사서 몇 번 타보고는 '자전거 타기? 별거 아니네!' 하며 득의양양했다. 그런데 학기가 시작된 뒤로 중국의 충격적인 자전거 문화를 접하고 놀란 적이 한두 번이 아니었다.

우선 중국사람들은 자전거 타는 기술의 수준이 다르다. 나는 내가 나름대로 자전거를 잘 탄다고 생각하고 있었다. 그런데 비가 내리니 상황이 달라졌다. 길에서 자전거를 타는 사람들은 모두 한 손으로는 우산을 받치고 다른 한 손으로만 자전거를 몰았다. 다들 한쪽 손만으로도 자전거를 잘 타니 당연히 나도 가능할 줄 알고 한 손으로 우산을 쓰고 다른 한 손으로만 자전거를 몰려고 시도했다. 그런데 이게 웬걸, 나는 균형을 잡지 못하고 삐뚤빼뚤거리다가 쓰러지기를 반복했다. 그래서 어쩔 수 없이 비를 맞으며 자전거를 탈 수밖에 없었다. 한번은 자전거를 타고 나갔다가 갑자기 비가 오는 바람에 물에 빠진 생쥐 모양으로 기숙사에 돌아온 일이 있었다. 그때 나는 기필코 한 손으로 자전거 타기를 연습해서 남들처럼 우산을 쓰고 자전거를 타리라, 전의를 불태웠다.

그 뒤로 나는 틈만 나면 한 손으로 자전거 타기를 연습했다. 처음에는 곧은길에서만 천천히 연습하다가 차츰 커브 길에서도 연습했고, 속도를 내면서 연습하기도 했다. 그러는 동안 많이 넘어졌고, 가볍게 다친 적도 몇 번 있었다. 그래도 연습한 보람이 있어 약 반년이 지나자 한 손으로 자전거를 타는 게 가능하게 됐다. '야호, 이제 나도 비 오는 날 우산을 쓰면서 자전거를 탈 수 있다!' 나는 너무 신나서 비 오는 날만 기다렸다.

그러던 어느 날 나는 굉장히 충격적인 장면을 목격했다. 두 손을 다 놓고 자전거를 타는 사람을 본 것이다. 그 사람은 손을 핸들에서 완전히 떼고 골반과 다리만으로 균형을 잡으며 자전거를 타고 있었다. 이건 뭐 서커스도 아니고……. 나는 이제 막 한 손으로 자전거를 탈 수 있게 됐다고 좋아하고 있었는데, 하늘도 무심하시지, 내 눈앞에 저런 광경을 펼치시다니. 알고 보니 신기하게도, 그 전에는 두 손을 다 놓고 자전거를 타는 사람을 본 적이 전혀 없었는데 그날 이후로는 심심찮게 그런 사람들을 보게 됐다. 아마도 전에는 그런 사람들의 존재를 의식하지 못하다가, 내가 관심을 가지고 나자 비로소 그들이 내 눈에 들어온 것 같다. 두 손을 다 놓고 자전거를 타는 사람들은 단순히 손을 핸들에서 떼기만 하고 타는 것이 아니라 손에 휴대전화기를 들고 문자를 보내거나 통화를 하면서 타는 경우가 대부분이었다. 나는 정말이지 혀를 내두를 수밖에 없었다. '어쩜 다들 저렇게 자전거를 잘 타는 거지?' 아마도 어렸을 때부터 줄곧 자전거를 타왔기 때문에 경력이 적어도 십수 년씩은 되어 그렇게 된 것이 아닐까 하고 추측했다. 아무튼 나도 두 손을 다 놓고 자전거 타기를 몇 번 시도해보았지만 결국 잘 안 되어 포기하고 말았다.

자전거와 관련된 또 하나의 문화적 충격은 교내에 자전거 도둑이 너무 많다는 것이었다. 처음에는 자전거를 그렇게 쉽게 도둑맞는다는 사실을 몰랐다. 조심하라는 말을 들었을 때도 그런 경고를 그다지 믿지 않았다. 그런데 알고 보니 실제로 학교 안에서 누군가가 자전거를 훔쳐가곤 하는 것이었다. 그것도 아주 빈번히. 나는 2년 동안 4대의 자전거를 도둑맞았다. 한 학기에 한 대꼴로 도둑맞은 셈이었다. 처음에 얼마 타지도 않은 새 자전거를 도둑맞았을 때는 너무나 황당했다. 수업이 끝나 자전거를 대놓은 자리에 가서 내 자전거가 없어진 것을 발견했을 때의 그 허탈함과 분노란! 내 자전거를 누가 훔쳐갔는지는 알 수 없었으나, 복수심에 이글이글 불타게 된 나는 나도 꼭 남의 자전거를 한 대 훔치고야 말겠다고 결심했다. 실제로 이런 악순환으로 자전거 도둑이 없어지지 않는다는 설도 있었다. 그러나 말이 그렇지, 남의 것을 어떻게 훔치느냐는 생각에 나는 결국 자전거를 훔치겠다는 결심을 실행에 옮기지는 못했다.

나뿐만 아니라 친구들도 자주 자전거를 잃어버리거나 도둑맞았다. 자전거를 아무리 좋은 자물쇠로 기둥에 매달아 놓아도, 체인 같은 걸로 꽁꽁 묶어놓아도 소용이 없었다. 잠금장치가 걸려 있는 채로, 또는 기둥까지 뽑아서 자전거를 훔쳐가는 경우도 있었다. 일설에는 교내에 자전거를 훔쳐서 중고시장에 파는 것을 전문으로 하는 기업형 자전거 도둑들이 있다고도 했다. 나는 그게 완전히 근거 없는 설은 아니라고 생각했다. 그래도 두 번째와 세 번째로 자전거가 없어졌을 때는 훨씬 담담했다. '에고, 또 도둑맞았네' 라고 생각하고 말았다. 동기들의 자전거 중에서 끝까지 도둑맞지 않고 살아남은 것들은 그냥 길에 버려놔도 아무도 주워가지 않을 만큼 낡은 것뿐이었다.

자전거와 관련된 문화충격 중에서 하나 더 얘기하고 싶은 것은 자전거 러시아워다. 중국에 오기 전에는 길이 차로 막히는 것은 봤어도 자전거로 막히는 모습은 본 적이 없었다. 그런데 중국의 대학 캠퍼스에는 자전거 러시아워가 존재한다. 우선 아침 첫 수업시간이 시작되기 전에 기숙사 구역에서 강의동 구역으로 가는 길이 자전거로 엄청나게 막힌다. 그리고 저녁식사 시간인 오후 다섯 시부터 여섯 시 사이(대학 캠퍼스의 저녁식사 시간은 다른 데보다 이른 편이다)에 각 식당으로 가는 길도 자전거로 엄청나게 막힌다. 캠퍼스가 크고 길이 널찍널찍한데도 불구하고 그렇다. 자전거 행렬이 상상을 초월한다. 그 모습을 볼 때마다 나는 "중국에 사람이 많긴 많은가 보다. 이거 정말 장관이네" 하고 중얼거리곤 했다. 게다가 자전거 주차장에 자전거는 또 얼마나 많은지, 세워둔 내 자전거의 위치를 잘 봐놓지 않으면 다시 내 자전거를 찾을 때 한참을 헤매기 일쑤다.

캠퍼스에서 없어진 그 많은 자전거는 다 어디로 갔을까? 지금도 가끔 내 사라진 애마들이 어디로 갔을까 궁금해진다.

교실 밖 에피소드 20_잊지 못할 졸업식 연설

나는 2010년에 열린 우리 학번의 정규 졸업식 외에 2011년 졸업식에도 참석했다. 남편이 졸업을 1년 연기하여 2011년 7월에 졸업을 했기 때문이다. 류밍 외에도 우리 반의 십여 명 가까운 친구들이 호구 문제로 한 해 늦게 졸업식을 치렀다. 2010년 쟈오상쥐 그룹의 CEO 친샤오(秦晓)의 졸업식 연설도 인상 깊었지만, 사실 내 마음에는 2011년 우징롄(吴敬琏) 교수의 졸업식 연설이 더 깊이 남아있다. 앞으로 살아가면서도 결코 잊지 못할 것 같다. 중국의 과거와 현재, 그리고 미래를 얘기한 그 연설은 굉장히 의미 있는 내용을 담고 있었다.

우 교수는 1930년생으로 '중국 경제학계의 태두'로 불리는 분이다. 현재 여든이 넘은 나이에도 국무원발전연구중심 등 정부 경제관련 기관의 연구원과 고문, 여러 대학의 명예교수 등을 맡아 활발하게 활동하고 있다. 강단에 올라선 그의 아담한 키와 은발에 가까운 백발이 인상 깊었다. 어떻게 저런 노교수가 강단에 섰을까? 나는 호기심에 차서 그의 연설을 경청했다.

그는 먼저 졸업생들에게 축하의 뜻을 전하고, 자신이 푸단대학(复旦大学, 상하이 소재 명문대학)을 졸업했던 때를 회상하며 이야기를 시작했다. 당시 중국은 "소련의 오늘은 중국의 내일이다"라는 표어를 내걸고 전 사회가 소련만 본받으면 급속도로 성장할 수 있다고 믿었다고 한다. 그때는 나라가 고급인재인 대학 졸업생들에게 근무할 곳을 일괄 배정해주었고, 그는 베이징에 있는 경제연구기관에 배정받았다. 대학을 졸업한 그는 미래에 대한 기대로 가득 차 있었다. 그러나 현업에서 일하면서 현실은 결코 교과서에서 배운 것과 같지 않음을 느낀다. 나라에서 많이 관여하고 통제할수록 경제효율이 급격히 떨어지는 것을 목격했다. 대표적으로 '대약진운동'(마오쩌둥(毛澤東)

의 주도 아래 1958년부터 1960년까지 전개된 노동력 집중을 통한 산업화 운동) 이후 전국의 산업생산은 크게 위축됐고, 대기황까지 발생했다. 이어 '문화대혁명'(역시 마오쩌둥의 주도 아래 전개된 1966년부터 1976년까지 10년간의 극좌 사회주의 운동) 이후에는 중국이 거의 붕괴 직전까지 갔다.

우징롄은 대약진운동 기간에 우파로 몰려 두 번이나 구속됐던 구준(顾准)을 알게 된다. 그리고 그의 사상적 영향을 받아 그때까지 믿었던 소련의 사상과 학술에 회의하게 되면서 인생의 첫 번째 전환점을 맞는다. 1976년 사인방이 체포되면서 사회가 변화의 급물살을 타게 된다. 당시 경제학계에서는 과거의 경제이론으로는 새로운 사회를 세울 수 없다는 인식 아래 새로운 것을 배우자는 열풍이 분다. 우징롄은 1980년대 초 해외 유명교수들을 초빙하여 세미나와 토론회를 여러 차례 열었고, 그 과정에서 야노시 코르너이(János Kornai)를 만나면서 인생의 두 번째 전환점을 맞는다.

우징롄 교수가 졸업식 연설에서 가장 강조하고자 한 것은 세상에 영원한 진리는 없으며 지식인은 끊임없는 사유와 노력을 통해 변화에 적응하고 더 나아가 변화를 만들어가야 한다는 것이었다. 중국이 오늘날 미국과 함께 G2(Group of Two)로 불리게 될 정도로 발전하는 데는 일생을 중국 경제의 개혁에 바친 우 교수와 같은 중국 경제학자들의 노고가 컸음을 느낄 수 있었다. 우 교수는 연설을 마치면서 현재 체제를 유지하는 한 중국은 앞으로 더 많은 문제에 부딪힐 것이며, 그런 문제를 해결하기 위해서는 중국의 정부주도형 시장경제체제가 법치기초형 시장경제체제로 바뀌어야 한다고 역설했다. 그러나 그런 개혁을 어떻게 해야 하는지는 정답이 없으며, 졸업생들이 사회에 나가서 사유하고 행동하며 풀어야 할 문제라고 했다.

우리는 중국을 이러쿵저러쿵 비판한다. 이래서 아직 안 되고, 저래서 한국을 따라 오려면 아직 멀었다는 식으로 중국에 대해 얘기한다. 이런 한국인들의 태도는 어찌 보면 중국을 깔보면서 스스로를 위로하는 것이다. 그러나 나는 칭화대의 2010년 졸업식 연설에서도, 2011년 졸업식 연설에서도 중국의 지식인들이나 지도층이 현 중국 사회의 문제점에 대해 아주 정확한 인식을 갖고 있으며, 또 더 나은 미래를 위한 개혁에 대한 의지가 아주 강하다는 점을 느낄 수 있었다. 정부의 여러 가지 문제점과 고위 지도층의 부정부패에 대해서도 중국의 지식인들은 대부분 비판의식을 가지고 있었다. 나는 이런 중국의 모습을 볼 때마다 한국인으로서 위기감을 느낀다. 우리는, 우리 대한민국은 이 거대한 중국의 변화와 발전, 성장에 어떻게 대응해야 살아남을 수 있을까?

6장

Post MBA

졸업 후 취업 현황

우선 칭화대 MBA 과정에서 유학한 한국인들의 취업 현황을 보자. 회사의 지원을 받아 유학 온 한국인 유학생들은 원래 다니던 직장으로 복귀했고, 자비로 유학 와 공부한 한국인 유학생들은 대부분 한국의 대기업으로 재취업했다. 우리 기수의 한국인 동기를 지원한 스폰서 기업은 하나은행, 산업은행, 현대증권, GS칼텍스, SKT 등이었다. 자비로 온 사람들은 삼성, 포스코, 현대, 한화 등 대기업 출신이 대다수로, 이들 중 대부분이 MBA 과정을 졸업한 후 다시 대기업으로 이직했다. 서로 회사를 맞바꾸어 들어가는 건가 싶을 정도로 동기들은 몇 개 대기업의 범위 안에서 재취업했다. 물론 구체적인 직무는 좀 더 중국에 관련된 일로 바뀌었다. 각각의 개인적 가치관이나 조건에 따라 재취업할 곳을 선택했겠지만, 내가 볼 때는 중국에 와서 2년간 MBA 공부를 한 뒤 한국으로 복귀하고서도 이전과 별반 다르지 않은 직장에 들어가 살아가는 모습을 보면 조금 안타까운 마음이 든다.

동기 중 중국에 남아서 일하게 된 경우는 한국 회사의 중국법인에 들어가 B2B 영업 담당으로 일하게 된 나, 유럽에 본사를 둔 글로벌 컴퍼니의 중국지사로 이직한 언니, 중국계 금융회사의 홍콩지사로 이직한 동기 오라버니, 이렇게 셋뿐이었다. 물론 한국으로 복귀하고 1~2년 뒤에 중국으로 파견 나오거나 중국에서 주재원 생활을 하는 분들도 있다.

중국인 동기들은 MBA 공부 전후로 변화가 좀 큰 편이다. 처음부터 금융권 이직을 목표로 MBA 공부를 해서 졸업 후 성공적으로 금융권에 자리를 잡은 친구들이 꽤 많다. 소프트웨어, 제조업, 교육, 출판 등 각기 다른 직업 배경을 가진 친구들이 은행, 제2금융권, 증권회사, 펀드회사, 투자회사 등으로 이동했다. MBA 과정을 졸업하고 3년이 지난 지금은 대부분 자리를 잡고 안정적으로 경력을 쌓아가고 있다. 그 밖에 자기 사업을 시작한 친구들도 적지 않다. 레스토랑 겸 바를 열어 본격적으로 운영을 시작한 친구, 여러 명이 함께 투자해 컨설팅 회사를 설립한 친구, 여행사업을 시작한 친구, MBA 과정의 케이스 스터디 내용을 교육 콘텐츠 상품으로 만들어 판매하는 회사를 차린 친구, 심지어 팝콘 판매사업을 시작한 친구 등으로 정말 다양하다.

내가 중국에서 일하고 싶어 하는 이유이자 나로 하여금 중국이라는 나라를 좀 더 긍정적으로 바라보게 하는 이유가 바로 여기에 있다. 다시 말해 중국인들은 자기 일을 선택하는 데 있어서 진취적이고 역동적이다. 한국인들은 직업 선택에 있어서 중국인들보다 보수적이다. 좋은 대학을 나와 안정된 봉급생활자로 살아가게 해줄 회사에 취직하는 것이 아마도 한국 젊은이들 대다수가 선택하는 진로일 것이다. 젊은 나이에 벤처 창업을 하거나 장사를 시작하는 경우는 극히 드물다. 더구나 한국에서는 회사 안에서도 나이와 입사연차에 따라 어느 정도 진급순서가 정해져 있다. 가끔은 젊은 나이에 임원이 되거나 파격적인 승진을 하는 경우가 있지만, 그 당사자는 연공서열을 중시하는 한국의 기업문화 속에서 부대끼고 점차 조직생활을 하기가 힘들어지는 경우가 많다. 그러나 중국에서는 나이 개념이 우리보다 약하고 실력 위주로 사람을 쓰기 때문에 젊은층이 기업의 고위 간부가 되는 경우를 자주 볼 수 있다.

젊은 나이에 신선한 도전에 나서는 젊은이들도 많다. 20대 초반에 무역업이나 대리상으로 장사를 시작해 부를 축적해가는 경우도 많고, 인터넷에 쇼핑몰을 열면서 창업을 하는 경우도 많다. 오프라인 매장을 열고 장사에 뛰어드는 젊은이들도 쉽게 볼 수 있다. 아무튼 사람들이 자기 사업을 시작하는 나이가 한국에서보다 훨씬 낮다는 것은 중국의 특징이다.

나는 대기업에 취직하기보다는 자기만의 일을 찾아나서는 중국 젊은이들을 보면서 한국 젊은이들을 생각하지 않을 수 없다. 한국 젊은이들도 남들이 다 가려고 하는 안정된 직업만 쫓지 말고 각자 자기가 진짜로 좋아하는 일을 찾아서 당당하게 도전하게 되기를 바란다. 한국 젊은이들이 그렇게 진취적으로 살아갈 수 있게 해주는 사회적 변화가 필요하다고 본다.

칭화대 경제관리학원 교우회 활동

칭화대 MBA 과정의 학비는 내가 입학한 2008학년도에는 2년간 10만 위안 정
도였는데, 그로부터 6년이 지난 2014년에는 2년간 20만 위안에 육박한다고
한다. 엄청난 학비 인플레가 놀랍기도 하고 씁쓸하기도 하다. 요즘 우리 동기
들끼리는 학비가 그동안 거의 두 배가 됐으니 일찍 공부한 우리가 투자 하나
는 잘한 셈이라고 농담하곤 한다. 나와 남편 같이 MBA 과정에서 만나 결혼한
커플은 둘을 합치면 남들보다 두 배로 돈을 번 것이라고 장난삼아 이야기한
다. 그런데 과연 중국의 전반적인 물가상승을 감안하더라도 MBA 과정의 가
치가 실제로 그만큼 올랐는지는 의문이다.

　몇 년 전부터 중국에서도 MBA 붐이 일어나 이전에 MBA 과정이 없던 대
학들도 앞 다투어 MBA 과정을 신설하고 학생들을 모집하고 있다. 이렇듯
MBA 과정이 난립하다 보니 MBA 과정의 교수진과 커리큘럼의 질이 떨어지
고, MBA 과정에 입학한 학생들도 학업보다 졸업장 취득이나 졸업 후 취업에
더 열중하는 분위기가 팽배해졌다. 이런 상황에서 중국 내에서 비교우위를
점하고 있는 칭화대와 베이징대 등 명문대 MBA 과정의 가치는 더 상승하고,
이에 따라 학비 인플레도 명문대 MBA 과정들이 주도하고 있는 것이 현실이

다. 나는 이미 졸업했으니 학비가 오르는 것은 나와 상관없는 일이라고 생각할 수도 있고, 어쩌면 기뻐해야 할 일일지도 모르겠다. 하지만 학비 인플레를 보면서 나도 여러 모로 마음이 불편한 것이 사실이다.

나는 MBA 과정 재학 중일 때는 학업과 진로탐색 등에 바빠 교우회에는 그다지 관심을 가지지 못했다. 졸업하면 학교와 이별이라고 생각했는데 막상 졸업한 뒤에 보니 칭화대 경제관리학원(SEM)에서 다양한 교우회 활동을 직접 주도하며 지원한다고 느껴질 때가 많았다. 특히 최근에는 교우회 활동이 더욱 활발해지고 있는 듯하다.

칭화대 경제관리학원 교우회는 2003년에 사무실을 개설했고, 2011년 4월에 홈페이지도 열었다. 교우회는 이 홈페이지를 비롯한 인터넷 플랫폼을 이용해 활동하기도 하지만, 학교 캠퍼스와 베이징 시내에서 오프라인 모임도 갖는다. 지금은 베이징 외에 상하이, 선전, 선양, 홍콩, 쓰촨, 산둥 등지에도 교우회 분회가 조직되어 지역별 활동도 활발하다.

2013년 3월에는 칭화대 경제관리학원 주최로 한국인 졸업생들의 교우 모임이 서울에서 열렸는데, 그 자리에 약 30명 정도가 참석했다고 한다. 칭화대 경제관리학원 교우회 사무실이 얼마나 의욕적으로 일을 하고 있는지를 엿볼 수 있다. 한 번 행사를 할 때마다 교통비, 숙박비, 대관비 등 비용이 만만치 않을 텐데도 점점 더 행사의 규모가 커지고 참석 인원도 늘어나는 추세다. 아마도 교우회 활동을 기반으로 자신들의 영향력을 넓히고 강화하려는 경제관리학원 졸업생들의 의지가 그만큼 강하기 때문일 것이다.

교우회 사무실에서 주로 하는 일은 홈페이지 관리, 교우들에게 정기적으로 메일 보내기, 세미나나 각종 강좌 주최하기, 금융과 부동산, 창업 등 주제별 동아리 활동 지원하기, 스포츠 동아리 조직하기, 분기별 교우지 제작하기, 모금활동 주관하기 등이다. 나도 지난해 상하이에서 열린 교우회 모임에 몇 번 참석했는데, 교우들 대부분이 교우회 활동에 매우 적극적으로 참여하고 있음을 알 수 있었다. 인맥 쌓기를 MBA 공부의 주된 목적 중 하나로 삼는 사람들도 많은데, 이런 사람들은 교우회를 통해 자기 인맥을 넓히거나 교우회를 자기 사업에 활용하려고 할 것이다.

인맥 활용은 각자의 노력과 의지에 따라 그 효과가 좌우된다고 생각한다. 단순히 교우회에 나가 여러 사람과 명함을 교환한다고 해서 그것이 바로 자신의 인맥이 되지는 않는다. 나는 이제까지 이런 일에 그리 적극적이지 않아서 그런지 교우회 인맥이 내게 도움이 된다는 느낌을 받아본 적이 별로 없다. 그러나 칭화대 MBA 과정 교우회와 그 네트워킹은 잠재적으로 강력한 인적자원임이 확실한 만큼 나도 앞으로는 이 인맥의 플랫폼을 최대한 잘 활용해보고 싶다.

상하이 주재원 생활 3년

사실 상하이에서 주재원 생활을 한 3년간 내게 일어난 일은 칭화대 MBA 과정에서 공부하는 동안 내게 일어난 일 못지않게 많았다. 그렇기에 한 꼭지만 할애해 그 3년을 요약해 이야기하자니 어떻게 서두를 떼야 할지 모르겠다. 결론부터 말하면, 나로서는 배우고 얻은 것이 참 많은 기간이었다.

나는 MBA 과정을 졸업하고 새 회사에 입사하자마자 특판팀의 팀장을 맡았다. 서른 살에 영업팀 팀장이라니! 그것도 여자 팀장! 중국에 진출한 한국 기업의 주재원으로 재취업했으니 가능했지, 한국에서라면 꿈도 꾸지 못할 포지션이었다. 한국의 대기업에서는 과장이나 차장, 아니 부장이 돼도 팀장의 직위를 맡지 못하는 경우가 많다. 더군다나 한국에서는 여성이 전담하다시피 하는 임신과 육아의 부담, 조직 속에서 드러나지 않게 은근히 관철되는 여성 차별이나 배척, 게다가 유리천장의 존재까지 작용하여 여성이 팀장급에 오르기가 여전히 힘든 게 현실이다. 그런데 나에게 10명 정도의 팀원들을 이끄는 팀장의 역할을 맡기다니……. 입사 초기부터 생각지도 못한 자리의 무게가 어깨를 누르기 시작했다.

내가 들어간 새 회사는 플라스틱 밀폐용기, 글라스 밀폐용기, 보온병, 기타 생활용품을 주된 제품라인으로 하는 기업이었다. 중국에서 큰 인기를 모은 한국 TV 드라마 〈대장금〉을 활용한 마케팅에 성공해 한국 기업으로는 드물게 중국에서 나름 성공적인 현지화 과정을 거쳐 성장하고 있는 기업이었다.

내가 책임을 맡은 B2B팀은 우리 회사 제품을 프로모션용으로 쓰려는 대기업이나 판촉용품 전문 대리상을 상대로 영업을 하는 팀이었다. 제품 수요처는 카드포인트 환급용 선물로 우리 회사 제품을 필요로 하는 은행이나 신용카드회사, 매점 행사 때 우리 제품을 고객 증정용으로 쓰려는 할인매장, 독자에게 선물로 우리 제품을 주려는 잡지사나 신문사 등이었다. 우리 팀이 상대하는 고객의 절반 정도는 대기업이었고, 나머지 절반 정도는 판촉용품 대리상이었다. 판촉용품 대리상을 상대로 한 영업은 직접영업보다는 도소매상 관리업무의 성격이 강했다.

영업을 하면서 정말로 다양한 사람들을 만났다. 내가 만난 사람들은 주로 기업의 마케팅팀이나 구매팀의 담당자와 대리상의 사장님이었다. 이름만 대면 다 알 만한 중국 진출 글로벌 기업을 비롯해 은행, 통신회사, 가전제품회사, 현지 담배공사 등 수많은 기업을 직접 방문하고 담당자를 만나 상담을 벌였다. 같은 중국 안에서도 기업의 성격에 따라서 구매 담당팀의 분위기도, 담당자의 스타일도 천차만별이었다.

가장 규모가 큰 고객은 미국에 본사를 둔 건강용품 회사인 A사였다. 우리 회사 제품이 A사의 메인 상품인 프로틴 파우더를 판촉하기 위한 증정품으로 선정됐다. 단일 오더 수량이 무려 100만 개였다. 그 매출이 우리 회사 전체 매출에서 차지하는 비중이 꽤 컸다. 수량이 많다 보니 입찰에서 납품까지 꼬박 1년이 걸리는 대형 오더였다. 이 A사의 오더를 처음부터 끝까지 세 번 맡아 처리하는 과정에서 나는 정말로 많이 배웠고, 또 많이 성장했다. 다른 건 몰라도 단일 제품으로 이 정도의 규모로 상담을 진행하고 매출을 올린 특판 케이스는 한국에서는 물론 중국에서도 드물 것이다. 이 점에서 나는 스스로 진정한 특판 영업을 해봤다는 것에 무한한 자부심을 가지고 있다.

판촉용품 대리상을 상대로 한 영업은 또 다른 세계였다. 중국은 사람들이 선물을 좋아하는 나라다. 제품을 판매할 때 한국에서보다 증정의 빈도가 높고 강도가 세다. 무엇을 팔든 공짜로 뭘 하나 끼워주어야 대중의 관심을 끌고 판매도 늘어난다. 그래서 판촉용품 시장이 매우 크게 형성돼 있고, 중간에서 판촉용품을 추천하거나 공급하는 판촉용품 관련 업체들도 엄청나게 많다. 선전에서는 매년 2회 프로모션용품 박람회가 열린다. 판촉용품 관련 업체를 중국어로는 리핀궁쓰(礼品公司), 즉 '선물회사' 라고 한다. 선물회사들은 주로 최종 고객과의 관시를 통해 판촉용품을 납품하는 경우가 많다. 예를 들어 판촉용품을 사는 회사가 그 회사에서 퇴직한 전 직원의 선물회사로부터 납품을 받거나, 고위층의 가족이나 친척이 운영하는 선물회사로부터 납품을 받는 것이다. 이는 비리와 부정부패가 일어나기 쉬운 구조이지만, 어쨌든 중국에서는 관시를 이용하는 영업이 어느 정도는 보편적인 현상이다. 그래서 그런 관시를 갖고 있는 선물회사를 통하지 않으면 최종 고객에게 접근하기 어려운 경우가 대부분이다. 그러나 최근에는 점점 더 많은 기업들이 '입찰' 을 통해 판촉용품 구매 과정을 투명하게 운영한다. 이에 따라 선물회사들도 도태되지 않기 위해서는 관시보다 실력과 가격경쟁력을 갖추려고 노력한다.

우리 팀으로서는 그런 선물회사 사장님들과 정기적으로 만나고, 신제품이 나오면 그런 사장님들에게 추천도 하고 해야 했다. 그래야 선물회사를 통해 우리 제품을 최종 고객에게 판매하게 될 확률이 높아졌다. 같은 선물회사 사장님이라 해도 회사의 규모나 업무를 하는 스타일, 그리고 주된 고객 등이 각각 너무 달랐다. 오더 하나를 진행하는 과정에서도 나는 우리 회사의 매출과 이익을 조금이라도 더 늘리기 위해, 선물회사의 담당자는 자기네 이익을 조금이라도 더 많이 남기기 위해 서로 치열한 신경전을 벌였고, 때로는 거짓말도 하고 때로는 협박을 하기도 했다. 가끔은 고개가 절레절레 저어질 정도로 저질인 고객도 있었고, 내가 그 일을 하는 3년 동안 한결같이 믿음으로 비즈니스 관계를 유지한 친구 같은 고객도 있었다.

중국에서 필드 영업을 한 시간은 내게 너무나 소중한 경험이었다. 팀장으로서 팀을 책임지고 중국인 팀원들을 이끌어야 하는 자리에 있었던 상황이 나를 단련시켰다. 무엇보다 한국에서 직장생활을 계속했다면 경험하지 못했을 법한 일들을 직접 경험하게 되어 스스로 생각해도 내 시야가 엄청나게 넓어졌다. 그런 경험에서 내게 가장 깊은 인상을 준 것은 다음 세 가지다.

첫째는 젊은 창업자들이다. 중국에는 젊은 나이에 자기 사업을 시작하는 사람들이 많다. 이십대 초반에 사회로 나와 자기 회사를 차리고 삼십대 중반에 이미 어느 정도 기반을 갖춘 라오반(老板, 사장님)들이 수두룩하다. 한국에서는 젊은 사람들이 학교를 휴학하고 어학연수를 갔다 오기도 하고 군 복무도 해야 하는 등의 이유로 삼십대 초중반이 돼서야 사회생활을 시작하는 경우가 많다. 이런 점에서 중국과 한국은 사회적 분위기가 많이 다르다. 중국에서 일하면서 만약 한국에서 서른 살의 여자 영업팀장으로 일했다면 어떨까하고 상상해 본 적이 많다. 내가 상대해야 하는 고객회사 담당자들이 중국에서처럼 그렇게 젊지 않았을 것이다. 그러니 삼십대 초반의 내가 접근해봐야 어리다고 무시하거나 상대도 안 해주었을 것이다. 그러나 중국에서는 어디를 가나 내 나이가 어리다는 생각이 들지 않았을 정도로 비즈니스 환경이 젊다. 그리고 무엇보다 사람을 나이라는 잣대로 쉽게 판단하지 않는 분위기다.

둘째는 높은 여권이다. 중국은 여성의 지위가 한국보다 높다. 이 점은 한국 여성의 한 사람인 나로서는 좀 떨떠름하지만 어쩔 수 없이 인정해야 할 것 같다. 최근에는 한국에서도 여성의 사회진출이 늘어나고, 출산이나 육아로 여성의 경력이 단절되는 것을 막으려고 정부에서 여러 가지 정책을 만들어 시행한다. 그럼에도 불구하고 여전히 곳곳에 보이지 않는 남녀차별과 유리천장이 존재하고 있다고 생각한다. 나 자신이 한국에서 일할 때도 그런 점을 많이 느꼈다. 또 한국에서는 이상하리만큼 영업 인력의 대부분이 남자다. 이는 다루는 제품의 종류를 불문하고 기업 전반에 걸친 공통적인 현상이다. 중국은 어떨까? 중국은 비즈니스 현장에서 활동하는 여성의 비율이 한국보다 월등히 높다. 특히 고위직에 여성이 많이 포진해 있다. 선물회사 사장들을 봐도 여성이 많다. 1980년대 이후 중국이 '한 자녀 정책'을 실시한 영향으로 가족 기업의 경우는 그 창업자인 여성이 딸에게 그것을 가업으로 물려주는 경우도 많다. 내가 데리고 있던 팀원 중에도 여자가 남자보다 많았다. 고객회사 사람들과 함께 식사할 때 보면 열 명 중 아홉 명 이상이 여자인 경우도 종종 있었다. 환경이 이렇다 보니 나도 내가 여성이라는 것을 별로 의식하지 않고 일할 수 있었고, 상대방도 나를 편하게 대해주었다.

셋째는 포용력이다. 베이징에 있을 때도 느꼈고, 상하이에 있으면서도 줄곧 느끼는 것이지만, 중국은 한국보다 훨씬 더 글로벌화된 사회다. 한족이 절대 다수이긴 하지만 원래 다민족 국가이고 땅도 넓다 보니 사회구성원들의 스펙트럼이 굉장히 광범하다. 일본, 한국 등 아시아계 외국인에서부터 미국이나 유럽계, 아프리카계 외국인까지 많은 외국인들이 학업이나 비즈니스를 위해 중국에 들어와 자리를 잡고 있다. 이런 외국인의 수는 엄청나다. 중국 정부는 다양한 사회구성원들을 통합하는 정책을 꾸준히 시행하고 있고, 중국인들 스스로 외국인이나 외부인, 나와 다른 사람에 대한 특별한 거부감을 갖고 있지 않다. 나와 다르다는 이유로 남을 차별하고 따돌리는 한국과는 확연히 다른 분위기다. 이게 바로 섬과 다름없는 반도국가와 대륙에 터 잡은 대국

사이의 포용력 차이인 걸까? 커다란 솥처럼 모든 것들을 받아들여 자기식으로 융화해버리는 중국이 부럽기도 하고 무섭기도 하다.

　상하이에서 한국 기업의 주재원으로 생활한 3년 동안 나는 많은 인사이트를 얻었다. 그리고 이제 나는 그 인사이트를 토대로 다시 앞으로 나아가야 한다. 나는 앞으로 무엇을 해야 할까? 그리고 어떻게 살아야 할까?

칭화대 MBA 과정 유학기(留學記)! 나는 베이징으로 떠나기 전부터 내가 공부하면서 경험하는 내용을 잘 기록하거나 기억해서 한 권의 책으로 내겠다고 결심했다. 내가 그토록 꿈꿔온 중국 MBA 과정 유학이니 거기서 얻게 되는 소중한 추억, 내가 갖게 되는 느낌과 소감, 그로부터 내가 얻게 되는 것, 그리고 내가 그 과정을 통해 어떻게 성장하게 되는지를 나와 같은 꿈을 꾸는 사람들이나 굳이 MBA 과정이 아니더라도 중국 유학을 생각하는 사람들과 공유하고 싶었다.

하지만 막상 MBA 과정을 졸업하고 나니 그동안 기록하고 기억한 것들을 정리할 새도 없이 다시 정신없이 쳇바퀴 도는 듯한 직장생활을 시작했다. MBA 과정을 졸업하기도 전에 시작한 중국에서의 직장생활은 눈 깜짝할 사이에 만 3년이 가까워졌다. 직장생활을 시작할 때는 중국에서 일할 수 있게 된 것만으로도 감사하고 행복하다고 생각했다. 그러나 일을 하면 할수록 한국 기업의 한계를 벗어나지 못하는 그 회사의 기업문화가 주는 스트레스, 그리고 그 속에서 내 역할에 가해지는 제약이 주는 회의감이 나를 무겁게 짓눌렀다. 만 3년이 거의 다 되자 한국 기업의 중국 주재원이라는 신분으로 내가 배울 수 있는 것은 거의 다 배웠다는 생각이 들었다. 거기에 더 있더라도 큰 변화나 발전은 없을 것 같았다. 나는 다시 떠나야 했다.

내가 좋아하고 잘할 수 있는 일은 무엇일까? 무슨 일을 하면 인간답게 살면서도 재미있고 신나게 일할 수 있을까? 지구에 태어난 이상 조금이라도 세상이 나아지는 데 이바지하는 삶을 살아야 하는데 과연 내가 그럴 수 있을까? 나는 대학을 졸업할 때도 하지 않았던 고민을 삼십대 초반이 돼서야 심각하게 하기 시작했다. 그 결과로 두 가지 결심을 했다. 하나는 칭화대 MBA 과정 유학기를 완성하여 출판하는 것. 이 원고를 쓰는 동안 나는 앞으로도 중국에서의 내 경험을 꾸준히 글로 써서 세상에 알리는 글쟁이가 되겠다고 생각했다. 또 하나의 결심은 오랜 세월 중국에 머무르면서 발전시켜온 중국어 능력과 중국문화 이해력이라는 내 장점을 최대로 발휘해서 한중간 문화적 교량이 되겠다는 것이었다. 그래서 나는 '씨케이브릿지 컨설팅' 이라는 회사를 설립했다. 앞으로 한중 양국간 여행과 무역 분야에서 구체적인 사업방향을 정하고 활동할 계획이다.

아직은 모든 것이 불투명하고 불안하지만, 적어도 큰 방향에서는 이제야 내가 내게 맞는 길에 들어섰다고 생각하고 있다. 나 자신을 믿고 앞으로 한 걸음 한 걸음 나아갈 생각이다. 오늘날의 진정한 특권층은 바로 자기가 하고 싶은 일을 할 수 있는 사람이라던가? 나도 조금은 무모하지만 그러한 진정한 특권층 되기에 도전해보려 한다. 한 번뿐인 인생에서 그때 이랬을 걸, 저랬을 걸 하는 후회를 남기고 싶지 않기 때문이다.

MBA 과정에서 만난 다른 친구들에 비해 봐도 MBA 과정을 거친 나의 변화는 꽤 크다. 우선 인생의 반려자를 만났고, 그 사람과 결혼했다. 새 직장을 구했고, 생활의 무대가 한국에서 중국으로, 경기도에서 상하이로 바뀌었다. 친한 친구를 비롯한 내 인맥도 한국사람 위주에서 중국사람 위주로 바뀌었다. 중국어 실력도 한국에 있을 때와는 비교가 안 될 정도로 일취월장했다. 나는 이 모든 나의 변화를 긍정적으로 받아들이고 있다. 이런 변화를 만들어 낸 것은 애초에 그런 변화를 꿈꾼 나 자신이다. 내가 간절히 원했기에 이런 변화를 얻을 수 있었다.

내 이야기가 중국 유학이나 MBA 과정 유학의 보편적인 이야기가 되긴 어렵겠지만, 적어도 그 길로 가기를 꿈꾸는 사람들이 참고할 만한 가치는 있다고 믿는다. 지금의 나를 포함해 또다시 새로운 길을 꿈꾸고 도전하는 모두에게 힘찬 응원을 보낸다.

칭화대학교 및 MBA 과정 소개

칭화대학교(清华大学校)

칭화대는 베이징대와 함께 중국 최고의 양대 명문으로 꼽히는 학교다. 칭화대에 대해서는 내가 직접 다니기 전에는 막연히 우리나라의 서울대 정도라고만 생각했다. 그런데 직접 다녀 보니 중국에서 칭화대가 갖는 위상과 그 재학생 및 교우들의 학교에 대한 자부심은 상상 이상이었다. 2011년 개교 100주년 기념행사는 거의 국가행사 수준으로 성대하게 치러졌는데, 중국 전역에 며칠간 집중적으로 보도될 만큼 중국인들에게 칭화대는 단순한 대학의 의미를 뛰어넘는 존재다.

칭화대(清华大学)는 1911년 설립됐다. 당시 이름은 '칭화학당(清华学堂)'이었다. 원래는 청나라 정부에서 미국으로 보낼 학생들을 위한 유학예비학교로 지었다고 한다. 1912년에 이름을 '칭화학교(清华学校)'로 바꾸었다. 중국 내 인재 양성을 위해 1925년 대학부를 설립했고, 같은 해에 '칭화국학연구원(清华国学研究院)'을 설립했다. 1928년에 이름이 '국립칭화대학(国立清华大学)'으로 바뀌었다.

1937년에 중일전쟁이 발발하자 중국은 전쟁기간 중에도 고등교육의 명맥은 이어가기 위해 창사(長沙)에서 베이징대, 난카이대와 연합하여 '국립창사임시대학(国立長沙临时大学)'을 세웠다. 전세가 기울어진 1938년에는 이 학교가 쿤밍(昆明)으로 옮겨가서 이름을 '국립서남연합대학(国立西南联合大学)'으로 바꾸어 수업을 계속했다. 칭화대는 2차대전에서 일본이 패망한 뒤인 1946년에 원래 있던 장소인 칭화위안(清华园)으로 복귀했다. 칭화위안은 과거에 청나라 황가의 정원이었다.

칭화대의 캠퍼스 면적은 약 4km²로 여의도 면적의 약 절반이다. 칭화대는

2010년 〈포브스〉가 선정한 '세계에서 가장 아름다운 14개 대학' 중 하나로, 이때 아시아에서는 유일하게 선정됐을 만큼 캠퍼스가 빼어나게 아름답다. 칭화대를 상징하는 장소로는 구교문, 칭화학당 건물, 대강당, 해시계 등을 꼽을 수 있다. 2013년 현재 교수진은 약 7000명, 재학생은 약 3만7000명이다. 그중 학부생은 1만5000명, 석사생은 1만5000명, 박사생은 7000명 정도다. 졸업생을 포함한 교우는 모두 20만 명이다.

칭화대가 유명한 것은 인재를 많이 배출했기 때문이기도 하다. 특히 국가 지도자급 중에 칭화대 출신이 많다. 현 국가주석인 시진핑(习近平, 화공과 75학번), 전 국가주석인 후진타오(胡锦涛, 수리공정과 59학번), 전 국무원 총리 주룽지(朱镕基, 전기과 47학번), 전 전국인민대표회의 상무위원 우방궈(吳邦国, 무선전자학과 60학번) 등도 칭화대 출신이다.

칭화대의 교훈은 《주역》에서 따온 '자강불식(自强不息) 후덕재물(厚德栽物)'이다. '군자는 모름지기 스스로 힘씀에 쉼이 없으며, 두터운 땅이 자애롭게 만물을 싣고 기르듯 덕행을 쌓아 관대하라'는 뜻이다. 영어로는 'Self-discipline and Social Commitment'로 번역해 표현한다. 학교를 상징하는 휘장에도 이 교훈이 원형으로 새겨져 있다. 총 16개 단과대학과 56개 과가 있다. 주요 단과대학으로는 경제관리학원, 이학원, 건축학원, 토목수리학원, 기계공정학원 등이 있다.

경제관리학원(经济管理学院/SEM, School of Economics and Management)

한국 대학의 경영대에 해당하는 칭화대 경제관리학원은 1926년에 설립된 경제학과를 모태로 하여 1984년에 설립됐다. 1998~2003년에 국무원 총리를 지낸 주룽지가 1984년부터 2001년까지 경제관리학원 초대 원장을 역임했다. 단과대로서의 사명은 '창조지식(创造知识), 배육영수(培育领袖), 공헌중국(贡献中国), 영향세계(影响世界)' 다.

칭화대는 1991년에 중국에서 최초로 MBA 프로그램을 시작한 9개 대학 중 하나다. MBA 프로그램을 운영하는 경제관리학원은 중국 최초로 AACSB(미국 국제경영대학발전협의회, The Association to Advance Collegiate Schools of Business)의 인증과 EQUIS(유럽 경영대학협의회, The European Quality Improvement System)의 인증을 받았다. 1997년부터 미국 MIT와 파트너십을 맺고 여러 가지 프로그램을 공동으로 개발하고 관련 교류를 하고 있다. 2004, 2006, 2008, 2010, 2012 등 5년 연속 잡지 〈매니저(经理人)〉가 발표하는 '중국 최고 MBA 과정' 리스트 1위에 올랐다.

경제관리학원의 교우는 약 1만9000명이고, 그중 MBA 과정 교우는 약 1만 명이다.

2014년 모집요강

1) 지원조건

학사 이상의 학력

일정 수준 이상의 GMAT 혹은 GRE 성적

신HSK 5급 이상 (F반 및 P반 지원자의 경우)

MBA 지원서류 및 관련자료(반드시 온라인 지원시스템을 통해 지원해야

함, http://mbaapplication.sem.tsinghua.edu.cn)

2) 전형일정

구분	지원 마감일	결과 발표일
1라운드	2013년 11월 19일	2013년 12월 13일
2라운드	2014년 2월 25일	2014년 3월 21일
3라운드	2014년 4월 22일	2014년 5월 16일

서류통과자에 한해 인터뷰 실시, 스카이프 인터뷰 가능함

3) 모집인원

글로벌 MBA (영어 과정): 120명

파트타임 (P반, 중국어 과정): 300명

4) GMAT 및 GRE 코드

GMAT: Global (VH0-JJ-18) Part Time (VH0-JJ-21)

GRE: 3856

자세한 정보는 www.mba.com 와 www.ets.org/gre 참고

5) 변경사항

2013년까지는 모집단위가 I반(풀타임 영어 과정), F반(풀타임 중국어 과정), P반(파트타임 중국어 과정)이었으나, 2014년에 과정 이수자들의 글로벌 역량 강화를 위해 I반과 F반을 합쳐 '글로벌 MBA(GMBA)'로 통합했다 (정식 명칭은 Tsinghua-MIT Global MBA Program). 이에 따라 해외교류 프로그램이 강화됐고, 수업은 주로 영어로 진행하고 중국어로 강의하는 수업이 선택과목으로 운영된다.

6) 기타 참고사항

MIT Sloan 과 HEC Paris의 복수학위 취득가능(선택 사항)

해외 명문 MBA 과정과의 교환학생 프로그램

다양한 해외 현장학습

[내용 출처]

바이두 baike.baidu.com/view/1563.htm

칭화대 홈페이지 www.tsinghua.edu.cn

경제관리학원 홈페이지 www.sem.tsinghua.edu.cn